国家出版基金项目
NATIONAL PUBLICATION FOUNDATION

“十二五”国家重点图书出版规划项目
“中国新型城镇化理论与政策研究”丛书
倪鹏飞　主编

新型城镇化与经济发展
——开放经济下的战略抉择

XinXing ChengZhenHua Yu JingJi FaZhan
KaiFang Jingji Xia De ZhanLue JueZe

陈飞　颜银根　何文◎著

SPM
南方出版传媒
广东经济出版社
·广州·

图书在版编目（CIP）数据

新型城填化与经济发展：开放经济下的战略抉择 / 陈飞，颜银根，何文著. —广州：广东经济出版社，2014. 8
“中国新型城镇化理论与政策研究”/倪鹏飞主编
ISBN 978 -7 -5454 -3439 -2

Ⅰ. ①新… Ⅱ. ①陈…②颜…③何… Ⅲ. ①城市化—关系—中国经济—经济发展—研究 Ⅳ. ①F299. 21②F124

中国版本图书馆 CIP 数据核字（2014）第 129737 号

出版发行	广东经济出版社（广州市环市东路水荫路 11 号 11 ~12 楼）
经销	全国新华书店
印刷	广州市快美印务有限公司 （广州市越秀区横枝岗 64 号大院自编 9 号 1 -4 层）
开本	787 毫米 ×1092 毫米 1/16
印张	14
字数	193 000 字
版次	2014 年 8 月第 1 版
印次	2014 年 8 月第 1 次
印数	1 ~3 000 册
书号	ISBN 978 -7 -5454 -3439 -2
定价	32. 00 元

如发现印装质量问题，影响阅读，请与承印厂联系调换。
发行部地址：广州市环市东路水荫路 11 号 11 楼
电话：（020）38306055 38306107 邮政编码：510075
邮购地址：广州市环市东路水荫路 11 号 11 楼
电话：（020）37601950 营销网址：**http://www. gebook. com**
广东经济出版社新浪官方微博：**http://e. weibo. com/gebook**
广东经济出版社常年法律顾问：何剑桥律师

总 序

城镇化：中华文明划时代的里程碑

城市形成和发展是人类文明起源和发展的标志，人类社会的发展是一个由低级向高级发展的历史过程。从生存方式来看，人类发展也许可分为分散而流动的渔猎社会、分散而定居的农业社会、聚集而定居的城市社会以及未来分散而流动的信息社会。人类的发展导致了城市的兴起和促进了城市演化，城市及其发展也为人类实现自身的发展提供了不可或缺的场所和条件。如果说在渔猎和农业时代，处在野蛮与蒙昧状态的人类，被大自然奴役，过着饥寒交迫的生活，在维持生存和追求温饱的漫长岁月里，周而复始地重复着过去的故事；那么当迈入城市时代，就意味着人类真正开启了文明之门，人类不仅成为主宰，过上有尊严的、富裕和从容的生活，而且以超乎人类自身想象的深度、广度和速度，改变着自然和发展着人类社会自身。

城市化是中华文明划时代的里程碑。城市化不仅让中国从传统的乡村社会迈入现代的城市社会，极大地促进中国的经济、社会、文化的进步、繁荣与跨越，而且将深刻改变中国民族的发展进程和发展轨迹。

首先，城市化实现了中华文明的一次飞跃。城市化将使中国彻底告别一个以封闭、分散为主要生存方式的传统的乡村中国，迈入以开放、聚集为主要生存方式的现代城市中国。一个文明、富裕、日新月异的城市中国，将取代一个贫穷、愚昧、长期停滞的乡村中国；中国的政治、经济、社会、文化、科技、环境都将发生翻天覆地的变化，中华文明将发生一次质的飞跃。其次，城市化是中华民族千年历史的转折。千百年来，落后的、分散的乡村经济，导致人力资本和技术的进步缓慢，人口难以获得更多的剩余维持生存。基于乡村社会的政治制度，也使资源逐渐聚集在少数人群中，导致多数民众的饥寒交迫、反抗和战争，进而导致“均贫富”的资源再分配，之后是资源再度集中，如此反复，构成中国历史周而复始的治乱交替、兴衰轮回的图景。聚集、发达的城市经济，将促进人力资本和科学技术在聚集中得以不断地形成和发展，导致财富的充分涌流，使人口容易获得更多的生产剩余，而基于城市社会的良好制度，也可以打破治乱交替、兴衰轮回的恶性循环，确保国家的可持续繁荣。再次，城市化是中华民族百年历史的彻底转折。正是由于西方列强率先开启工业化和城市化的进程，使其技术进步和财富创造远超中国，才使中国遭受列强欺凌的百年耻辱。新中国的成立结束了直接欺凌的历史，但是工业化和城市化落后于西方列强，使中国难以赶超列强。今天，通过加速发展的工业化和城市化，中国跻身于现代城市社会，意味着中国在科学技术、人力资本、经济发展等方面拥有了追赶和超越西方列强的条件，城市化将有力支撑民族的复兴和国家的强盛。最后，城市化改变了世界的发展格局，提升了人类的整体素质。占世界 1/5 人口的国家迈入城市社会，将极大地改变人类社会的形态和结构，极大提升人类的发展水平和整体素质，大大加快人类的发展进程，深刻改变世界的发展格局和未来走向。

自改革开放到未来 30 多年的时间里，中华民族正在经历城市化这一从农业社会向城市社会转换的划时代进程，由此中国的结构与形态已经、正在或必将发生一次翻天覆地的质变，同时对中国的未来产生深远影响。第一，人口要经历一个大迁徙和大转变。改革开放初期，中国 10 亿人口中大约有 8 亿是农村人口，2 亿是城镇人口，预期到 2040 年的时候，15 亿人口可能有 11. 2 亿是城镇人口，3. 8 亿是农村人口，城市人口增加了 9 亿多，农村人口下降了 4 亿多。1978 年年底，东、中、西部地区城市的比例为 1:2. 2:0. 6；城市人口的比例为

1:0.69:0.33。2007年东、中、西部地区城市比例为1:0.9:0.4，城市人口的比例为1:0.51:0.27。这一趋势未来还将延续。人口规模的大幅变化不是涉及人口的大流动、大融合，更重要的是居民身份的转变。中国历史上出现了多次的人口流动和融合，这一次的流动和融合跟过去不一样，对中国的经济社会发展的影响更为深远。第二，国土空间要经历一个大翻覆和大整合。过去30多年，中国城乡的国土空间布局发生了巨变。传统农村正在消亡：仅2000—2010年自然村落就由363个锐减到271个，这个趋势还会持续下去；与此同时，现代城镇崛起：1982年有236个城市，2664个镇；2010年有665个城市，19410个镇。过去30多年，中国建成区面积增长4倍多，未来中国的城镇数量和建成区面积将持续增加；中国城乡基础设施与住房建设突飞猛进，未来中国的公路、铁路、水运、航运等交通基础设施，互联网、物联网等通信设施，以及水、电、煤气等市政设施，将在城市之间、城乡之间、区域之间甚至全国范围内实现网络化和一体化。第三，经济要经历一个大转型和大升级。过去30多年的工业化及其城市化，使中国由农业经济向城市经济快速转变，由全球最大的传统农业大国，迅速成为全球的制造中心。而未来以城市化为主要驱动力的经济发展，不仅使中国经济规模更加巨大，而且使中国经济内容更加多样化、结构更加复杂化和形态更加高级化。第四，社会要经历一个大冲突和大重构。首先是社会细胞的变异。传统、封闭、单一、不变的自然村落正在转向开放、多元、流动的社区。其次是社会关系的重构。以地缘和血缘为纽带的宗法性关系交往方式逐步社会化、社会联系国际化。再次是社会阶层的分化。过去的乡村经济比较简单，虽然有贫富差距，但社会阶层相对来说较少，现在农村居民在减少，中产阶级在形成，城市贫困阶层也在积聚，各种层次都在聚集和分化，城市阶层分化比较严重。最后就是社会利益的调整。在城市化过程中，城市红利和发展红利的分享将是社会矛盾集中甚至尖锐化的主要方面，这必定需要利益各方的协调。第五，文化要经历一个大融合和大复兴。千百年来中国社会尤其是农村地区始终秉持的是农业文化、历史文化和当地文化，城市化使中国在其秉持的农业、历史和当地文化基础上，开始建立城市文化、接触现代文化和面对外来文化。这些文化及其相互之间，面临着文化的传承与中断，发展与损毁，兼容与排斥，重构与扬弃等一系列的机遇与挑战。第六，环境要经历一个大破坏和大修复。过去的城镇化以规模扩张为发展方式，以物质资本大量投入为驱动要素，造成资源大量消耗、环境严重污染等一些生态问题，已经并且在未来相当长的一段时间内也将对中国造成严重的影响。但是，良好、宜居的生态环境是城市化的目标，进一步的城市化也为改善和修复环境创造了条件，在发展与环境问题上，中国也一定会经历一个库兹涅兹倒 U 曲线的发展过程。第七，治理要经历一个大变革与大改良。分散、封闭的乡村社会形态决定治理体系是宗法、专制、一元的。聚集、开放的城市社会形态必须配置现代、民主、共治的治理体制。中国城市化已经在促进着治理的变革，未来随着城市化的加速推进，以及全球化和信息技术的高速发展，中国经济的复杂性、社会的多元性和市民的自觉性都将得到大幅度提升，这对政治治理或者社会治理提出了更多更高的要求，也迫使未来可能要有一些重大的变革。

在城市化结束之时，在以上变化完成之时，也许就是中国梦圆之日或者是三梦共圆之日，即：第一，国家梦，建立城乡一体的城市中国。城市中国就是把城市和乡村的基础设施以及公共服务联系在一起，让整个国家都装上城市的底色，无论是农民还是市民都是将来的市民。具体应该包括，新型的知识经济、新型的市民社会、新型的生态环境、新型的民主法治、新型的人口结构等。从人口来看，未来城市化稳定状态的社会城市人口应该保持在总人口的 75% 比较合理（25% 在小城镇，25% 在中小城市，25% 在大城市和超大城市），另外 25% 的人口在农村。从空间上看，未来应该建立一个倾斜平坦的空间格局，主要是在保持当前城乡建设用地规模不变的前提下进行调整，尤其是要解决东部地区过度集中的问题，区域间既保持适度的差异，但是又保持一体和便捷性，达到比较均匀的总体分布。从城乡规模体系来看，未来的城市中国是集群化、网络化，多中心、城乡一体的空间体系，包括大城市、中等城市、小城市和小城镇以及农村新的社区，形成以城市群为主体的发展体系。第二，城市梦，建立可持续竞争力的理想城市。未来所有的中国城市，不论其规模大小、性质功能如何，都应是一个以人为本的宜居城市，创新至上的宜商城市，创新驱动的知识城市，公平包容的和谐城市，环境友好的生态城市，多元一本的文化城市，城乡一体的全域城市，开放便捷的信息城市。第三，市民梦，成为自由绽放的幸福市民。在以城市为蓝底的城市社会，全社会居民，无论是农村居民还是城市居民，都是享有平等机会和权利的市民。全社会居民拥有强壮的身体、健康的心理、美丽的心灵、幸福的生活、体面的收入、公平的教育、充分的就业、自由的流动、全面的融入、公平的待遇、充分的尊严。

推进城市化，迈入城乡一体的城市中国，需要选择正确的城市化道路，但是，传统的城市化虽然取得一定成就，但是由于从理念到模式到路径都存在严重的偏颇，因而不仅难以实现以上美好的目标，甚至会产生背道而驰的结果。基于传统城镇存在的问题，以及全球化背景下，中国疆域大国、人口大国，加之资源分布极端不均等特殊国情，中国必须走新型城市化道路。具体路径包括以下十个方面的内容：一是以人为本的人口城市化。中国的城镇化率是按照常住人口计算的，远远高于按照户籍人口计算的城镇化率，“半城市化”现象已是不争的事实。户籍制度对于农民工的影响涉及很多方面，如城乡收入差距、就业、随迁子女教育等。要解决新型城镇化的二元结构障碍，中国必须加快改革户籍制度，明确中央和地方的财权事权，有序推进农业转移人口市民化，拓宽住房保障常住人口全覆盖，保障农民工随迁子女平等享有受教育权利，逐步实现社会保障服务的无缝对接，建立农业人口转移的促进机制，为人们自由迁徙、安居乐业创造公平的制度环境。二是集约利用的土地城市化。土地城市化在传统城镇化模式中扮演了最重要的角色，也正因如此，土地问题也严重制约了城镇化的健康发展。这不仅表现为土地资源的过度开发和低效利用，造成地价房价不断攀升，还导致了土地城市化的速度快于人口城市化。着眼于未来，土地变革必须主动体现现代国家治理的要求，发挥市场在土地资源中的决定性作用，统筹土地资源管理、资产管理和土地调控，积极推进土地制度、土地管理体制、相关财税体制、政府债务管理等相关改革，把握好土地规划与年度计划控制、压缩征地范围、开征房地产税、强化失地农民社会保障等关键环节，最终实现土地资源的科学配置和高效利用，有力推动新型城镇化进程。三是多元融资的城市化。城市化的进程离不开金融发展的支持。新型城镇化建设必须采取政府引导型的多元化融资模式，一方面要发挥政府的引导作用，提高金融支持水平，强化和规范政府职能，另一方面要积极发挥市场优势，创新和完善多元融资渠道。可以选择善用经营城市理念的融资路径，运用市场经济的手段合理配置资本，最大限度地盘活存量、激活增量，从而实现城市建设投入和产出的良性循环以及城市功能的提升。此外，还有必要完善金融，支持与城市化相关的政策制度，包括财税制度和土地制度等。四是绿色发展的城市化。当前中国大部分地区还在走先污染、后治理的老路，在实现经济高速增长过程中落下大量生态创伤，如大气污染、水环境污染、土壤污染、生物多样性破坏等。新型城镇化的建设路径必须实施环境集约型的城市化战略，建立健全生态环境产权制度，大力发展低碳经济、绿色贸易制度，优化城镇化和生态保护机制，增强社会环保意识，实现节约资源、减少污染、保护生态的目标。五是社会和谐的城市化。推进新型城镇化，应统筹城镇化与社会发展的关系，在社会和谐中推进城镇化。第一，在政治方面，让更多的人获得参与决策和议事的机会，为不同社会阶层的人提供发展的机会和平台，让所有的人分享城市发展进步的成果。第二，在社会方面，正确处理政府、企业和居民的关系，保护农民和城镇居民的合法权益，尊重居民的意愿和选择；正确处理当地居民和外来居民的关系，切实保护外来居民权益，让外来居民与当地居民和谐相处；正确处理不同收入阶层的关系，既鼓励人们创新、创业和创富，同时关心和保护弱势群体，实行向弱势群体倾斜的全民福利，建立比较完善配套的社会保障政策，缩小贫富差距。六是住有所居的城市化。住房系统是城市体系的重要组成部分。在新型城镇化发展过程中，住房发展无疑是其中最为关键的影响维度。

这就要求，把以人为本、生态环保、集约高效、公平正义作为住房发展努力的方向；通过立法的方式确立住房发展的目标、原则，建立统一的住房发展执行机构；改善住房发展的融资体制和分配体制，盘活住房金融资产；建立稳定持续的住房保障资金供给制度，让住房发展向公共住房领域倾斜，住房分配向中低收入阶层倾斜，真正实现住房保障的社会保障职能。七是学有所教的城市化。新型城镇化是人的城镇化，更是社会分工的一次革命性发展，教育在其中的作用不仅是对人的培养，还要帮助人找到在新型城镇化中的位置，融入这个新的分工体系，甚至要通过研发创新找到社会分工的变革方向。要将教育置于更加优先发展的位置上，继续加大教育投入，延长义务教育，扩大职业教育和成人教育，建立与未来城市中国经济发展相适应的多层次的教育体系，让教育成为推进新型城镇化的探索者、实验室和润滑油。八是多元一体的城市化。新型城镇化建设如火如荼，但是城镇化中的文化发展确有诸多不和谐之处。因此，新型城镇化既要传承历史文化，又要兼容外来文化，更要开创现代文化。尤其是要注重对传统文化的保护和对文化产业发展的支持。九是产城互动的城市化。第一，继续保持或扩大第二产业优势，尤其是提升第二产业的国际竞争力，不仅为产业工人提供就业机会，而且能够增加第二产业的收入水平；第二，大力发展就业吸纳能力高的生产性、消费性、分配性和社会性服务业，不仅能够促进经济发展，而且能够满足城镇化的需求，也加快了城镇化的步伐；第三，积极推进农业产业化，提高农业生产效率，增加农民收入，增加农村剩余劳动力；第四，制订实施城市居民收入增长计划，确保城市居民收入增长、扩大就业机会的同时也增加了非农就业者迁移城市的能力，不仅推进了城镇化，而且促进了经济社会发展。十是市场决定的城市化。城镇化是市场主体分享外部经济偏好在空间聚集上的显示，农村人口向城镇的聚集与转移，市场主体空间自由选择的过程，要健全市场制度体系，但由于存在市场失灵，仅仅通过市场选择难以实现最优均衡。促进城镇化健康的可持续，需要政府创造适宜的硬件条件和软件环境。一方面，便利市场主体流动，使其空间偏好得以显示；另一方面，兼顾国土空间利用的“效率与公平”。

因此，政府的主要职能是：第一，顺应和利用城镇化发展规律，对城镇化进行前瞻性科学规划；第二，建设辖区范围内的一体化的公共基础设施；第三，为不同区位的居民提供均等化的公共服务；第四，为不同空间区位活动的企业和居民提供公平、公正、均等、统一的规范化的制度环境。

中国城市化是人类最大规模的城市化进程，为此，需要构建相关的理论，揭示发展的规律，进而分析发展的问题。城市化对于当今中国是机遇与挑战同在，希望与威胁并存。城镇化将使党和政府的工作重心第二次发生改变：从农村转移到城市，即从主要解决“三农”问题转变为治理城市问题，并“城市包围农村，最后融合农村”，以统筹解决中国的城乡发展问题，促进中国的城乡一体和全面繁荣。规划和管理好城市化，需要诸多的可操作的对策建议。

有鉴于中国城市化以及从事新型城镇化理论与政策研究的重大意义，围绕新型城镇化的具体路径与内容，我们编制了这套丛书，详细介绍了与新型城镇化息息相关的人口、土地、金融、生态、社会、住房、教育、文化以及经济发展这九大方面的内容，不仅追溯了这几方面在城镇化以来的发展历程，也阐述了它们与城镇化的相互作用机理。我们的研究涵盖了从国内城镇化的现实情况到新型城镇化的目标路径，从国内外城镇化的成功经验到新型城镇化的方法探索，从国内外的理论文献回顾和研究现状到新型城镇化的政策建议，并配合大量翔实的数据以及一些数理模型和实证检验。

这套丛书既是对过去城镇化建设的总结，也是继续迈向未来的一个新起点。我们希望这套丛书成为未来中国推进新型城镇化的参照，也成为国内外学者研究交流的基础。在研究探索的过程中，我们难免会存在一些纰漏和不足，恳请各位专家学者不吝赐教，以便我们进一步推动与城市化、新型城镇化相关的研究。

倪鹏飞

2014 年 6 月 10 日

（作者系中国社会科学院城市与竞争力研究中心主任、研究员）

目 录 CONTENTS

引言：新型城镇化——中国未来20年经济发展的持续动力

城镇化是伴随经济社会发展，非农经济活动在城镇聚集，乡村人口向城镇集中的自然历史过程，是推动人类社会进步的重要动力源。2014年3月发布的《国家新型城镇化规划（2014—2020年）》明确指出，城镇化是现代化的必由之路，是解决农业农村农民问题的重要途径，是推动区域协调发展的有力支撑，是扩大内需和促进产业升级的重要抓手。早在世纪之交，诺贝尔经济学奖获得者斯蒂格利茨就已经提出，中国的城市化以及以美国为首的高科技发展将是深刻影响21世纪人类发展的两大主题。斯蒂格利茨明确指出了中国城市化的重要意义：不仅能够推动中国自身的经济社会发展，而且能够拉动区域乃至全球经济增长，具有重要的经济效益和社会效益。

就经济社会发展的实践来看，改革开放以来，我们国家两亿多农村富余劳动力进入城镇，转移到劳动生产率和经济效益成倍提高的非农行业，大大推动了我国城镇化进程的发展，为我国的工业化和经济增长提供了巨大动力，成为过去30多年我国经济发展的主要红利之一。改革开放以来的30多年，我国国内生产总值从1978年的3645.2亿元发展到2012年的51.9万亿元；2012年末人均国内生产总值达38354元，约为6100美元；绝对贫困人口减少2.4亿，这些成就的获得，与城镇化进程的快速推进密切相关。

随着改革开放的深化和扩大以及全球化进程的加速，我们国家日益融入全球经济体系，曾几何时，国外市场需求在过去的30年里成为拉动我国经济增长的重要动力。1978 年，进出口总额（以 2005 年美元计），我国外贸进出口总额仅为 206.4 亿美元，占国内生产总值的比例为 13.6%；高峰时期，2008 年我国的外贸进出口总额增长到 25632.6 亿美元，占国内生产总值中的比重高达 68%；2012 年，全年货物进出口总额高达 38668 亿美元，外贸依存度为 47%。在国外市场需求的拉动下，得天时地利人和之便的东部沿海地区发展迅猛，大量人口向东部地区集中，东部地区的城镇化率提升尤其明显，开放经济加快了我国工业化和城镇化进程的推进。

近年来，由于国外市场的不确定性特别是欧美经济的不景气，外需对于我国经济高速增长的支撑作用不断减弱，内需日益成为推动我国经济保持高速增长最重要的驱动力。李克强总理曾经撰文提出，城镇化是扩大内需的最大潜力，中国未来几十年最大的发展潜力在城镇化。李克强总理的文章明确指出了中国经济未来持续发展的源泉和动力。城镇化是中国未来经济社会发展的最红的红利。一方面，城镇化通过非农产业与人口向城市聚集和转移，通过资源要素的合理配置，提高了资源的利用效率，深化了专业化分工，实现了企业内部的规模报酬递增。另一方面，人口和经济活动的空间聚集，促进了企业和居民相互间的交流与合作，降低了相关活动的交易成本，能够充分利用城市层面的外部规模经济，从而产生远高于专业化程度较低、经济活动相对分散的乡村型生产生活。另外，传统的乡村生活方式相对自给自足，加上传统农业增加值较低，农村购买力相对较弱，大量人口向城市转移能够大大提高有效需求，使消费这架拉动经济增长的马车更加有力！经济增长的引擎更加强劲！

按照 2030 年实现 75% 的城镇化率目标计算，未来 20 年将有 3 亿农业人口转入城市，1 亿多的半城镇化人口继续城镇化。4 亿多人口进入城镇，能够为城市经济社会发展提供 3 亿左右的劳动力，这相当于目前美国的人口总量。以目前的城乡收入差距集散，4 亿人口转入城市后每年可增加消费支出 3 万亿元左右，相当于 2011 年国内生产总值的 6.3%、最终消费支出总额的 13%。有专家据估算，以中国现有的发展水平，城市人口比重每提高 1 个百分点，直接消费可拉动 GDP 增加 1.5 个百分点，城市基础设施投资将新增 1400 亿元，最终可带来 3360 亿元的 GDP。城市化水平每年提高 1 个百分点，对经济发展直接和间接的贡献率将达到 3 个百分点左右。新型城镇化对保持我国经济高速增长、社会稳定、快速实现工业强国、进入中高收入社会的目标有着重要的战略意义。

伴随人口和经济活动的集中与集聚，城镇化进程不断推进。改革开放三十多年来，我国城镇人口比重从改革开放之初的不足 20%（户籍人口）提高到了目前的 50% 多（常住人口）。大量农民涌入城镇，为我国经济的高速发展提供了廉价劳动力。然而，“进厂不进城，离乡不离土”的模式并没有带来通常意义上的城镇化。或者说，城镇化质量很低，城镇化进程不仅没有显著缩小城乡差距，反而在某些年份扩大。另外，由于思想认识、制度和体制的原因，改革开放以来的城镇化存在一些误区、结构性矛盾和问题。解决半城镇化问题和经济结构中的问题也需要推进新型城镇化。北京大学教授林毅夫先生指出：“只有减少乡村人口，才能从根本上解决中国农村和农业的发展问题，并为整个经济体制转型创造条件和提供空间。”

第一章　经济全球化背景下的新型城镇化

城镇化是经济社会发展到一定程度的必然趋势。不同国家和地区由于经济社会发展和自然地理条件等的差异，城镇化起步和进程并不相同。我们国家目前正在推进的新型城镇化，是在城市社会来临、经济全球化日益深化的背景下进行的。作为发展中国家，我们国家城镇化的起步晚于发达国家，时代背景上与发达国家存在很大差异。作为一个幅员辽阔、人口众多的大国，资源短缺且空间分布不均，人口空间布局失衡，经济、社会、文化发展水平差异大等特征，要求中国城镇化既要充分利用大国规模经济的优势，也要力避过度聚集和长距离高成本流动带来的弊端和问题。此外，作为一个从计划经济体制向市场经济体制国家转型尚未成功的国家，资源配置和经济管理体制等方面还存在一些深层次的矛盾与问题，城镇化过程与体制改革深化过程相伴随。总之，我们国家的新型城镇化，时代背景和国情特征均与发达国家存在很大的不同。

1.1　新型城镇化的内涵

一、城镇化的含义与特征

"城市化"这一概念由来已久。早在1867年，西班牙工程师塞罗达在《城市化基本理论》一书中就已使用了"urbanization"一词。

然而，尽管“城市化”的提出已有一个半世纪，然而，直到今天，学界对城市化的界定仍没有达成一致。诺贝尔经济学奖得主库兹涅茨把它定义为“城市和乡村之间的人口分布方式发生了变化，即城市化的过程”①。《大英百科全书》把城市化界定为“人口向城镇或城市地带集中的过程。这个集中化的过程表现为两种形式，一是城镇数目的增多，二是各个城市内人口规模不断扩充”。② 美国学者艾尔德里奇认为，城市化是人口集中过程、城市文明扩散过程和城市品质强化过程等三大过程的统一：城市化首先是人口集中过程，即城市人口数量的增加，包含人口集中地点数量的增加和人口集中地点规模的扩大；城市化其次是城市文明的扩散过程，是城市的某些品质和特征（道德规范、价值观念、信仰、发明和创新等）向非城市地区的扩散；城市化最后是城市品质强化过程，是各种城市行为和素质因不同人群的交往而日益增强的过程。日本学者森川洋（1989）认为，城市化是指农村居民向城市生活方式的转化过程，反映在城市人口增加，城市建成区扩展，景观、生活以及生活方式等的城市环境的形成③。

“城市化”这一概念直到20世纪70年代末才传入中国。城市化概念传入我国伊始，学界就对“城镇化”与“城市化”二者产生分歧。当时“城市化”概念在我国流行开来，然而，由于当时严格控制大城市扩张、鼓励小城镇发展，学术界对“城市化”一词的理解存在偏差，他们把“城市化”理解为发展设区的大、中城市，不包括小城镇。为了避免概念上的纠结，中国城市与区域规划学界和地理学界在1982年召开的“中国城镇化道路问题学术讨论会”上，建议以“城镇化”替代“城市化”，把两者看作是同义语。此后，我国的《城市规划基本术语标准》对于城市化与城镇化给予了相同的概念界定，把城市化界定为“人类生产与生活方式由乡村型向城市

---

① 库兹涅茨．现代经济增长．北京经济学院出版社，1989年。

② 转引自顾朝林等．中国城市化：格局·过程·机理．科学出版社，2008年11月，第4页。

③ 同上。

型转化的历史过程，表现为乡村人口向城市人口转化以及城市不断发展和完善的过程，又称城镇化、都市化”①。本书采用《城市规划基本术语标准》的定义，主要采用“城镇化”这个术语进行表述。也就是说，本书中的“城镇化”和“城市化”是同义词。

随着城市化概念和思想的传入，国内学者为了厘清城市化的概念，结合我国发展实际，进行了许多研究。蔡俊豪和陈兴渝（1999）指出，城市化是一定地域在载体上、人口上、文化上和人们的生产生活等各方面向具有城市特点的表现形态变迁的、系统的、动态的过程。李树棕（2002）认为，城镇化是农村人口向城市转移、集中以及由此引起的产业、就业结构非农化重组的一系列制度变迁的过程。包括城市数量的增加，城市规模的扩大，城市建设质量的提高；城市产业结构提升，城市空间结构和形态结构的不断变化；城市经济总量的扩大，生产、生活方式的转变和生活质量的提高；城市中心作用不断加强和充分地发挥；城市体系的完成和逐步完善以及城乡关系的协调。谢文蕙等（1996）认为，城市化是社会生产力变革所引起的人类生产方式、生活方式和居住方式改变的过程。胡欣等（1999）指出，城市化是农村人口向城市转移和聚集的现象，包括城市人口和城市数量的增加及城市经济社会化、现代化和集约化程度的提高。王振亮（2000）提出，城市化是由工业化发展引起的，伴随现代化过程而产生的在空间社区上人口、社会、经济、文化、政治、思维等领域变迁演化的一段承前启后的历史分化过程。顾朝林等（2002）认为，城镇化是指城镇数量的增加和城镇规模的扩大，导致人口在一定时期内向城镇聚集，同时又在聚集过程中不断地将城市的物质文明和精神文明向周围扩散，并在区域产业结构不断演化的前提下衍生出崭新的空间形态和地理景观。

尽管现有研究对城镇化的界定有所差异，但是，综合已有研究可以看出，城市化是六大过程的统一：第一，城市化是城市人口比重不断提高的过程。第二，城市化是产业结构转变和优化的过程。

① 中华人民共和国建设部．城市规划基本术语标准（GB/T 50280—98）。

第三，城市化是居民消费水平不断提高的过程。第四，城市化是城市文明不断发展并向广大农村渗透和传播的过程。第五，城市化过程是人的整体素质不断提高的过程。第六，城市化是农村人口城市化和城市现代化的统一。总之，城市化是经济社会发展的自然历史过程，在这个过程中，人口和劳动力的空间转移是主体，主要包括四个方面的内容：

城市化首先是经济活动的集聚与经济发展差距的收敛，即经济的城镇化。经济因素是城镇化的根本动力。城乡经济发展的巨大差距驱使经济要素向要素报酬更高的城镇流动，这种流动一方面推动了经济社会活动的空间集聚，另一方面促进并缩小了城乡发展差距。

城市化其次是人口转移，或者说空间的转化，即人口的城镇化。这是城镇化的外在表现与直接动力，具体指人口不断由农村向城镇地区转移，城镇人口的比重不断提高，农业人口的比重不断降低的过程。

城市化再次是土地利用模式的变化和优化，即空间的城市化，表现为城镇数量的增加及城镇规模的扩大。这是城镇化的另一外在表现形式。

城市化最后是社会发展和城市文明扩散与强化，即城镇化过程中城市文明向农村扩散与传播的过程，这种文明的扩散与传播，包含生产方式和生活方式两方面的变革，为城市化提供内在的精神文化支撑。

二、新型城镇化的含义

自党的十八大明确提出“新型城镇化”概念后，许多专家学者和政府官员对新型城镇化的概念、战略和特征等进行了分析和解读。

新型城镇化不是对传统城镇化的完全否定，而是在新的时代背景和发展阶段下，调整、修正城镇化的道路。具体而言，新型城镇化是由科技进步、社会生产力发展所引发的，分散聚集在农村功能区域的农业人口转向集中聚集在非农功能区的非农人口，进而传统乡村社会向现代城市社会转型的历史过程。城镇化人口不是标签意义上的城市人口，而是享受城市基础设施和公共服务的人口。城镇化地区不是行政和地理意义上的地区，而是承载非农人口和产业的功能区。新型城镇化不仅表现在城镇数目的增多、城市面积的扩大、城市人口的增加、人口职业的转变、产业结构的转变、空间形态的变化，还包括人类社会的组织方式、生产方式和生活方式的变化，以及由此导致的经济、社会、文化、环境和人的变化。

因此，新型城镇化是以城乡一体、产城互促、资源节约、环境友好、生态宜居、和谐发展为基本内容的城镇化，是大中小城市、小城镇、新型农村社区协调发展、互促共进的城镇化。新型城镇化的核心在于不以牺牲农业、粮食、生态和环境为代价，着眼农民、涵盖农村，实现城乡基础设施一体化和公共服务均等化，促进经济社会持续协调发展，实现各区域、各阶层的共同富裕。城镇化率的提高只是城镇化进程的一个方面，只是城镇人口比重上升的数量指标，城镇化的进程不仅需要人口的城镇化，还需要经济发展、产业结构、人口构成、社会发展等各方面共同推进，这才是推进城镇化发展的真正目的。在城镇化进程中，既要关注城镇化率这一数量指标，更要重视城镇化过程中对于经济社会发展的推动作用，也就是城镇化的质量。

三、新型城镇化的经济特征

1. 新型城镇化的本质是包含劳动力、资本和土地等各种要素以及经济社会活动的空间布局的动态优化过程。在动态优化过程中，坚持经济社会发展的各要素、各个方面的均衡发展，逐步解决资源、要素及经济社会活动空间配置的扭曲问题及结构的非均衡问题。

2. 新型城镇化的核心是人的城镇化，是以人为本的城镇化。新型城镇化坚持以人为本，就是坚持“城镇化发展为了人民、城镇化的推进依靠人民、城镇化发展的成果由人民共享”。尊重人民群众的选择，放松乃至解除对人民群众的不合理限制，释放人民群众的活力和创造力，推动人的全面发展。

3. 新型城镇化的目标是推动经济社会发展、改善居民生活环境、提高居民生活质量和居民素质。在经济社会发展的基础上提高居民生活质量，让城镇化的成果惠及广大人民群众。城镇化不仅要提高城镇居民的生活质量和居民素质，而且也要改善乡村居民的生活质量和居民素质。

4. 新型城镇化的动力是市场作用下的新技术革命和体制改革的深化。一方面，深化经济社会体制改革，逐步破除限制人口等资源要素以及经济社会活动空间流动的体制和制度因素，推动资源、要素在空间上的优化配置；另一方面，依靠新技术和新方法，在促进经济社会活动集中的同时，避免交通拥堵、住房紧张和环境污染等“大城市病”的出现。

5. 新型城镇化的路径是产城互促。城镇的发展和产业的发展密切相关，没有经济社会活动的合理集聚（城镇的发展），产业难以做大做强；没有产业的扩张和发展，城镇的发展难以持续。工业化和经济发展是新型城镇化的基础，新型城镇化是新型工业化和经济发展的动力。

6. 新型城镇化是大中小城市和小城镇协同发展、城乡一体化发展的城镇化。新型城镇化是构建合理的城镇等级体系，推动大中小城市和小城镇合理分工、功能互补、协同发展；新型城镇化是城乡一体发展的城镇化，不是以牺牲乡村利益发展城市；乡村在新型城镇化中发挥着农产品供给和生态环境平衡的重要功能。

7. 新型城镇化的内容包含经济社会向什么方向转型以及如何转型。正如十八大报告提出的，“坚持走中国特色新型工业化、信息化、城镇化、农业现代化道路，推动信息化和工业化深度融合、工业化和城镇化良性互动、城镇化和农业现代化相互协调，促进工业化、信息化、城镇化、农业现代化同步发展。”

1.2 城市世纪与经济全球化的挑战

一、城市世纪的挑战

人类社会已经进入城市社会。1993 年，联合国东京会议与会各国领导人达成共识：21 世纪将是一个崭新的城市世纪。当时一些专家预测，到 2025 年，世界城市人口将会猛增至 50 亿，占世界总人口的比例突破 60%。1999 年，在大连举行的世界人居日全球庆典活动中，与会专家和领导人再次重申，“21 世纪是城市的世纪”，并把这一年的主题确定为“人人共有的城市”。世界银行的统计数据表明，截至 2012 年底，全球城镇人口已达 36.9 亿人，在过去的 20 年里，整个世界的城市化率从 1990 年的 43% 提高到 2012 年的 53%，全球超半数的人口都居住在规模不等的城镇中。[①] 从 20 世纪 60 年代以来，世界主要国家的城镇化表现出如下特征：

1. 城镇化是一个全球性的普遍趋势，包括发达国家在内的全球城市化进程仍在持续推进。许多发达国家在“二战”前后就已进入城市社会，然而，即使是发达国家，其城市化进程也没有停止。从图 1－1 可以看出，美国的城市化率从 1961 年的不到 70.4% 持续增长到 2012 的 82.6%；同期，法国的城市化率从 62.9% 增长到 86.3%；日本的城市化率更是从 64.2% 增长到 91.7%，年均增长率高达 0.55%。新兴国家城市化率增长得更快，以韩国和巴西为例，1961 年，韩国城市化率仅有 28.6%，到 2012 年底，其城市化率增长到 83.5%，年均增长近 1.1%；同期，巴西的城市化率也从 47.1% 增长到 84.9%，年均增长 0.74 个百分点（见图 1－1）。进入新世纪后，发达国家和地区的城市化进程并没有止步，相反，一些国家和地区的城市又开始了新一轮的扩张。进入新世纪后，美国的

---

① 世界银行官网，http：//wdi. worldbank. org/table/3. 12#。

城市化率提高了 3.5 个百分点；日本在经历了 10 多年的经济停滞后，随着经济的复苏，城市化率提升更快，从 2000 年的 78.6% 增长到 2012 年的 91.7%，年均增长超过 1 个百分点；同期法国的城市化率也提高了近 10 个百分点（见图 1－1）。就全世界城市化发展趋势而言，随着经济发展，特别是欠发达国家和地区的经济发展，未来世界城市人口占总人口的比重仍会持续增加。

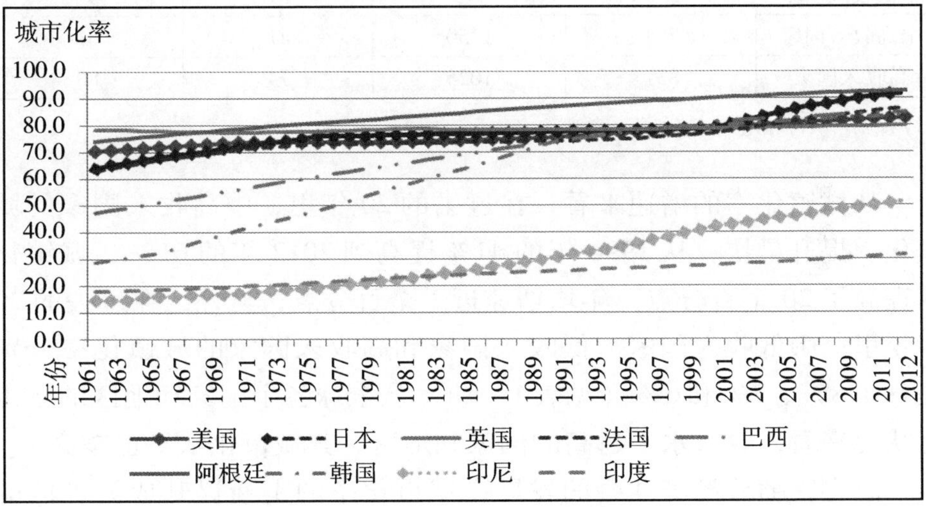

图 1－1　1961—2012 年部分国家城镇化进程

资料来源：根据世界银行数据库资料绘制。

2. 城镇化与经济社会发展密切相关，发达国家的城镇化水平高于落后国家。从收入水平的角度来看，高收入国家的城镇化水平最高，2012 年高收入国家有 10.25 亿人居住在城镇，城镇化率高达 80%；中高收入国家城镇化水平次之，已达 61%，有 14.5 亿人居住在城镇；低收入国家则只有 2.39 亿人生活在城镇，城镇化水平最低，城镇化率只有 28%（见表 1－1）。美国、日本和欧洲地区的城镇化率分别达到 83%、92% 和 76%（见图 1－1）。

表 1－1　全球人口城镇化状况

	城镇人口数量（百万）		城镇人口占总人口的比重（%）	
	1990 年	2012 年	1990 年	2012 年
全世界	2259	3690	43	53
低收入国家	108	239	21	28
中等收入国家	1320	2426	36	50
中低收入国家	536	975	31	39
中高收入国家	784	1450	41	61
高收入国家	831	1025	74	80

资料来源：作者根据世界银行数据库整理。

从城镇化率的增速来看，在过去的 20 年里，中高收入国家的城镇化率提升最快，从 1990 年的 41% 提高到 2012 年的 61%，城镇化率提高了 20 个百分点，年均增速近 1 个百分点；另外，在过去的 20 多年里，中低收入国家、低收入国家和高收入国家的城镇化率分别提升了 8%、7% 和 6%（见表 1－1）。从全球各个国家和地区的城市化状况来看，收入水平越高的国家和地区，其城市化水平也越高。

总之，随着经济社会的发展，城市化率的不断提升成为各国的普遍趋势，城镇化进程与一个国家和地区的发展程度、收入水平密切相关。在这一过程中，城市化进程先发国家相对较慢，中等收入国家普遍较快；经济发展增速快的国家和地区城市化率提升较快，经济发展增速慢的国家城市化率提升相对较慢，

3. 城市日益成为人类经济社会发展的主要推动力之一，在经济社会发展中发挥着主导性作用。国家间的竞争日益成为城市与城市、城市群与城市群间的竞争。事实上，人类在很早以前就已经意识到城市在经济社会发展中的作用。早在古希腊时代，苏格拉底就声明：田野与树木没有给我一点教益，而城市的人们却赐给我颇多的教益。美国学者帕克在 19 世纪中期提出，“城市一直是文明的摇篮，在黑暗中散发着光和热”。城市曾经是未来也必将是全球经济社会发展的关键。有专家甚至提出，城市的成功就是国家的成功。

随着大城市和超大城市的不断扩张，相互毗邻的城市间的边缘

逐渐靠近，最终连成一片，形成巨大的“都会区”和城市群，城市发展呈现区域内城市优势互补、联动发展的态势，形成更大范围、更高层次的城市群甚至跨国的城市圈。大都市和城市群的地位及其在经济社会发展中的作用日益突出。美籍法国地理学家戈特曼1957年在其著作《大城市群：东北海岸的城市化》中指出，大都市带或城市群已经成为全球经济联系的重要节点、国家和区域竞争的主体力量。集中着全球、国家或地区主要经济社会资源的“国际化大都市”、“世界级城市群”以及“国家首位城市”与“国家级城市群”、“区域中心城市”与“区域性城市群”，已成为影响人类经济社会发展的主要力量。以纽约为核心的美国西海岸城市带、以东京为中心的日本关东城市群、以伦敦市为核心的英国伦敦都会区等，已经成为全球经济、贸易和金融中心。世界银行的统计数据表明，随着城镇化进程的推进，许多国家和地区的城市首位度在降低。与此同时，越来越多的人口日益向大城市群集中。从表1－2可以看出，在过去的20多年里，全球绝大多数国家和地区的最大城市人口占城市人口的比重都在下降，世界各国最大城市人口占城市人口的比重由1990年的17%下降到2012年的15%；与此同时，绝大多数国家和地区人口超过100万城市群人口在总人口中的比重则持续上升。这一时期，英国的这两个指标相对稳定，这表明，作为工业革命和近代城市化最早的国家，英国的城市和城市体系已经相对成熟和稳定。总之，城市通过集聚经济和规模经济效应，推动着一个国家和地区的经济社会发展。一个国家或地区能否在全球竞争中获取优势地位，关键是其城市是否具有竞争优势。

表1－2 世界及部分国家和地区城市及城市群发展状况

	最大城市人口占城市人口的比重（%）		人口超100万城市群人口占总人口的比重（%）	
	1990年	2012年	1990年	2012年
美国	8.6	7.6	42.2	47.8
日本	34	31.5	46.2	50.5
英国	17.1	17.2	26	25.9

续表

	最大城市人口占城市人口的比重（%）		人口超100万城市群人口占总人口的比重（%）	
	1990年	2012年	1990年	2012年
法国	21.6	18.7	22	22.6
巴西	13.4	12.3	35.2	40.4
墨西哥	24.9	20.8	33.4	35.9
韩国	33.3	23.4	50.8	47.1
世界	17	15	17	21
低收入国家	34	33	8	11
中等收入国家	15	12	14	20
欧洲	16	15	18	19

资料来源：作者根据世界银行数据库整理制作。

4. 城镇化是一把“双刃剑”，利用好这一工具能够推动经济社会发展，处理不好则会制约城市发展。从有利的角度看，以乡村人口的城市转变、农业劳动力的职业转变、产业结构的农业比重下降以及地域和空间结构变化为特征的城镇化，能够大量吸收乡村剩余人口，带动广大农村的发展，提高工业生产的效率，改善地区产业结构，缩小城乡发展差距，进而提高区域的整体发展水平。从不利的角度看，伴随人口和产业等的过度集中，也会给环境、经济和社会等带来诸多问题。就环境问题来说，城镇化通常会导致耕地面积减少、土壤和空气污染严重、热岛效应加剧、水质恶化和水资源短缺等问题。就经济问题来说，人口和产业的集中会导致城市的土地资源稀缺、地价上涨，包含劳动力工资在内的企业生产成本上升。就社会问题来说，城镇化可能会造成交通拥挤、住房紧张、就业困难、社会保障压力快速增加等，上述种种问题就是通常所说的“城市病”。以住房为例，贫民窟即为困扰城市发展的毒瘤，联合国人居署2012年报告显示：2010年世界贫民窟人口已达到8.276亿人，接近全球城市人口的四分之一；如果贫民窟人口数量继续以同样速度增长，2030年将达到20亿[①]。总之，随着人口及其他资源要素的集中，大城市特别是超大城市发展迅速，大量人口和经济社会活动集中于大都市区。一方面，在规模经济和集聚经济的作用下，城镇化推动了一个国家和地区的经济社会发展；另一方面，由于人口和经济社会活动的无序及过度集聚，以住房、交通拥堵和环境污染等问题为症状的城市病持续困扰着许多大都市，目前，各个国家和地区尚没有找到根本解决城市病的良策。

二、经济全球化

“经济全球化”一词最早是由T. 莱维于1985年提出的，然而，至今没有一个公认的定义。国际货币基金组织（IMF）认为，经济全球化是指跨国商品与服务贸易及资本流动规模和形式的增加，以及技术的广泛迅速传播使世界各国经济的相互依赖性增强。经济合作与发展组织（OECD）认为，经济全球化是一种过程，在这个过程中，经济、市场、技术与通讯形式的全球特征日益增加，民族性和地方性不断减少。

学术界普遍认为，经济全球化包含三方面的内容：一是世界各国经济社会联系的不断加强和相互依赖程度的日益提高；二是各国经济体制（即市场体制）和经济政策不断趋于一致；三是国际经济协调机制不断强化，即各种区域性组织对世界各国经济的协调和约束作用越来越强。

第二次世界大战以后，特别是20世纪60年代以来，随着交通运输、通讯与互联网技术的快速发展，国与国、地区与地区之间的经济联系日益密切，经济全球化趋势不断加强。从货物和服务贸易进出口额占国内生产总值（GDP）的比重来看，1961年整个世界这一比值为25. 3%，截止到2012年，这一比值提高到60. 5%；同期，

---

① UN-HABITAT，2012：State of the World's Cities 2010/2011—Bridging The Urban Divide. Malta：Gutenberg Press Ltd. p32.

高收入国家的这一比值从 25. 2% 提高到 60. 5% ，个别国家如韩国更是从 20. 2% 提高到 109. 9% ；中等收入国家货物和服务贸易进出口总额占 GDP 的比重也由 1970 年的 19. 6% 增长到 2012 年的 60. 3%（见图 1 –2 和附表 1 –2）。从外国直接投资净流入来看，世界银行统计表明，1970 年全世界各国的外国直接投资净流入只有 101. 7 亿美元（现价美元），到 2012 年，各国的外国直接投资净流入高达 15095. 6 亿美元（现价美元），比 1970 年增长了 147 倍多。①

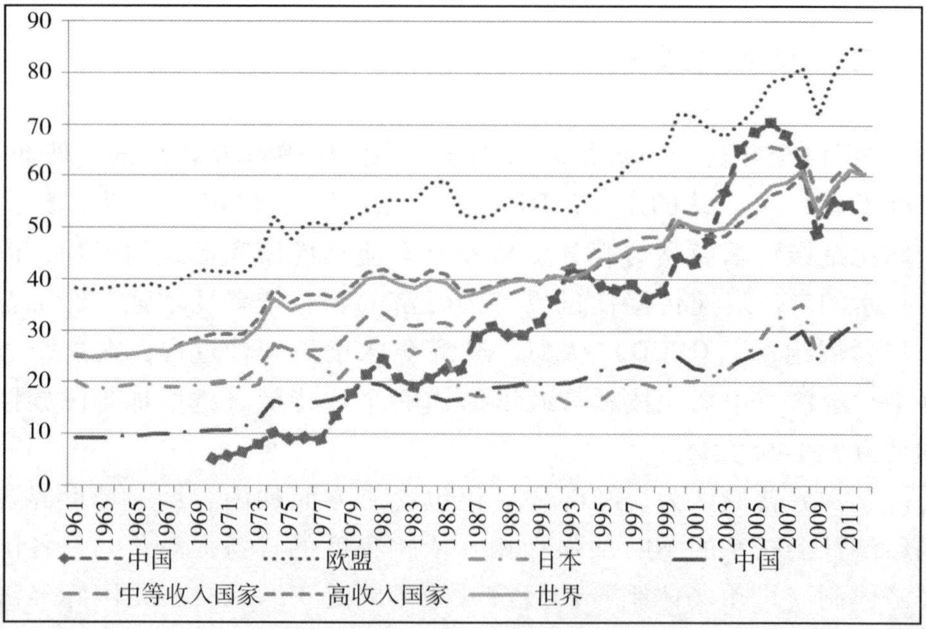

图 1 –2　全球部分国家与地区外贸依存度

资料来源：作者根据世界银行数据库整理制作。

全球化是一把“双刃剑”。一方面，经济全球化有利于资源和要素在全球范围内的合理配置，有利于资本和商品的全球性流动，有利于科学技术和知识创新成果的全球性的溢出，从而促进不发达地区经济社会的发展。另一方面，经济全球化给各个国家的经济贸易带来了诸多不确定因素；在经济全球化进程中，经济实力薄弱和科

① 世界银行官网，http：//wdi. worldbank. org/。

学技术落后的发展中国家和地区，面对更加激烈的全球竞争，遇到的风险和冲击将更大，挑战将更加严峻。

全球化使得绝大多数城镇都成为全球城市体系和城市网络中的一个节点，全球化挑战需要国家和地方城市快速适应城市发展的历史性转变。经济全球化要求各个城镇的发展需要有国际视野，城市更具包容性、多元性和国际性，功能定位不能局限于一个国家或地区，城市经济发展应主动融入区域乃至全球产业链之中、融入全球分工体系之中。城市发展不仅充分利用自身的资源、要素和市场，而且要充分利用国际国内一切可以调动和利用的资源、要素与市场。霍尔（Hall，2004）认为，全球化的挑战是中国城市化面临的三大挑战之一。

1.3 新技术革命与信息社会的来临

一、新技术革命与新型城镇化

当今世界，第三次工业革命方兴未艾，这将推动世界经济发展模式转型。第三次工业革命发端于20世纪70年代，兴起于20世纪80年代。及至21世纪，随着世界资源日益枯竭、环境不断恶化以及可持续发展问题的提出，第三次工业革命开始加速推进。2011年，美国未来学家杰里米·里夫金（Jeremy Rifkin）对“第三次工业革命”概念进行了系统阐述，强调低碳、节能、可持续发展和“向可再生能源转型”。在他看来，第三次工业革命就是“数字制造技术、互联网技术和再生性能源技术的重大创新与融合，这种创新与融合导致了工业、产业乃至社会的重大变革，导致了社会生产方式、制造模式甚至生产组织方式等方面的重要转变，最终使人类进入生态和谐、绿色低碳、可持续发展状态”。2012年4月，英国《经济学家》杂志发表“特别报告”及相关文章中对“第三次工业革命”的表述更强调“制造业走向数字化”。第三次工业革命浪潮可概述为五大特点：

1. 新能源革命新能源革命，亦即里夫金强调的“向可再生能源转型”，寻求生产过程节能、低碳、高效。美国大西洋理事会报告宣称最新研究使用纳米技术和钠、钾等低成本材料，生产出成本低、耐用性高、可充电数十万次的大功率蓄电池，用以解决太阳能、风能的储存问题，促进太阳能、风能开发，并满足运输工具转向插电式或燃料动力电池车的技术需求，促使世界加速向“后石油经济时代”过渡。大大缓解甚至是消除化石能源所带来的环境污染严重等负面效应。

2. 新材料革命，制造业广泛采用新型复合材料和纳米材料。这些新材料的强度、质量、性能均优于传统材料，而且适用性强，成本低。例如“3D”打印技术就借助纳米技术、激光技术等新技术，使各种金属、非金属材料“液化、丝化、粉末化”，以使之能从“3D”打印机喷嘴中高速喷出并按三维设计图快速“塑化”、成型，满足制造业“增材制造”的需求。

3. 新农业革命，他首推“垂直农场”和“垂直农业”，即在消费地附近建立一层层叠加的摩天大楼式温室，种植各种农作物，以解决水、旱、虫灾及高温、酷寒等难题，节省水电资源和劳动力成本，实现农业高效、高产，并消除农产品传统上须从产地向消费地长途运输的“麻烦”。美国大西洋理事会报告特别强调转基因工程的重要性，认为转基因工程正处在“婴儿时期”，未来必然要大发展、更成熟、更加普及。

4. 新信息技术革命，主要是设计、生产、销售系统借助网络信息技术全面数字化、智能化，互联网成为设计、生产、贸易、信息以及各种新技术交流的关键性平台与渠道，同时也构成经济、社会发展的新基础，从而深刻改变人类生产、生活方式。

5. 制造业“数字化”革命，主要是生产、制造的快速成型等。以“3D”打印机为代表的新型生产设备，可使产品从设计到生产再到销售的全过程一体化，简化流程、降低成本，并大大缩短生产周期和运送距离，使产品由大工业时代的“大规模生产”转向“大规模定制”，以适应消费者“个性化”需求，并能在世界各地“就地设计、就地生产、就地销售”，这可能导致第一次工业革命以来、历时两个多世纪的“大规模工厂制”逐步被淘汰。

第三次工业革命将引起新一轮科技大发展、大扩张，其进程及其成果正在并将继续对人类生产、生活方式及国际经济政治格局产生重大影响。以“3D”打印为标杆的新兴制造业，由于技术含量提高、成本降低、生产周期缩短、更适应“个性化”、“高端化”、“本地化”的需求，并且能简化产品设计、生产、销售流程等，使大规模“流水线生产”被“分散化”和“社会化”生产所替代，完成就地投资、就地设计生产、就地销售，数字化制造业“回迁”大都市成为可能。新技术革命必然引起城市及城市体系新一轮的变革。城市的发展需顺应新技术革命，城市发展的转变主要表现为服务业和新兴制造业逐渐取代传统制造业，进而成为城市经济的基础，而其中由创新活动所推动的“创意产业”变得日益重要。

二、信息社会的来临与新型城镇化

随着以互联网为代表的新经济的产生与发展，20 世纪七八十年代，一些社会学家、未来学家提出了后现代社会的思想。丹尼尔·贝尔的“后工业社会”思想、托夫勒的“三次社会浪潮”理论和德鲁克的“后资本主义社会”等均是对经济社会发展这一趋势的不同角度的描述。

美国社会学家丹尼尔·贝尔在 20 世纪 70 年代首次提出“后工业社会”（Post-Industrial Society）这个概念，他认为，资本主义工业国家在达到高度工业化之后，就要进入“后工业社会”。他把人类社会划分为“前工业社会”、“工业社会”和“后工业社会”三个阶段。前工业社会依靠原始的动力从自然界提取初级资源，以天然性生产业为主。工业社会则是围绕大规模机器生产而组织，与和以加工业为主，利用能源和机械技术大量制造物品。后工业社会部分是以程序处理为主，在这里电信和电脑对于信息和知识的交换起着全局性的战略作用。贝尔把后工业社会概括为如下五个特征：一是经济上从以制造业为主转向以服务业为主；二是社会的领导阶层由以企业为主转变为以科学技术研究人员为主，知识分子成为后工业社会的主导阶级，掌控着信息的生产和分配；三是理论知识成为推动社会经济增长的主要因素；四是未来的技术发展是有计划有节制的，技术评价占有重要地位，制定各项政策需通过“智能技术”；五是后工业社会提倡的不是“竞争战略”，而是以“合作”原则对社会知识进行合理的选择、传播和利用。

未来学家斯比特在《大趋势》（1982）中指出，人类社会已经进入一个以创造和分配信息为基础的经济社会，知识是经济社会发展的驱动力。英国社会学家斯托尼尔（Stonier）在《信息财富——简论后工业社会经济》（1983）一书中描述了后工业社会经济的 7 个基本特征：以知识生产为主体的服务性经济；信息劳动者是主要的劳动者；信息生产和交换构成经济基础；经济无国界；后工业经济由政府、跨国公司和工会三大经济组织构成；国家和个人富有；后工业经济是以几何级数增长的经济形式。法国社会学家克罗齐尔（Crozier）指出，经济运行的多样化、就业和人类活动格局的动荡、信息交流的爆炸构成后工业社会的三个主要特征；国民经济朝着服务化方向深化，非物质性投资的比重日益提高。保罗·霍肯在《未来的经济》一书中指出，信息经济是一种以新技术、新知识和新技能贯穿于整个社会经济活动的新型经济形式，经济社会的发展目标是降低产品的能源消耗和原料消耗。1993 年，德鲁克在其著作《后资本主义社会》中指出，人类社会正在进入知识社会，知识生产力成为生产力、竞争力和经济成就的关键，知识产业成为首要产业，为经济提供了必要的和最重要的资源。经合组织（OECD）在 1996 年的年度报告《以知识为基础的经济》中首次提出了知识经济的指标体系和测度方法。

进入信息社会，以互联网、大数据、云计算等为特征的信息革命正在影响着包括城镇化在内的经济社会生活的各个方面。就城镇化来看，国外发达国家的一些城市，已经开始利用新一代信息技术支撑、知识社会下一代创新（创新2.0）环境，基于物联网、云计算等新一代信息技术以及社交网络，大力打造全面透彻的感知、宽泛的互联、智能融合的应用以及以用户创新、开放创新、大众创新、协同创新为特征的智慧城市，这一变革正在深刻地改变着城市治理与发展，改变着未来城镇化的走向。

1.4 国情特征与新型城镇化

一、发展中大国与新型城镇化

1. 人口数量多，劳动力转移压力大

人口数量大是我国的基本国情。2012 年底，我国总人口达13.54 亿，约占全球人口的20%；是美国的4 倍多，日本的10 倍多，欧盟的2.67 倍，比全部高收入国家的总人口多5000 万。2012 年，我国仅流动人口就高达2.36 亿，与印度尼西亚总人口相当，是日本总人口的1.8 倍多，比英、法、德三国总人口多2000 多万，与美国2012 年的城镇人口（2.59 亿）相当。

由于人口众多，尽管我国在资源总量上并不少，但人均资源很少。水资源不足世界人均水平的1/4，许多矿产资源也不足世界人均水平的一半。这决定了我国的经济社会发展不能长期依赖资源投入，粗放式的经济增长模式难以持续。

受城乡二元分割的体制和机制特别是城乡户籍制度的影响，我国劳动力的自由流动受到许多限制，特别是新中国成立后的30 多年里，人口流动更是受到严格限制，人口城镇化进程相对比较缓慢，城镇化程度明显滞后于经济社会发展水平。随着人口流动限制的减少，未来一段时期我国的城镇化速度仍会保持较高的速度。按照2030 年实现75%的城镇化率目标计算，未来20 年将有2 亿多农业人口转入城市，1.6 亿的半城镇化人口（常住人口与户籍人口的差额计算①）继续城镇化。近4亿人口完全融入城镇，能够为城市经济社会发展提供2亿多的劳动力（也意味着需要提供2亿多就业岗位），与目前美国的城镇人口总量相当。

大量人口从乡村转入城镇，这对我国经济社会管理是一项巨大的挑战，必将深刻地影响到未来一段时期我国经济社会发展的各个方面。霍尔（2004）认为，中国城市化的第三大挑战是需求增长的挑战。他指出，城市化过程中城市人口的猛增给住房带来巨大的压力和刺激。人们需要更多、更好的住房，同时，住房建造的密度、与就业岗位之间的关系、大运量交通方式的提供等等，这些都成为城市持续发展所要解决的重要问题。另外，大量人口转移到城市，就业岗位、公共服务等的供给必将承受巨大的压力。

2. 资源要素分布不均、经济社会发展区域差距较大

作为一个幅员辽阔的大国，加上地形地势复杂、区域差异明显，我国资源要素的空间分布明显不均。就人口分布而言，因地势相对平坦、海拔较低、经济社会发展水平较高，比较宜居宜业，东部地区集中了大量人口。2012年，东部地区以9.5%的土地面积聚集了全国38.2%的人口，而西部地区则以71.5%的土地面积仅分布着27%的人口；2012年底，东、中、西、东北四大区域的人口密度比为10.6:6.6:1.0:2.6。就业分布更是严重不均，从城镇单位（非农产业单位）就业人员来看，2012年，47.4%的城镇单位就业人数集中于东部地区，比人口比重高近10个百分点，而中部和西部则比其人口比重各低5个百分点（见表1-3）。

自然资源的空间分布不均衡，资源分布与经济区域结构不匹配。水资源的83%集中在占全国耕地38%的长江流域及以南地区，而黄、淮、海、辽河等流域，耕地占42%，水资源却仅有9%。矿产资源的80%分布于西北部，石油和煤炭的75%以上分布在长江以北，新疆、内蒙古、山西和陕西等四省区的煤炭资源占全国资源总

① 2012年中国（常住人口）城镇化率达到了52.57%，但是户籍（人口）城镇化率只有35.29%。

量的81.3%；而制造业和能源消费却集中在东部沿海地区。

表1-3 2012年我国四大区域经济社会发展部分指标

指标	全国总计	东部地区		中部地区		西部地区		东北地区	
		绝对数	比重（%）	绝对数	比重（%）	绝对数	比重（%）	绝对数	比重（%）
土地面积（万平方公里）	960.0	91.6	9.5	102.8	10.7	686.7	71.5	78.8	8.2
年底总人口（万人）	135404.0	51460.9	38.2	35926.7	26.7	36427.5	27.0	10973.4	8.1
城镇单位就业人员（万人）	15236.4	7225.3	47.4	3305.3	21.7	3350.6	22.0	1355.2	8.9
GDP（亿元）	518942.1	295892.0	51.3	116277.7	20.2	113904.8	19.8	50477.3	8.8
第一产业	52373.6	18339.6	35.0	14019.8	26.8	14332.6	27.4	5681.6	10.8
第二产业	235162.0	141448.8	49.5	61450.7	21.5	57104.2	20.0	25644.9	9.0
#工业	199670.7	125944.7	50.4	53768.8	21.5	47811.9	19.1	22428.2	9.0
第三产业	231406.5	136103.6	57.1	40807.2	17.1	42468.0	17.8	19150.8	8.0
人均GDP（元）	38420	57722		32427		31357		46014	
货物进出口总额（亿美元）	38671.2	32710.8	84.6	1933.9	5.0	2364.0	6.1	1662.4	4.3
出口额	20487.1	17010.4	83.0	1205.5	5.9	1487.4	7.3	783.8	3.8
进口额	18184.1	15700.4	86.3	728.4	4.0	876.6	4.8	878.7	4.8
地方财政收入（亿元）	61078.3	32679.1	53.5	10326.6	16.9	12762.8	20.9	5309.8	8.7
地方财政支出（亿元）	107188.3	42093.1	39.3	22624.9	21.1	32269.1	30.1	10201.3	9.5
城镇居民人均可支配收入（元）	24565	29622		20697		20600		20759	
农村居民人均纯收入（元）	7917	10817		7435		6027		8846	

资料来源：根据《中国统计年鉴（2013）》整理制作。

改革开放后，我国实施了梯度开放的对外经济贸易战略和“让一部分地区先富起来”的区域经济发展战略，这种发展战略在一定程度上加剧了经济社会发展的区域不平衡问题。2012 年，我国国内生产总值的 51.3%、工业产值的 50.4%、第三产业产值的 57.1%、货物进出口总额的 84.6% 都集中于东部地区。就经济密度（地均 GDP）而言，四大区域板块的差异更加明显，2012 年东部、中部、西部和东北部四大区域的经济密度分别为 3230.3 万元/平方公里、1131.1 万元/平方公里、165.9 万元/平方公里、640.6 万元/平方公里；东部地区的经济密度是西部地区的近 20 倍（见表 1－3）。此外，就居民收入水平来看，四大区域及城乡的差距也很明显，2012 年，东部地区城镇居民人均可支配收入最高，为 29622 元，西部地区农村居民人均纯收入最低，仅为 6027 元（见表 1－3）。

总之，资源空间分布与经济活动空间分布的不匹配，增加了商品和要素的空间流量，加大了交通运输的压力，降低了经济发展效率。未来一段时期，要提高劳动生产率、推动我国经济社会的持续发展，需要我国的经济社会活动在空间上进一步集中和优化，实施新型城镇化战略。

二、资源短缺与新型城镇化

1. 资源、能源匮乏与新型城镇化

能源、矿产、土地、水和海洋资源，是经济社会发展不可或缺的物质条件，是城镇化持续推进的物质基础。从资源总量来看，我国是一个资源大国，种类多样，一些重要资源拥有量位居世界前列。然而，从人均资源占有量来看，我国又是一个“资源小国”，许多资源的人均占有量都低于世界平均水平。

就能源资源而言，在我国探明的化石能源资源储量中，人均石油储量仅为世界平均水平的 11%；天然气仅为 4.5%；即使储量最丰富的煤炭，人均储量也仅为世界平均水平的 79%。然而，随着经济社会发展，我国的能源消费和能源进口则不断增长。从表 1－4 可以看出，2011 年我国能源使用总量高达 27.28 亿吨石油当量，是 2000 年的 2.35 倍；人均能源使用量从 2000 年的 919.78 千克石油当量增长到 2011 年的 2029.36 千克石油当量，年均增长 11%；伴随能源消费的快速增长，我国能源净进口占能源消费总量的比重不断攀升，2011 年高达 10.8%。

表 1－4　2000—2011 年我国能源使用状况

	能源使用总量（千吨石油当量）	人均能源使用量（千克石油当量）	能源净进口（占能源使用总量的%）
2000 年	1161353.129	919.7780287	2.716854177
2001 年	1186796.51	933.1261627	－0.173265508
2002 年	1253831.085	979.2495197	0.813924628
2003 年	1427554.334	1108.005537	2.032816216
2004 年	1639853.716	1265.246005	4.685782107
2005 年	1775677.25	1362.008138	4.183499225
2006 年	1938943.565	1478.958036	6.465635063
2007 年	2044606.194	1551.4299	6.32703385
2008 年	2120813.901	1601.031137	5.911473041
2009 年	2286136.637	1717.272837	8.452655579
2010 年	2516731.199	1881.379825	10.11995831
2011 年	2727727.645	2029.362967	10.82303065

资料来源：根据世界银行数据库整理。

我国矿产资源品种多、总量大，已发现 170 多种矿产资源，探明资源储量的有近 160 种；已查明的矿产资源总量约占世界的 12%，仅次于美国和俄罗斯，居世界第三位。但是，由于人口众多，人均占有量仅为世界平均水平的 58%，居世界第 53 位。

淡水是人们生产和生活必不可少的资源，是人类社会生存和发展最基本的要素。我国虽然是一个水资源大国，水资源总量位居世界第 6 位。2012 年，我国淡水资源总量不足 3 万亿立方米，人均淡水资源量只有 2200 立方米，是世界人均占有量的 1/4。其中，16 个省、自治区、直辖市的人均水资源拥有量低于国际公认的 1700 立方米用水紧张线，更有 10 个省、自治区、直辖市低于人均 500 立方米的严重缺水线。另外，水资源的空间分布基本是确定的，随着人口和产业在城市地区的集中，城市地区水资源短缺现象日益严重。据水利部统计，全国669座城市中有400座供水不足，110座严重缺水；在32个百万人口以上的特大城市中，有30个长期受缺水困扰；在46个重点城市中，45.6%水质较差，14个沿海开放城市中有9个严重缺水①。北京、天津、青岛、大连等城市缺水尤其严重。

2. 国土幅员辽阔，但土地资源稀缺

我国是一个国土面积广阔的国家，国土面积约960万平方公里，全球排名第三，仅次于俄罗斯和加拿大。我国地形地貌复杂，山地、高原、丘陵、盆地、平原等各类地形交错分布，形成了复杂多样的土地资源类型，区域差异明显。在这复杂的土地资源类型中，山地、丘陵和崎岖起伏的高原约占土地面积的2/3，因此，尽管我国国土面积较大，但是，由于山区面积广大，适宜于城镇发展的平原和盆地面积并不多，仅占国土面积的1/3。

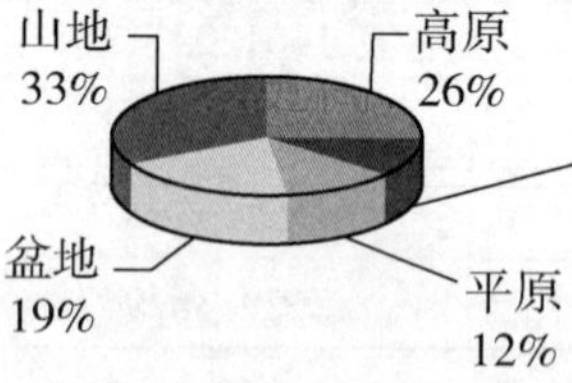

图1-3 我国各种地形面积比例示意图

人多地少是我国的基本国情之一。以农村从业人数和耕地情况为例，2012年，我国农村从业人口为4.04亿，而美国农业从业人数仅200多万；我国耕地面积约为1.2亿公顷，而美国耕地面积为2.0亿公顷，因此，完全可以用“地少人多”和“地多人少”分别来形容我国和美国。按照人均耕地面积计算，2011年我国的人均耕地面积约为0.09公顷，大约是日本和韩国的3倍；如果以劳均计算（耕地面积与农业劳动力计算），我国的劳均耕地面积为0.4公顷，仅为

① 水利部网站，http://www.mwr.gov.cn/，2012年3月22日。

韩国的1/3、日本的1/6。随着城镇化推进，中国平均每年减少耕地600多万亩，日益逼近18亿亩的耕地红线。

我国有限的、宜于人类生产生活的土地面积，既要为13亿多人提供基本农产品保障，又要保证城镇化进程的持续推进。这要求我国的城镇化一方面需要提高农业劳动生产率，在相同甚至更少的耕地面积上生产出更多的农产品，做好“米袋子”和“菜篮子”的保障工作；另一方面，在城镇化过程中，做好城镇规划，特别是做好城镇土地利用规划，节约、集约利用土地资源。

3. 生态环境恶化与新型城镇化

人类社会所消耗的能源主要是以煤炭、石油和天然气为代表的化石能源。2010年一次能源消费结构调查中，我国化石能源消费比重高达92%[①]。化石能源的消耗排放了大量的温室气体，严重污染了自然环境。

随着城镇化进程的加速，城市建设规模不断扩大，由此带来的污染集中问题日益严峻。住房和城乡建设部副部长仇保兴在2010年第六届国际绿色建筑与建筑节能大会上指出，我国是世界上每年新建建筑面积最大的国家，每年新建建筑面积约为20亿平方米，消耗了全世界约40%的水泥和钢材。[②] 统计数据显示，我国城镇可推算的建筑垃圾的数量约为21亿～28亿吨，占城市垃圾总量的30%～40%；每万平方米建筑的施工过程中产生500～600吨建筑垃圾；中国每年拆毁的老建筑占建筑总量的40%，每一万平方米拆除的旧建筑，将产生7000～12000吨建筑垃圾[③]。绝大部分建筑垃圾未经任何处理，便被施工单位运往郊外或乡村，采用露天堆放或填埋的方式进行处理，清运和堆放过程中的遗撒和粉尘、灰砂飞扬等问题又造成了严重的环境污染。这些建筑垃圾被排放到大气中，对空气、水域、土壤都造成了难以恢复的伤害。

---

① 中国能源网，http：//www.china5e.com/，2011年6月20日。

② 住房和城乡建设部网站，http：//www.mohurd.gov.cn/，2010年3月29日。

③ 新华网，http：//news.xinhuanet.com/，2011年10月18日。

气候变化是我们面临的最严峻、最深远的挑战。在2001年发表的评估报告中，联合国政府间气候变化专门委员会（IPCC）曾预测，到2100年全球平均气温将升高1.4至5.8摄氏度，海平面将升高9至88厘米[①]。在哥本哈根气候大会上，虽然发达国家与发展中国家存在一定冲突，但发展低碳经济的方向与目标已经取得了基本共识，节能减排、采用新能源、防止气温快速升高已是世界各国的共同责任。进入新世纪以来，随着我国经济社会发展，我国温室气体排放显著增加。2005年，我国二氧化碳排放总量达5547.8百万吨，是日本的4.5倍，英国的10倍多，比2000年增长了66.2%。2005年，我国其他温室气体排放119720千吨二氧化碳当量，比2000年增长45%；2005年，在其他温室气体排放方面，我国已超过美国，位居全球第一（见表1－5）。

表1－5　我国及部分发达国家温室气体排放量

国家和地区	二氧化碳排放总量（百万吨）		其他温室气体排放（千吨二氧化碳当量）	
	2000	2005	2000	2005
全球			517630	601890
中国	3337.7	5547.8	82590	119720
日本	1204.1	1230.0	69740	70570
美国	5646.3	5776.4	107410	108420
英国	546.0	546.4	12140	14030

资料来源：国家统计局网站。

① 刘浩，王宇．联合国最新报告：人类活动引起全球变暖．2010年11月20日，中国证券网。

三、经济发展相对落后、结构失衡比较严重

1. 经济总量大，然而经济发展相对落后

改革开放以来，我国经济发展迅速，1978—2011年间，国内生产总值年均增长率近10%，经济总量快速攀升。进入新世纪以来，以现价美元计算，我国经济总量分别于2005年、2006年、2007年和2010年先后超过法国、英国、德国和日本，跃居世界第二位，仅次于美国。2012年，我国国内生产总值82771.03亿美元，约占全球经济总量的11.4%，是2000年的近7倍（见表1-6）。然而，由于人口众多，人均产值仍然相对较低，2012年我国人均国内生产总值为6091美元（现价），不到全世界平均水平的60%，仅为巴西的53.7%、韩国的27%、英国的15.6%、德国的14.5%、日本的13%和美国的11.8%（见表1-6）。

表1-6 全球及部分国家和地区产值状况

国家/地区	国内生产总值（亿美元：现价）		人均国内生产总值（美元：现价）	
	2000年	2012年	2000年	2012年
中国	11984.75	82271.03	949.18	6091.01
巴西	6447.02	22526.64	3694.46	11339.52
英国	14936.28	24717.84	25361.94	39093.47
法国	13263.35	26128.78	21774.94	39771.84
德国	18864.01	34281.31	22945.71	41862.71
日本	47311.99	59597.18	37291.71	46720.36
韩国	5333.84	11295.98	11346.66	22590.16
美国	102897	162446	36467.30	51748.56
世界	328723.25	724404.49	5387.10	10280.54
高收入国家	271982.31	497176.34	22467.58	38182.43
中高等收入国家	42700.96	174266.9	1971.97	7289.08
中等收入国家	55094.14	222499.09	1298.38	4542.83

资料来源：作者根据世界银行数据库整理。

2. 产业结构和就业结构失衡

改革开放以来，伴随农业剩余劳动力的转移，我国的经济发展和三大行业的劳动生产率有了很大提升。从分产业比较劳动生产率来看，1978 年到 2011 年，中国第二产业的比较劳动生产率从 1978 年的 2.77 下降至 2011 年的 1.58，服务业的比较劳动生产率从 1978 年的 3.93 下降至 2011 年的 1.31，第二产业和服务业的劳动生产率都在向 1 逐渐收敛（见图 1－4），这符合产业结构转型的一般规律。

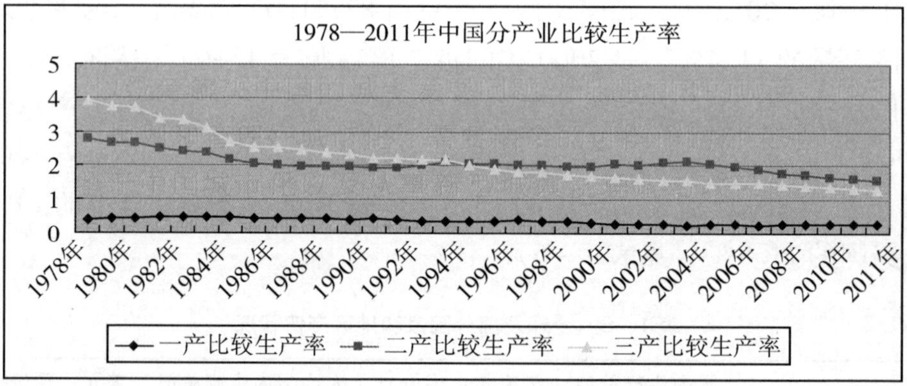

图 1－4　1978—2011 年我国分产业比较生产率

资料来源：作者根据《新中国六十年统计资料汇编》和相关年份统计年鉴制作。

然而，由于更多的农村剩余劳动力直接转入了服务业而不是工业，导致我国增加的服务业份额主要是劳动生产率较低的传统服务业，而并非劳动生产率较高的现代服务业，导致了我国服务业劳动生产率下降的速度要远远快于第二产业。另外，农业比较劳动生产率并没有体现出向 1 收敛的趋势，反而从 1978 年的 0.40 下降至 2011 年的 0.28（见图 1－4），这意味着在我国工业化和城镇化的过程中，农业没有实现从传统农业向现代农业的转型。

服务业劳动生产率过低，是与城市化与工业化的失衡以及土地城市化与人口城市化的失衡息息相关，由于我国城市化远远滞后于工业化，人口城市化又远远滞后于土地城市化，导致当前城市发展缺乏产业支撑，从而出现“产业空心化”，进一步造成就业结构的低端化，从而造成了当前服务业结构的低端化。要改善这一结构，只有通过新型城市化，实现城市化与工业化均衡发展，土地城市化与人口城市化均衡发展，从而避免陷入“结构型减速”，实现长期可持续增长。

3. 就业结构变迁滞后于产业结构变迁

在我国工业化和城镇化进程中，结构失衡的另一大表现是就业结构变迁滞后于产业结构变迁。从产业结构变迁来看，1978 年至 2011 年，中国产业结构的变化比较明显，其中第二产业产值占比相对稳定，基本在 0.4 ～ 0.5 的区间徘徊；服务业产值比重则从 1978 年的 23.9% 上升至 2011 年的 43.4%，已经接近第二产业产值比重。农业产值比重在农村改革时期有所上涨，从 1978 年的 28.1% 上升到 1983 年的 33.1%，在此之后，伴随着中国的工业化进程，农业产值比重下降至 2011 年的 10%（见图 1－5）。

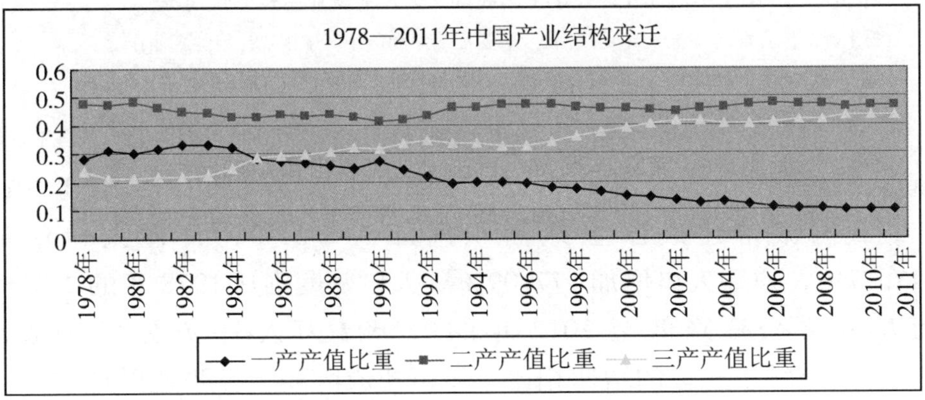

图 1－5　1978—2011 年我国三大产业结构变化情况

资料来源：作者根据《新中国六十年统计资料汇编》和相关年份统计年鉴制作。

从就业结构来看，1978—2011 年，我国农业就业比重从 1978 年的 70.5% 下降至 2011 年的 34.8%，这反映出与工业化相伴的一个基本事实，即农村释放出大量的剩余劳动力转移到城市中的工业和服务业；与此相反，第二产业就业比重从 1978 年的 17.3% 上升到 2011 年的 29.5%，服务业就业比重从 1978 年的 12.2% 上升到 2011 年的

35.7%（见图1-6）。改革开放30多年来，尽管我国三大产业就业结构持续优化，然而，与产值结构相比，仍然明显滞后。2011年，34.8%的农业人口仅创造了10%的产值，29.5%的产业工人创造了46.6%的产值，35.7%的服务业就业人口创造了43.4%的产值。

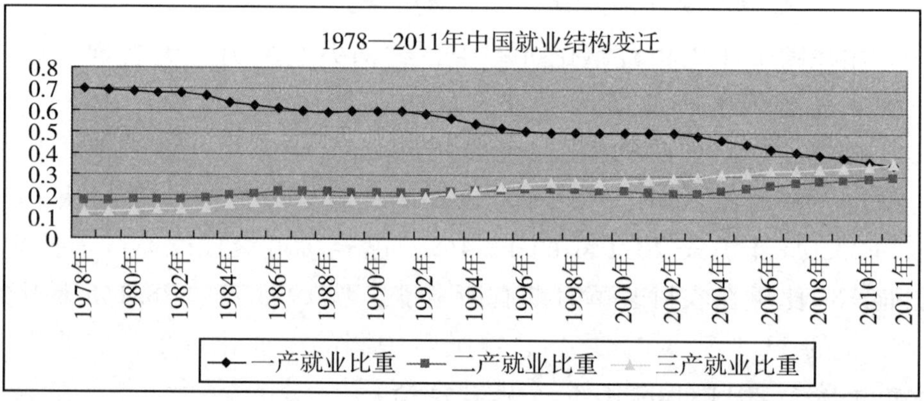

图1-6　1978—2011年我国三大产业就业结构变化情况

资料来源：作者根据《新中国六十年统计资料汇编》和历年《中国统计年鉴》制作。

4. 人口城镇化与土地城镇化失衡

我国城镇化过程中的另一大结构性失衡就是人地失衡，具体表现为土地城镇化速度明显快于人口城镇化速度。从1978年到2012年，我国城市建成区土地面积增加512.61%，常住人口增加312.77%，户籍人口增加177.09%。人口密度则从1978年的2.3185万人/平方公里降低至2012年的1.5622万人/平方公里（见表1-7）。与城镇人口的增速相比，城市建成区面积扩张速度更快，明显地体现出土地过度城镇化的特征。

表1-7　1978—2011年我国城镇化状况

	1978年	1990年	2000年	2012年	1978—2012年增幅
常住人口（万人）	17245	30195	45906	71182	312.77%
户籍人口（万人）	17245			47784	177.09%
常住人口城市化率	17.92%	26.41%	36.22%	52.57%	193.36%
户籍人口城市化率	17.92%			35.29%	96.93%

续表

	1978 年	1990 年	2000 年	2012 年	1978—2012 年增幅
城市建成区面积（平方公里）	7438（1981 数据）	12856	22439	45566	512.61%
人口密度（万人/平方公里）	2.3185	2.3487	2.0458	1.5622	

资料来源：作者根据历年《城市统计年鉴》和《城市建设年鉴》制作。

另外，从区域结构层面来看，东、中、西三大区域人口城镇化和土地城镇化间表现出明显的失衡现象。2004—2011 年，全国城市建成区面积扩张的年均速度高出城镇人口增长的年均速度 2.23 个百分点；西部地区这种失衡状况最为严重，土地城市化年均速度要超过人口城市化年均速度 2.71 个百分点，其次是东部地区，相差 2.25 个百分点，最后是中部地区，二者相差 1.66 个百分点，失衡状况要好于其他区域（见表 1－8）。

表 1－8　2004—2011 年我国城镇人口和土地增长状况

	全国	东部	中部	西部
年均城镇人口增长	3.06%	3.23%	3.42%	3.31%
年均城市建成区面积扩张	5.29%	5.48%	5.08%	6.02%
二者之差	2.23%	2.25%	1.66%	2.71%

资料来源：作者根据历年《城市统计年鉴》和《城市建设年鉴》制作。

5. 地方财政收入结构失衡

我国经济社会发展的另一结构失衡表现为地方政府财政收入结构的失衡。自 2001 年以来，我国地方政府国有土地出让收入占地方财政总收入比重增长迅速，2001 年国有土地出让收入占地方财政总收入比重仅为 11.12%，而到 2010 年和 2011 年这一比重均超过 60%，成为地方政府财政总收入的主要来源，到 2012 年时这一比重降至 44.22%，但仍对地方财政总收入具有重要作用（见表 1－9）。从国有土地出让收入占比的变迁可以看出，我国城镇化过程中“人地失衡”现象的出现，与地方政府“土地财政”的现状密不可分。

表 1－9　2001—2012 年我国地方政府收入状况

（单位：亿元）

年份	地方财政收入	地方预算外资金收入	国有土地出让收入	土地出让收入占比
2001	7803. 30	3850. 00	1295. 89	11. 12%
2002	8515. 00	3831. 00	2416. 79	19. 58%
2003	9849. 98	4156. 36	5421. 31	38. 71%
2004	11893. 37	4351. 73	6412. 18	39. 47%
2005	15100. 76	5242. 48	5883. 81	28. 92%
2006	18303. 58	5866. 95	8077. 64	33. 42%
2007	23572. 62	6112. 42	12216. 72	41. 15%
2008	28649. 79	6346. 36	10259. 80	29. 32%
2009	32602. 59	6228. 29	17179. 53	44. 24%
2010	40613. 04	5754. 69	29397. 00	63. 40%
2011	52547. 11	0. 00	33166. 24	63. 12%
2012	61078. 29	0. 00	27010. 66	44. 22%

资料来源：作者根据国家统计局官网整理制作。

1.5　小结

在城市世纪里，发达国家作为城市化的先行者，占据了很大优势。今天，全球超过 50% 以上的人口居住在城市，生活在科学技术日新月异、城市集群化发展、经济全球化突飞猛进、生态环境持续恶化的城市世界。一方面，发达国家过度消费和新兴工业化大国迅速崛起导致的需求迅速膨胀，使不可再生资源变得严重短缺；另一方面，发达国家过度排污和新兴工业化大国的排污增加，导致全球变暖及环境进一步恶化，严重威胁人类的生存环境。城镇化先行国家的经验教训表明，我国的城镇化不能走传统城镇化的道路。2013年，我国各地爆发的雾霾现象更是为我们敲响了传统城镇化道路和模式的警钟！

以互联网为代表的信息技术、以太阳能等为代表的新能源技术、以3D打印为代表的制造技术等，共同推动了第三次产业革命的发展。新技术革命引发了人类社会各层面的变革，推动了经济全球化的发展和信息时代的来临。作为人类经济社会发展主要内容的城市化，也必然受技术革命、经济全球化等的影响。

目前，我国已进入中等收入国家行列，改革开放创造的中国奇迹使中国拥有了城镇化转型升级的资本、人才和技术基础。与此同时，由于居民收入的提高、素质的提升和社会的开放，市民意识觉醒，社会矛盾突出，加上生态脆弱、资源短缺，难以持续支撑传统城镇化模式。中国作为一个发展中大国，具有人口众多、空间广阔、资源短缺、分布不均、发展水平差异大的特征，这也要求中国城镇化既要充分利用大国规模经济的优势，也要力避过度聚集和长距离、高成本流动。

根据人口学中的诺瑟姆曲线，当一个国家的城镇化率超过30%时，就进入了高速城镇化的阶段，直到城镇化率达到70%基本完成城镇化进程。世界上各主要发达国家都完成了城镇化的进程。而相比于之前的30年，虽然在改革开放后30多年的时间里，我国城镇化的速度已经提高了很多，城镇人口增长了两倍多，但是百分之五十几的城镇化率依然大大落后于西方发达国家。而且我国城镇化的质量不高，城镇化进程未能有效缩小城乡差距，2012年我国农村居民人均纯收入不到0.8万元，而城镇居民人均可支配收入已经超过2.4万元，城乡收入比达到3.1∶1。如何加快城镇化进程并缩小城乡差距成为当前我国面临的重要问题。

人口规模大、资源短缺、环境恶化，这是我国城镇化面临的基本国情，决定了我国的城镇化依靠资源粗放式的消耗和劳动力的廉价供给推动城镇化发展的模式不可持续。我国的城镇化要按照工业化、信息化、城镇化和农业现代化同步发展的新要求，以人口城镇化为核心，以城市群为载体，完善体制机制，全面提高城镇化发展的质量：一是有序推进农业人口市民化，解决现有 2 亿多和每年新增 1000 多万农民工的半市民化问题；二要提升城市可持续发展能力，有效预防城市病；三要促进城乡发展一体化，逐步缩小城乡差距，促进城乡共同繁荣；四要创新体制机制，厘清政府和市场在推进城镇化过程中的作用与边界。

我国于 1997 年提出了城镇化发展战略，国家各级政府把城镇化摆在经济工作的重要位置。中国共产党的“十八大”报告中多次提及“城镇化”，要求“坚持走中国特色……城镇化……道路，推动……工业化和城镇化良性互动、城镇化和农业现代化相互协调，促进……城镇化……同步发展”以及“……推进城镇化为重点，着力解决制约经济持续健康发展的重大结构性问题”。正如 2013 年底召开的中央城镇化工作会议提出的，新型城镇化就是要优化空间布局，根据资源环境承载能力构建科学合理的城镇体系，把城市群作为主体形态，促进大中小城市和小城镇合理分工、功能互补、协同发展，促进城乡一体化发展。

第二章　城镇化与经济发展：现有的认知（文献综述）

城镇化与经济发展密切相关，城镇化进程的推进与工业化进程相伴随。工业化、城镇化和农业现代化是经济发展中的不同侧面与表现。工业化是经济发展的动力，农业现代化是经济发展的根基，而城镇化则是经济发展的空间载体和支撑平台。城镇化是推动经济社会持续健康发展的不竭动力和强大引擎。城镇化进程的持续推进，能够使更多的农村居民因转移到城镇就业而提高收入，进而不断扩大城镇消费群体、升级居民消费结构、持续释放消费潜力，从而为经济发展提供源源不断的动力。

2.1　工业化与城镇化的耦合关系

正确判断城镇化、工业化的结构关系状态，认清其成因、影响及其发展规律，对于制定正确的经济社会发展战略具有重要的意义。城市化与工业化的时序联动关系有两种表现：平衡联动和不平衡联动。平衡联动即工业化与城市化同步增长。不平衡联动（Konrad and Szelenyi，1977）又分为两种：一种是较高工业化的增长没有带动城市人口的同步增长即城市化滞后；另一种是城市人口增长速度超过工业化速度即过度城市化。

城市化与工业化的时序联动关系是一国经济发展过程中的重要结构关系。人类经济社会发展史表明，工业化带来了迅速的城市化：

新城市的兴起和已有城市的扩张。20 世纪 70 年代以来，对经济社会结构变革与经济发展关系的研究深入更为广泛的领域。美国经济学家霍利斯·钱纳里基于 101 个北部国家 1950—1970 年间的统计资料，在库兹涅茨研究的基础上，构造出了著名的“世界发展模型”，由发展模型求出一个经济发展的“标准结构”（见表 2 –1），即经济发展的不同阶段所具有的经济结构的标准数值。后来，钱纳里等学者以人均收入为主线根据发展的标准结构模式把经济社会发展划分为六个阶段，即初级产品阶段、工业化初期、工业化中期、工业化后期、发达经济初级阶段和发达经济高级阶段。

随着经济发展，不仅产业结构会升级，而且会带动城市化水平的提高。钱纳里运用“标准结构”对部分国家城市化水平进行测算的结果表明，城市人口比重与人均收入增加之间有较高的正相关性，各国的一致性程度也比较高。根据钱纳里的“标准结构”，在人均国民收入超过 500 美元（1964 年价格）时，城市人口开始在总人口中占主导地位，直到城市人口达到总人口的 75% 时趋于稳定（见表 2 –1）。另外，世界银行 1997 年的发展报告指出，1995 年全世界低收入国家的城市化率为 29%，中低收入国家为 60%，高等收入国家为 75%。陈佳贵等把城市化率 30% ~ 75% 界定为工业化实现阶段，75% 以上为后工业化阶段。

表 2 –1　钱纳里“标准结构”

人均 GDP（1964 年美元）	1004 $	200 $	300 $	400 $	500 $	800 $	1000 $	>1000 $
人均 GDP（2005 年美元）	745 $	1490 $	2235 $	2980 $	3725 $	5960 $	7450 $	>7450 $
初级产业占 GDP 比	0. 452	0. 328	0. 266	0. 228	0. 202	0. 156	0. 138	0. 127
制造业占 GDP 比	0. 149	0. 215	0. 252	0. 276	0. 294	0. 330	0. 347	0. 379
基础设施占 GDP 比	0. 061	0. 072	0. 079	0. 085	0. 089	0. 098	0. 102	0. 109
服务业占 GDP 比	0. 338	0. 385	0. 403	0. 411	0. 415	0. 416	0. 413	0. 385
初级产业就业占总就业比	0. 658	0. 557	0. 489	0. 438	0. 395	0. 300	0. 252	0. 159
制造业就业占总就业比	0. 091	0. 164	0. 206	0. 235	0. 258	0. 303	0. 325	0. 368
服务业就业占总就业比	0. 251	0. 279	0. 305	0. 327	0. 347	0. 397	0. 423	0. 473

续表

人均 GDP（1964 年美元）	1004 $	200 $	300 $	400 $	500 $	800 $	1000 $	>1000 $
城市人口占总人口比	0. 220	0. 362	0. 439	0. 490	0. 527	0. 601	0. 634	0. 658
国民总投资占 GDP 比	0. 158	0. 18	0. 203	0. 213	0. 220	0. 234	0. 240	0. 234
出口占 GDP 比	0. 195	0. 218	0. 230	0. 238	0. 244	0. 255	0. 260	0. 249
进口占 GDP 比	0. 218	0. 234	0. 243	0. 249	0. 254	0. 263	0. 267	0. 250
食品消费占 GDP 比	0. 392	0. 315	0. 275	0. 248	0. 229	0. 191	0. 175	0. 167

资料来源：整理自钱纳里《发展的型式 1950—1970》，经济科学出版社，1988，第 31—32 页。2005 年美元与 1964 年美元的折算因子为 7. 45，由陈佳贵等（2007）推算出来。

就中国城市化和工业化之间的关系来看，一直以来，有关中国城镇化是否滞后于工业化及滞后的原因问题，国内外学者存在着十分激烈的争论。而当前围绕着如何推进下一步城镇化也存在激烈的争论，其实质和根源也涉及对城市化与工业化关系及其深层规律的正确认识。多数学者的研究（Ebanks and Cheng，1990；Liu et al，2003；周一星，1999；Henderson，2007；施建刚、王哲，2010）认为：中国城市化严重滞后于工业化和经济发展水平。部分学者（郭克沙，2002；陈明星、陆大道等，2009）的研究显示：中国城市化与工业化及经济社会发展总体是同步的，少数学者（邓宇鹏，1999）甚至认为中国城市化超前于工业化，并得出隐性超城市化论。也有学者（Gene Hsin Chang and Josef C. Brada，2006）认为中国改革开放前是不存在城市化滞后的，改革开放之后出现了城市化滞后。之所以得出不同甚至完全相反的结论，源自于使用了不同的刻画城市化率的指标。根据全国第六次人口普查数据：2010 年，按照城镇户籍人口占全国人口的比重，中国的城镇化比例只有约 35%，按照城镇常住人口占全部人口的比例，中国的城镇化率达到 51%，而按照城镇总人口（常住 + 暂住）人口占全部人口的比重，中国城镇化率超过 60%。这三种城镇化的指标含义是不同的。第一种城镇化比率反映是既在城镇里工作又在城镇里生活（享受城市基础设施和公共服务）的人口占总人口的比例，第二种城镇化比率反映的是只在城镇里工作不在城镇里生活的人口占总人口的比例；第三种城镇化比率反映的是既不在城镇里长期工作也不在城镇里生活的人口占总人口的比例。将代表城镇化的这三个指标分别与显示工业化水平的指标即非农就业占全部就业比例进行比较，能够得出城市化超前、同步或滞后的不同结论。按照居民既在城市里生活又在城市工作的城镇化定义，中国明显存在着城镇化滞后或不完全城镇化问题。

而对城市化滞后于工业化的原因，解释主要有三种。战略层面：改革前优先发展重工业（Chan，1992；栾谨崇，2004；Li Zhang，Simon Xiaobin Zhao，2003；耿海青，2003；陈斌开、林毅夫，2010），政府为了寻找最优工业化路径而通过最小化城市化率来减少城市基础设施的巨大投资（Kirkby，1985），严格控制大城市（耿海青，2003），鼓励以小城镇（范建刚，2005）等发展战略导致城市化滞后（Kirkby，1985；Chan，1992）。制度层面：有学者甚至认为城市化滞后是社会主义经济的典型特征（Konrad & Szelenyi，1977；Ofer，1977，1980；Musil，1980；Murray & Szelenyi，1984；Ma，1977；Lo，1987；Tang，1997）。为了配合重工业化战略，中国的经济系统、所有制形式、计划经济管理体制（孙永正，2003）以及具体的城乡户籍管理制度、劳动就业制度、粮食供应制度、医疗及其他福利制度制约城市的发展，行政性命令和控制（Henderson，2007），城市管理的等级制度与不公平性（Henderson，2007，2009），政府采取一系列限制人口流动政策（Gene Hsin Chang and Josef C. Brada，2006），导致城市人口的扩张伴随着大量没有城市身份的移民（Li，2008），土地制度限制农村土地的自由流动（文贯中，2010）。经济结构层面：中国弱质工业化特别是乡镇企业发展的弱质性导致非农产业就业比重的提高速度滞后于工业化水平提高的速度（叶裕民，1999；耿海青，2003），中国经济结构失衡及内需不振（文贯中，2010），中国第三产业长期滞后的结构偏差（郭克莎，2002），中国工业结构处于世界产业体系中下游，流动人口经济收入较低，服务业达不到城市化起跑的经济和人口的临界点（张立建、陈忠暖，2003）。这些解释没有考虑全球化和对外开放的背景，忽略了国际贸易和投资因素，尽管“对外开放加速了中国城市化”被重视（Moomaw and Shatter，1996；陈波，2004；郝寿义、杨兴宪，2004；王家庭，2005；姚洋，2009）。

即便假设重工业优先发展的战略以及匹配的制度导致城市化滞后成立，那么，改革开放后中国重工业优先发展战略已经改变，同时配套户籍、土地等制度随之放松，中国城市化与工业化的差距应该不断缩小而不是不断扩大。而有关结构层面的解释因果倒置或过于表面，并没有揭示出结构问题背后的根源。过去30多年，中国经济社会领域几乎所有事情的发展变化都会受到开放的影响，而将这一问题置于开放经济体系下分析发现：改革开放到2008年世界金融危机前，中国经济长期保持10%甚至以上的增长，其中出口增加值大概相当于GDP的20%，构成了工业增长的40%左右，同时大量在城市里就业的低技术农民工工资长期停滞在较低的水平，以至于导致其不能在城市里生活。中国的城镇化与工业化的联动关系与中国的对外贸易关系密切相关：在开放经济体系下，当存在劳动力无限供给的情况时，城市企业一方面用尽量低的价格雇佣农村剩余劳动力，另一方面，将生产的产品和服务以低廉的价格销往国外，从而产生越来越多的代表城市化和工业化差距的只在城市里就业不在城市里生活的农民工。

2.2 二元经济与城乡一体

“二元结构”的概念最早是由荷兰经济学家伯克（J. H. Boeke）在1953年出版的《二元社会经济学与经济政策》① 一书中提出，这本书以荷属时期印尼的经济社会结构为标本，认为在当时印尼的城市里已经出现了市场经济、市民化社会的产物，而爪哇等地农村却

① Boeke, J. H., Economics and Economic Policy of Dual Societies as Exemplified by Indonesia. New York: Institute of Pacific Relations, 1953.

还处于农村公社或者是父权制共同体的原始状态。伯克认为，这时印尼处于典型的二元结构社会。

系统的二元经济结构理论是美国著名的经济学家刘易斯（A. Lewis）在其1954年发表的经典著作《劳动无限供给下的经济增长》中首次提出的。在书中，刘易斯指出，在发展中国家的经济发展过程中存在城市化和二元经济结构转化两个基本方面，其中，二元社会结构是发展中国家最基本的经济特征，也就是在社会中传统部门和现代部门共存：①传统部门包括自给自足的农业及少量简单的商业或服务业，劳动生产率很低，边际劳动生产率接近零甚至小于零，工资水平极低，存在大量的隐蔽性失业，但这里容纳着发展中国家的绝大部分劳动力；②现代部门包括技术水平较先进的工矿业、建筑业、近代商业、服务业，容纳的就业劳动力较少，劳动生产率较高，工资水平比传统部门高。刘易斯认为，传统部门劳动力的无限供给构成了二元经济的内在特征；二元经济发展的核心就是传统部门的剩余劳动力向现代部门转移，即农业劳动力所占比重不断下降而工业劳动力所占比重逐步上升的过程。刘易斯的二元经济模型假设，由于资本投入不足、大量剩余劳动力供给等因素，农业劳动力的边际生产率低下，从而不断向生产率较高的工业部门转移，人口由农村流向城市。这一过程将一直延续到农村的剩余劳动力消失，农业劳动力与工业劳动力的工资趋于相等，城乡差别消失①。刘易斯的二元经济模型将经济发展的重心放在从传统农业部门向现代工业部门的结构性转换之上，从而解释了传统农业与现代工业之间的消长机理，指出传统农业部门与现代工业部门之间存在动态的相互影响关系。刘易斯的二元经济结构模型是以发达国家的经验为基础的，具有较强的说服力，同时对发展中国家的城乡经济发展具有一定的指导作用。

20世纪60年代，费景汉（John C. H. Fei）和拉尼斯（G.

---

① Lewis, W. A., Economic Development with Unlimited Supplies of Labor. Manchester School Studies, 1954.

Rains）在《劳动剩余经济的发展》一书中，对刘易斯模型做了一些重要的补充和修正，并最终形成了“刘易斯—费景汉—拉尼斯”模型。该模型采用了与刘易斯完全相同的假设，但是与刘易斯模型对农业部门的设定不同，刘易斯模型中农业部门完全处于消极的被动地位，其功能只是为工业部门的扩张提供剩余劳动力；而“刘易斯—费景汉—拉尼斯”模型中，农业部门不仅具有刘易斯模型的功能，而且还为工业部门扩张所增加的劳动力提供必须的粮食来源，从而农业也必须迅速增长为这些新增的非农劳动力提供粮食，否则农业剩余劳动力无法进行转移。必须重视农业在促进工业发展的作用，否则就会造成农业发展停滞。如果缺乏技术进步支撑和必要的投资，农业发展就会滞后，从而造成非农产业成本的迅速提高，利润减少，最终使得非农产业的发展在吸收农业剩余劳动力的过程中停滞了下来。费景汉和拉尼斯通过对经济结构转换过程中就业结构转换的条件和阶段更为详尽地讨论提出了部门间协调发展的思想，认为只有劳动力吸收速度超过人口增长速度才能摆脱马尔萨斯的人口陷阱。费景汉和拉尼斯开始重视农业生产率的提高和农业生产技术进步，认为农业劳动力转移取决于农业技术进步、人口增长和工业资本存量的增长等，从而进一步发展了二元结构理论。一些学者甚至认为，“刘易斯—费景汉—拉尼斯”模型是描述发展中国家工农业关系的杰出理论，模型中所提到的发展模式十分完善。

1961 年，美国经济学家乔根森（D. W. Jorgenson）提出了与“刘易斯—费景汉—拉尼斯”模型不同的二元经济模型，这个模型具有新古典经济色彩。由于深受新古典主义发展理论的影响，乔根森试图构建一个纯粹的新古典主义框架来研究农业部门的发展对于工业部门增长的影响，探讨城乡之间人口流动问题，并对刘易斯模型的“劳动力无限供给”假设进行了反思。乔根森二元结构理论将人口增长和家庭人口供给的决策内生化，并且强调工业在不断进步，从而为二元结构理论作出了巨大的贡献。在《剩余农业劳动与二元经济发展》一书中，乔根森指出，农业剩余是劳动力在部门间转移的充要条件，农业中并不存在边际生产率为零的剩余劳动，并且认为农业劳动力和工业劳动力的名义报酬是持久不变的。他很重视消费结构的变化，认为这是促使农业剩余劳动力向非农业部门转移的根本原因；而劳动力转移的速度取决于农业剩余的增长速度以及工业部门的技术进步；工业部门的增长依赖于农业部门的发展，而工业的发展取决于“农业剩余”和人口规模，因此，农业是经济发展的基础，在二元经济结构的转换过程中，不可忽视农业的发展①。在乔根森的研究中，已经出现了经济结构转变的动态思想。

从20世纪60年代末70年代初开始，部分学者对于城市化进程的理解思路发生了一些转变。哈里斯和托达罗（Harris and Todaro）从“过度城市化”对发展中国家造成的负面影响出发，提出了新的城乡人口流动模型。模型中认为，在被分割但同质的劳动力市场上，劳动力更在意预期工资，而不是实际工资。农业劳动力是否向城市转移，首先取决于他们在城市工作的预期工资水平，以及城市的失业状况。如果预期的城市工资超过农村的收入水平，那么农村劳动力就有向城市转移的动力；而当农村劳动力的转移速度过快，城市的非农业部门无法消化这部分劳动力时，城市失业规模就扩大了；城乡劳动力转移在劳动力的城乡预期收入相等时停止。哈里斯和托达罗通过这个模型的结论得到了与刘易斯模型相悖的政策举措。由于会加重城市失业，并且强化城乡之间的矛盾，因此他们反对通过“城市偏向”政策推动城市化，并且认为工业扩张解决不了发展中国家的失业问题。他们认为应当严格控制发展中国家的城市化，取消一切人为扩大城乡实际收入差距的措施；不能单纯依靠发展城市部门来带动农村经济，而应当重视稀缺资源向农业的配置，并且大力发展农村经济，才能从根本上消除城市的失业问题，以及缩小城乡差距，促进二元经济的转化。但是，发展中国家很难遵循这些政策建议，这个模型的结论并无法为发展中国家提供一条可行的道路，反而使得国民经济的发展，特别是农业的发展，以及传统农业向现

① Jorgenson, D. W., The Development of a Dual Economy. Economic Journal, 1961

代农业的转型变得更为困难。①

早在20世纪60年代，美国经济学家舒尔茨（T. Z. W Schultz）就对刘易斯的无限剩余劳动供给模型及其二元结构理论提出了批评。舒尔茨认为完整的资本内涵不仅包括物质资本，还应当包括人力资本。很多国家和地区之所以贫困和落后，并不在于缺乏物质资本，其根本原因在于人力资本的匮乏以及轻视对于人力资本的投资。他尖锐地指出："在发展中国家里，低估人力投资的情况更为严重，人力投资更加受到人们的忽视，这是许多此类国家领导人和代表人物所固有的思想倾向。我们经济增长理论教条的输出已对此起到作用，而这些教条总是把物质资本的形成置于突出地位，以为人力资源的过剩是理所当然的事。炼钢厂成了工业化的标志。"② 舒尔茨认为，刘易斯的二元经济模型中完全忽视了人力资本在经济发展中所发挥的作用。他在《改造传统农业》一书中指出，"农民在处理成本、收益和风险时是精于计算的经济主体"③。此外，他与乔根森一样，不认同刘易斯关于农业边际生产率为零的假设。舒尔茨的理论极为强调教育和人力资源开发在城乡二元结构转变过程中所发挥的重要作用，从而把经济学家的研究视角引向了"人力资本"。舒尔茨的人力资本理论的核心思想认为，对于现代经济而言，人的知识、能力、健康等人力资本水平的提高对于经济增长的贡献远远超过物质资本和劳动力数量的增加。

1955年，美国经济学家库兹涅茨（Simon Smith Kuznets）从经济发展与收入分配之间关系的角度，提出了著名的倒"U"型曲线——库兹涅茨曲线（Kuznets curve）。库兹涅茨曲线以人均GDP为横轴，以收入水平为纵轴，展示了收入分配随经济增长而变化的规律，解释了在不同时期里经济增长给社会分配所带来的影响。经济

---

① Harris, J. R. Todaro, M. P. Migration. Unemployment and Development: A Two-sector Analysis. American Economic Review, 1970

② 叶普万．贫困经济学研究．西安：西北大学经济管理学院，2003

③［美］舒尔茨（Theodore W. Schultz）著，梁小民译．改造传统农业．北京：商务印书馆，1987

发展水平较低时，收入分配差距会迅速增大，随后会有短暂的稳定阶段，之后随着经济发展水平的提高，收入分配差距又会逐渐缩小。库兹涅茨曲线得出了与刘易斯的二元结构模型相一致的结论。库兹涅茨进一步指出，城乡收入差距受到经济、社会、政治和人口等一系列因素的影响，应当深入分析这些影响因素以及历史条件。

库兹涅茨曲线提出之后，罗宾森（Sherman Robinson）对倒“U”型曲线的合理性进行了数学证明。研究结果显示，当城市部门的收入分配不平等程度高于农村部门时，可以证明城乡收入差距程度是城市化率的二次函数，当城市化率小于50%之前，城乡收入差距随着城市化率的增大而增大；当城市化率超出50%之后，总体的收入差距程度才会下降。

2.3 城市化的经济动力

一、城市化与经济增长

从各国经济发展的历程来看，城市化与工业化通常是相伴而生的。尽管，相比较而言，一国经济更多是从工业化着手，通过工业化来带动经济的起飞。但是，除了工业化之外，城市化同样能够带来经济的增长，对经济增长具有明显的促进作用。多数研究表明，城市化内生于经济增长，城市化的过程实质上就是人口和经济活动在特定空间的集聚。如果经济活动是可分的，并且经济活动不存在任何外部性或者规模经济，那么经济活动将会均匀地分布在不同的空间，从而每个独立的空间都会自给自足，人口和经济活动也就无需在特定空间集聚。在城市经济学中，众多的经济学家指出，正是由于集聚的形成，从而促进了整个城市经济的快速增长。

早在1890年，马歇尔在《经济学原理》一书中就提出了外部性的存在，尽管在该部巨著中并没有明确提出。正外部性对经济增长有着极为重要的作用，其中知识溢出的重要性已经得到增长经济学家的广泛研究。增长经济学家阿罗和罗默分别在 1962 年和 1987 年发表论文来说明这种外部性对经济增长的重要性。在马歇尔、阿罗和罗默看来，外部性更多地体现在相同行业的企业之间，也就是所谓的马歇尔外部性。正是由于这种外部性的存在，从而促使企业在特定的空间上不断地集聚。但是，在雅克布斯看来，正向的外部并非在同行业不同企业之间所产生，而是在不同行业的企业之间产生，也就是所谓的雅克布斯外部性。如果只是出现马歇尔外部性，那么更有可能出现的是不同地区专业化的分工，出现生产在空间上的集聚；但是如果出现雅克布斯外部性，那么则可能形成不同产业在同一地区的集聚，甚至于服务业也会在该地区的集聚，因而可以形成城市。相比较而言，雅克布斯除了注重不同产业的集聚之外，同样注重消费者的消费行为。波特的研究基本支持马歇尔外部性所说的溢出出现在行业内不同的企业之间，而不是雅克布斯所说的行业之间。但是，他在研究中也指出，知识的溢出或者技术的创新并非是因为企业的垄断所产生的，而是由于企业之间的相互竞争产生的，这就是所谓的波特外部性。

经济学家卢卡斯在其论文《经济发展的机制》一文中就对雅克布斯的研究给予赞赏，他认为雅克布斯的研究是极其富有建设性的。如果仅仅是马歇尔外部性，就像上文中我们所提到的，并不会形成城市。城市是土地、资本和劳动力等要素的集合体，城市外围的土地价格通常也是远低于城市内的土地价格。那么，在这种情况下，企业家们为什么没有利用城市外部低廉的土地价格，和生产中所需要的劳动力以及资本这两种要素一起在城市周边生产呢？也许有人会认为，这是因为消费者愿意和提供商品的超市或者购物中心更加接近，从而能够减少购买商品的时间成本等一些交易成本。但是，在卢卡斯看来，如果只是这么简单的话，我们现在应该看到的是一些商店和周边的居民的出现。在块状的区域中，出现某个商店，周边只会围绕着一些居民，而不会出现真正的城市。那么城市为何会出现呢？卢卡斯认为，城市真正出现的原因在于“外部的人力资本”。也就是说，真正促进城市形成的就是包括知识溢出等在内的外部性。城市的发展离不开企业的支撑，既然马歇尔、雅克布斯以及波特分别从不同的角度阐述了外部性对城市或者企业的影响，那么不同形态的外部性对城市的发展到底会起着怎样的作用呢？城市经济学家亨德森对这三种外部性进行了研究，发现这种动态的外部性对城市化的快速发展都有着极大的帮助。

城市与经济增长之间的关系已经得到大量经验数据的检验，多数研究指出城市化对经济增长有着十分明显的正向作用。在采用不同计量模型后，相关研究甚至发现两者成倒“U”型的关系。兰帕德在回顾城市发展史的过程中发现，城市化的水平与经济增长的关系紧密，两者呈显著的正向关系。通过对全球 95 个国家的城市化水平与经济增长关系的计量检验，贝利也发现这 95 个国家的城市化对整个国家的经济增长有着显著的作用。同样，使用 111 个国家的样本数据，在研究国家政策对城市规模的影响时，罗纳德也得到与此相类似的结论。在采用各国城市化与人均 GDP 的关系进行分析时，钱纳里研究发现城市化对经济增长有着极强促进作用。中国的一些学者对此也进行了研究，采用 1981 年 157 个国家的截面数据时也发现了城市化与人均 GDP 的关系有显著的相关性，两者之间的相关系数为 0. 9079；而使用了 1977 年 157 个国家（或地区）的截面数据研究时发现，城市化与经济增长之间的联系十分的紧密。整体而言，从世界城市的发展历程来看，城市化与经济增长之间的确具有很强的关联性。沿用亨德森等人的思路，王小鲁等人提出城市经济增长通过城市的集聚而产生的，中国的城市不是太多，恰恰相反，中国的城市太少了。在未来一段时期内，城市化将会成为中国经济增长的重要推动因素。

尽管城市化对经济增长的作用在多数国家得到验证，但是也存在一些例外。一些非洲和拉美国家的城市化并非经历正常的路径，这些国家的工业化发展极其缓慢，但是城市化发展却极为迅速，出现严重的结构偏差。正是因为这样的原因，相关研究发现非洲城市化过程是缺乏经济增长的，即便是在经济增长出现负增长时城市化也是可能会大幅增加。上述的这些实证研究更多地说明城市化与经济增长两者之间的关系，但是并未说明其中的机理。前文中我们也曾探讨集聚和外部性是经济增长的根源，但是上述的理论研究中并没有就这一关系给出证实。所幸的是，格莱斯等人使用 1956 年至 1987 年期间美国 170 个城市的数据研究时发现，美国的城市增长的主要原动力源于雅克布斯的外部性（城市的外部性）。尽管亨德森发现城市化与人均 GNP 的相关性高达 0.85，但是他们也发现了一些新的情况：城市化没有提高城市的生产效率。换句话说，尽管城市化促进了经济增长，但是这种增长只有水平效应，不具有持续性。同时，由于时滞等因素的存在，在他的研究中还发现城市化快速发展的时机并非是在经济增长的最快阶段，反而是在经济增长比较缓慢的阶段。

最后，值得一提的是，不仅城市化对经济增长具有促进作用，经济增长也会反向带动城市化的发展，城市化与经济增长有着很强的内生性。相比较而言，在经济发展的初级阶段，我国各省的城市化与经济增长也有着更强的关联性，这一点也是和发达资本主义国家的基本规律是相似的。在 20 世纪 80 至 90 年代，中国的学者就已经认识到中国的城市化是未来经济增长的一个重要支撑点，中央政府也在党的十六大提出“全面繁荣农村经济，加快城镇化进程”，在党的十七大提出“要走中国特色城镇化道路，促进大中小城市和小城镇协调发展”以及党的十八提出“坚持走中国特色新型工业化、信息化、城镇化、农业现代化道路”，但是这些都是以良好的制度为前提的。如果不能获得正“外部性”，合理处理好城市规模扩大以及激进的城市化可能带来大量的城市病，那么中国的城市发展将会面临严峻的挑战。

二、城市化动力机制

城市的形成与发展有着特定的推动因素，在这些推动因素下城市化才能得以迅速开展。当前，我国提出加快城市化建设的步伐，如果能够在这些动力机制方面做好充分的准备，那么我国在未来数十年的城市化过程中可望有着快速而高效的推进。影响城市化的因素很多，概括而言可以分为经济因素、人口因素以及制度因素三个大类。

（一）经济因素

1. 以工业化快速发展推动城市化发展

工业经济的快速发展为城市化的发展提供了原动力，工业经济的发展对城市的推动作用主要表现在两个方面：工业化为城市化提供所必须的建设物资和不断提高的居民消费；工业化为城市化提供了大量的就业岗位，从而避免了“伪城市化”的发生。

首先，城市化的过程是一个消费的过程，而工业化则为城市化的消费提供了大量的商品。城市化过程中，城市建设需要大量的成品和半成品，这些商品需要通过工业化大规模的生产来满足。如果仅仅依靠从国外进口，本国的外汇会不足，同时本国的经济也更加容易受到国外经济波动的冲击。城市化的过程对消费的增加不仅表现在城市建设中需要更多的物资的投入，更是表现在城市人口收入水平的不断攀升，消费层次的不断提升，而工业化可以满足这样的需求。工业化作为一个拉力促进城市化的发展，城市化在最初阶段也是因为有工业化的存在。尽管不同国家的国情存在差异，城市最初的形成原因多样化，但是城市化的发展过程中始终离不开消费，城市的发展需要用工业化的快速发展来推动。

其次，城市化的过程是一个就业的过程，而工业化提供了大量的就业岗位，从而促进了城市化的快速发展。如果只是简单的城市化，将农村人口向城市转移，那么这种城市化将是一种“伪城市化”。拉美国家以及非洲的一些国家有着很高的城市化率，但是这些国家从农村转移的劳动力主要是在一些非正规部门就业，居住在贫民窟，得不到基本的城市生活的保障。这种城市化并非是一种健康的城市化，也是难以持续发展的城市化。工业化不仅为城市化提供所需的商品，同时也为城市化提供了大量的就业机会。在工业化的过程中，大量的工业园区出现，这些工业园区的就业人员主要是农村转移劳动力，城市化的过程中可以通过工业园区作为纽带，建设新型城镇化。以工业园区为中心，辅以服务业的建设，逐步将功能单一的工业园区逐步建设成为具备复合工业的社区和小城镇。

2. 以服务业推进城市化的进程

城市经济的发展不仅依赖于工业经济的发展推进，更为重要的是服务业的推进。现代城市化的过程，实则就是第二产业和第三产业的集聚过程。城市的“城”体现的是防御功能，而城市的“市”则体现了城市的交易功能。换句话说，城市离不开交易，而其中以第三产业最为突出。服务业推进城市化同样表现在两个方面：服务业扩充了城市功能，对周边地区有着极强的扩散效应；服务业的发展降低了交易成本，从而促进了工业和服务业的进一步集聚，带动了城市化的进程。

首先，服务业是城市功能外扩的重要手段，从而能够充分发挥城市增长的扩散效应。现代城市的功能已经不仅仅是防御和交易功能，更包括科教文卫等一系列的功能。相对较高的教育水平和交流的日益增加不断提高了城市居民的素质，从而能够有效地提高城市的劳动力生产率。城市生产效率的不断提高通过溢出效应，从而达到促进农业生产效率的提高，带动周边农村地区经济的发展。城市第三产业的比重越高，城市的功能越趋于完善，城市的扩散效应也愈发明显。交通运输的发展促进了城市物流体系的形成，通讯服务业的发展促进了交流网络的扩大化，金融服务的快速发展则促进了资金流动，从而满足扩大再生产的根本要求。第三产业的规模越大，城市的规模也将越大，城市的部分经济活动逐步向城市边缘地区转移，从而对城市周边地区具有较强的带动作用。这种带动作用不仅表现在对郊区经济的带动，同时也推动周边农业经济的发展。比如，在城市周边的一些农业经济带，不再以传统的粮食种植为主导，而是出现了大量片区的花卉区、生态农业区、苗圃区等。

其次，服务业的发展降低了交易成本，推动了工业以及服务业的进一步集聚，从而促进城市的快速推进。城市有着众多的功能，而经济学界也普遍赞同城市最重要的功能之一是城市内部具有相对较低的交易成本。消费者对产品具有多样化的偏好，而规模化的城市服务业则能满足城市居民的这种需求。服务业的发展给城市交易成本的减低提供了大量的空间，包括上文中我们所提到的物流体系的构建、通讯服务业的快速发展以及金融等服务的快速发展等等。这些服务业的发展不仅拓宽了我们交流的网络，同时也深化了交流的网络。这种交易成本的降低对于发展中国家而言是较为重要的。现代的城市化与数百年前欧美的城市化有着很大的差异，现代城市化是构建在大规模的信息化、电子化基础之上的。随着经济的发展，服务业的竞争日益激烈，现代城市化过程中交易成本就显得较为重要。现代服务业涵盖的范畴也极为广泛，可以是低端的餐饮、劳务服务，也可以是高端的信息、金融服务，因此现代服务业可以满足城市化过程中不同背景人群的工作需求。相比较而言，城市居民对现代服务业比传统的农村经济有着更高的需求弹性，从而交易成本显得尤为重要。简而言之，现代服务业降低了交易成本，从而也快速推进了城市化的发展。

（二）人口因素

经济因素是影响城市化的最关键的因素之一，但是在城市化的过程中人口因素也是不可忽视的。按照联合国对城市化的定义，城市化是指在城市连续居住半年以上的居民。换句话说，如果只是有着大量的产业聚集在城市，那么还不构成城市化，充其量只是工业化。也正是因为这种因素的存在，很多时候我们会发现一些国家的工业化水平是远远滞后于城市化的。从人口的角度来看，两个方面的原因会促进城市化的发展：大量农村剩余劳动力的转移会推进城市化的发展；人口的大量集聚会不断地降低交易的成本，从而促进城市的发展。

1. 农村剩余劳动力的转移推进城市化

在多数发展中国家，普遍存在着农村剩余劳动力的转移问题。尽管在各国的统计中，我们几乎看不到农村地区的失业水平的统计数据，只能看到各国城市失业是否较高。但是，没有统计数据并不代表农村地区不存在任何的失业。相比较而言，农村的失业更多的是隐性失业。从发达国家和发展中国家的经验来看，农村剩余劳动力的转移可能有两个方面的来源，农村有着大量隐性失业人口，以及农业生产技术水平的提高，通过农村剩余劳动力的转移可以促进城市化水平的提高。

首先，农村有着大量的隐性失业人口。隐性失业在农村地区是普遍存在的，这种隐性失业降低了农村劳动力的生产效率。在多数国家开始工业化之前，农村普遍存在大量隐性失业人群。农村隐性失业实际上也是表现在两个方面。一方面，在有限的土地面积上使用了过多的农业劳动力。以中国农村为例，每户农地面积是给定数量的，在不存在副业经营的情况下，所有的劳动力都集中在这片土地上耕作。事实上，如果劳动力的数量减少一半，我们可以发现家户的粮食产量也没有太多的变化，那么剩余的一般劳动力实际上是可以释放出来的。另一方面，农耕有农忙和农闲之分，在农忙的时候劳动力生产效率相对较高，而在农闲的时候田地管理所需劳动力很少。尤其是在北方的一些地区，一年只是耕种一茬庄稼，农闲的时间相对更多，从而存在大量剩余劳动力的问题。通过转移隐性失业农业劳动力以及农闲时的农业劳动力，能够促进城市化的发展。当前，我国的建筑业等行业广泛使用了大量的农村剩余劳动力，从某种意义上，也是促进我国城市化快速发展的主要原因。当然，这种城市化的快速发展更多体现在城市的建设方面，而没有真正涉及劳动力的转移问题。农村大量剩余劳动力需要真正地转移到城市，而不只是为城市化的建设作出贡献。农村地区大量剩余劳动力进城务工，开阔了视野，对进入城市生活也有更加迫切的需求。在一国经济发展的过程中，人口的生育率会随着经济的发展而变化，城市规模的扩大以及城市化的深化需要大量的转移劳动力来补充。通过大量农村剩余劳动力的转移，提高城市劳动力的数量，降低人口的抚养比，促进城市经济的可持续发展。

其次，农业生产技术和管理水平的提高，释放出更多的剩余劳动力，促进城市化的发展。在20世纪初，中国的经济学研究人员就指出中国的“人口红利”即将来临。他们的研究中更多的是基于现有农村的剩余劳动，而缺乏对农业生产技术提高的认知。事实上，发展中国家的农工业生产技术远低于发达国家，农业机械化的程度也是远远不够的。根据《中国农业统计年鉴（2012 年）》显示，中国的大型拖拉机从 1990 年的 81.4 万台增加到 2011 年的 440.6 万台，增长了 5.4 倍；联合收割机从 3.9 万台增加到 111.5 万台，增长了 28.6 倍。尽管在这期间中国农业机械化水平取得了大幅进展，但是与其他国家相比，中国的农业机械化水平仍然偏低。《国际统计年鉴（2013 年）》显示，中国每平方公里的联合收割机的台数为 0.68 台，已经高于法国（0.42）等国家，达到相对较高的水平。但是与日本相比，中国只是达到其单位可耕种面积的 1/33，中国联合收割机增长空间巨大。农业生产技术的提高，能够为城市化发展提供更多的剩余劳动力，从而也将推进城市化的快速发展。

2. 人口聚集推进城市化

城市最终的规模是城市化的最终结果，而城市的规模则取决于城市化过程中的聚集力和分散力。如果城市聚集力大于分散力，那么城市化将会继续向前推进；反之，如果分散力大于聚集力，那么将会出现“逆城市化”过程。人口的集聚增加了知识的溢出，减少了交易成本，从而能够促进城市化的推进。

首先，人口的集聚增加了知识溢出。在经典的城市经济学理论中，一直强调知识溢出的重要性。知识外溢是集聚的微观基础，也是引起经济学家关注的最重要的内容之一。前文中我们也提到，马歇尔早在 1890 年就提出了外部性的内容，并写道“在使用相同技能的行业中，彼此可以从相邻近的其他厂商那获得很多收益。行业的秘密将不再成为秘密，似乎都是公开，工人们也可以在不知不觉中获得了秘密……”。在地理距离越近的厂商和居民之间，通过彼此的交流，可以获得正的外部性，掌握更多的知识。雅克布斯和卢卡斯在相关的论著中也表示，本地化的信息和知识溢出是城市中大量出现集聚的根本原因所在，也是促进城市经济增长的重要因素。信息的传输与运输距离有着紧密的关系。一些研究指出，随着地理距离的增加，信息会不断地损失掉。人口的聚集，促进了更多知识的溢出，减少了知识的损失，从而促进了城市经济的快速发展。

其次，人口的集聚减少了交易成本。从产业的角度来看，集聚减少交易成本更多体现在不同行业之间。但是，作为企业的执行者的人群的集聚，则无论是相同行业还是不同行业，都是可以减少交易成本的。人口的集聚最为明显的是交流成本的降低，这种交流成本的降低不仅体现在信息的损失方面，同样体现在地理距离的减少方面。更为重要的是，人口的集聚可能改变本地的市场效应，从而对企业的生产形态产生改变。比方说，本地有着大量的人口，那么企业的生产可能更加容易使用规模经济，从而在某个产品方面进行专业化的生产并于其他地区进行交易。这种专业化的生产源于交易成本的减低，从而企业可以真正地利用规模经济，通过大规模的生产商品来降低自己的生产成本。总而言之，人口的集聚可以通过降低人员相互之间的交易成本以及企业生产经营中的交易成本，从而推进城市化的进程。

（三）制度因素

如果说经济因素和人口因素是城市化的前提条件，那么制度因素则是城市化的保障。在完全自由的市场经济中，有着经济因素和人口因素足以促进城市化的形成。但是，市场总有失灵的时候，尤其是存在社会收益和个人收益偏差时，城市化将会受到阻碍。因此，在城市化的过程中需要制度的保障。对于发展中国家而言，城乡二元经济结构是十分普遍的现象，如何破解这种二元经济结构是城市化发展中亟待解决的问题。从制度的角度来看，至少在两个方面需要做出保障：要素的合理流动达到最优配置与完善的社会保障体系的构建。

1. 要素的合理流动推进城市化

只有让要素合理地流动，才能实现要素的最优配置，促进城市化的发展。在经济学中通常认为，要素的自由流动，能够实现资源的最优配置，从而实现帕累托最优。然而，在现代城市经济的发展过程中，一些国家出现两种截然不同的结果：要素的非理性流动与要素的限制性流动。

首先，要素的限制性流动可以避免不理想的个人选择行为。拉美国家在20世纪60至70年代快速实现了城市化，但是人口的流动并没有真正地促进城市经济的快速发展，一些超大型的城市不断出现，城市基础设施建设无法满足大量涌入城市的人群生活所需，城市贫民窟大量出现。在这种情况下，尽管满足了要素的充分流动，但是这种要素的充分流动是不理性的。对于个人而言，他们可以预期在城市获得更好的生活条件，获得更多的基础设施。但是，在他们做决定时，并没有真正了解到其他人的决策行为，也没有能够真正有效地预期失业的问题。正是由于这种非理性行为的存在，经济学的基本假设无法得到满足，从而所谓的“要素流动能够实现资源的最优配置”也就无从谈起。恰恰相反，在这种情况下，良好的制度应当是对要素的流动给予充分的引导，让转移劳动力意识到进入城市后可能无法生存下去，从而让市场选择真正合适进城生活和工作的人群。在经济学研究中我们强调“理性人”，但是这在现实中似乎很难实现，从而造成了一些非理性的行为，引起城市化难以稳定发展。通过制度的保障，能有效地促进要素的合理流动，才能真正实现最优。

其次，通过户籍制度等限制人口的自由流动，也无法促进城市化的发展。在中国，户籍制度已经根深蒂固，限制了人口的流动，从而使得中国的城市化进程相对较为缓慢。与上述的城市化快速发展相比，这种通过户籍制度限制人口的流动也是违背市场规律的。合理逐步地放开户籍制度，通过市场筛选出合适的人群进入城市是中国未来必须要选择的一条道路。当前，中国的一些中小城市陆续放开户籍制度，这是一项合理的制度。在中国，集聚经济的效应十分明显，从而也促使如北京、上海、广州等一些超大城市出现，这些城市的拥挤效应已经极为明显，城市的生产效率并没有随着城市化而逐步增加，甚至有下滑的趋势。相反，当前中国的三、四线小城市的集聚效应不明显，因此对转移劳动力比较缺乏吸引力。当前，中国的一些中小城市陆续地放开户籍制度，可以预见在未来数十年内中国城市化将会得到快速发展。值得一提的是，在中小城市的户籍逐步放开之后，需要中央政府在资源配置方面对中小城市有着适当的倾斜。只有这样，才能真正吸引转移农村劳动力扎根在中小城市，实现真正的城市化。

2. 构建完善社会保障体系促进城市化

对于多数发展中国家而言，城市化的过程中最大的困难在于公共基础设施的建设和社会保障体系的构建。城市的经济部门通常有着更高的生产效率，从而能够独自完成大量公共基础设施的建设和社会保障体系的构建。但是，在城市化的过程中，如果增加财政预算扩大城市基础设施的建设和社会保障体系的构建，通过完善社会保障体系能够有效地促进城市化。

首先，加快城市与农村社会保障体系的衔接，促进城市化的发展。从 20 世纪 80 年代开始，中国的城乡二元结构大有愈演愈烈的趋势。城乡二元结构的出现不仅表现在产业方面，同样表现在社会保障体系方面。中国城市的社会保障由来已久，在国有企业盛行的年代，城市职工享受养老保险、医疗保险等一系列的保险。随着中国市场化的深入，城市的保险制度逐步社会化，城市的保险也演变为“五险一金”，逐步趋于完善。但是，中国的农村一直采用传统的保障方式，比如“养儿防老”等。尽管近些年中国的农村开始实施“农村医疗保险”等一系列的政策，但是无论是力度还是覆盖面都不够大。随着大量农村剩余劳动力的流动，农村与城市的社会保障差异显得尤为明显。更为重要的是，大量农村剩余劳动力无法在城市享受社会保障，城乡的社会保障制度无法衔接。通过城市与农村社会保障制度的衔接，能够率先解决一些农民工的社会保障问题，逐步将具有条件的农民工纳入到城市体系，从而促进城市化的发展。

其次，通过城市与农村社会保障体系的并轨，促进城市化的推进。中国目前城市化之所以发展缓慢，城乡社会保障差异是关键因素之一。如果能够将城乡社会保障体系统一，那么城市化进程中就不会因为社会保障的问题而将农民工拒在城市体系之外。城市化的过程需要多方面的同时推进，如果农民工能够在城市享受到城市居民的生活，也就真正实现了城市化。在一些经济发达省份，农村与城市社会保障体系正在逐步地并轨，也有望彻底解决中国广大的农民和农民工的社会保障问题，能够真正让农民工摆脱土地，实现城市化。有关城市与农村社会保障体系的并轨，是发展中国家城市化过程中迫切需要解决的问题。一些拉美国家的城市化之所以是“伪城市化”，其根源在于社会保障体系的不完整。对此，中国城市化过程中需要格外关注。

2.4 小结

随着城镇在经济社会发展和人类生产生活中的地位和重要性的增加，许多学者从不同角度对城镇化的相关问题进行了研究，不仅从统计和空间等角度总结了城镇化的自身规律，而且对城镇化及其与经济发展的关系进行了深入探讨，对城镇化与工业化的互促共进关系进行了广泛分析，对二元经济结构下的城乡统筹发展作了理论和经验总结。现有关于城镇化的认知是对既往城市化实践的经验概括，同时也是指导我们未来城镇化实践的思想。

城市化与工业化的时序联动关系是一国经济发展过程中的重要结构关系。人类经济社会发展史表明，工业化带来了迅速的城市化：新城市的兴起和已有城市的扩张。随着经济发展，不仅产业结构会升级，而且会带动城市化水平的提高。钱纳里“标准结构”表明，城市人口比重与人均收入增加之间有较高的正相关性，各国的一致性程度也比较高。

在刘易斯看来，由于资本投入不足、大量剩余劳动力供给等因素，农业劳动力的边际生产率低下，从而不断向生产率较高的工业部门转移，人口由农村流向城市。这一过程将一直延续到农村的剩余劳动力消失，农业劳动力与工业劳动力的工资趋于相等，城乡差别消失。拉尼斯和费景汉在刘易斯的基础上进一步指出，必须重视农业在促进工业发展的作用，否则不仅会造成农业发展停滞，而且会制约非农产业的发展；因为农业部门为工业部门扩张所增加的劳动力提供必须的粮食来源。

城市化与工业化通常是相伴而生的。尽管，相比较而言，一国经济更多是从工业化着手，通过工业化来带动经济的起飞。但是，除了工业化之外，城市化同样能够带来经济的增长，对经济增长具有明显的促进作用。城市的形成与发展有着特定的推动因素，在这些推动因素下城市化才能得以迅速开展。这些因素包括：经济、人口和制度等多个方面。

第三章　我国的城镇化与工业化进程：实践与政策

新中国成立以来，我国的城镇化和工业化进程分为两大阶段：一是改革开放前的计划经济体制阶段；二是改革开放后的体制转型阶段。第一阶段的主要特征是重工业优先发展、控制大城市规模、完全依靠行政命令推动两化进程。第二阶段的主要特征是逐步放松经济管制、不断优化产业结构、城镇化策略摇摆不定、两化进程中市场的力量不断增强。在这两个阶段的不同时期里，我国城乡结构的变化又呈现了一些不同的特征。

3.1　新中国成立至改革开放前两化进程分析

新中国成立至改革开放前30年的中国城镇化和工业化进程，是计划经济体制下、完全由政府自上而下一手推动的。工业化率和城镇化率都随着经济社会发展形势而在波动中发展。与工业化进程的较快发展不同，城镇化进程发展缓慢。在此期间，我国的工业化率从1952年的17.6%提升到1977年的42.6%，而城镇化率则从1949年的10.6%仅提升到1977年的17.6%，具体见图3－1。

一、新中国成立初期（1949—1959年）

自清王朝后期开始，中国遭受了一百多年的外国入侵和内部战

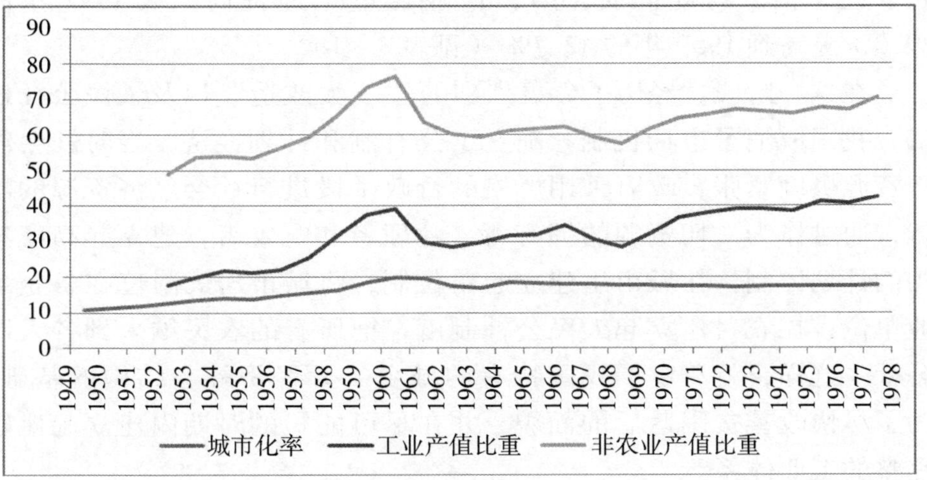

图 3-1　改革开放前我国的城镇水平（1949—1978）

资料来源：《新中国六十年统计资料汇编》。

乱。直到 1949 年中华人民共和国建立，中国几乎无暇进行较大规模的经济建设，因此，到 1949 年新中国成立时，中国的工业基础相当薄弱、经济发展非常落后，1949 年底，中国内地的工业总产值仅有 140 亿元，1950 年中国内地的人均 GDP 仅为日本的 22.8%、英国的 6.35% 和美国的 4.5%。

中国共产党七届二中全会提出把党的工作重心由农村转向城市，制定并实施了一系列新的政策逐步实现城市经济复苏，使得城镇化进程保持了不断增长的态势，城市化率从 1949 年的 10.6%，增长到 1953 年的 13.3%。

新中国成立初期，中国对农业、手工业和资本主义工商业社会主义实行的“三大改造”，即集体化和国有化改造，“三大改造”迅速稳定了经济社会，促进了国民经济的恢复与发展。及至 1953 年，我国开始实施国民经济和社会发展的第一个“五年计划”，建立了一批工矿企业，吸引了大量的农民到工矿区和城镇工作，截至 1957 年底，我国人口城市化率达 15.4%。尤其是到了 1958 年，“大跃进”的左倾政策蔓延全国，全国各地“大炼钢铁”，农村劳动力大量向城镇涌入，到 1960 年我国城镇化率达到 19.8%，相比新中国成立时增长了近一倍。与此同时，第二产业比重迅速提高，从 1957 年的 29.6% 提高到 1959 年的 42.7%（见表 3－1）。

在这一阶段，经历了轰轰烈烈的“三大改造”以及人民公社运动，我国取消了市场机制，确立了公有制和计划经济。当时社会经济资源极度紧张，政府采用严格的行政手段进行社会经济资源的配置，通过作为一切资源的拥有者、管理者和配置者，建立起高度集中的计划体制，在城市里建立起单位制，将城市居民附着在各企事业单位；在农村建立起人民公社制度，把所有的农民纳入到各人民公社。这样，就奠定了我国特有的城乡二元经济社会结构的基础。为了尽快改善贫困落后的面貌，并在尽可能短的时期内建立起比较完整的工业体系。

表 3－1　1949—1959 年我国城镇化率、工业化率和人均 GDP

年份	城镇化率（%）	工业化率（%）		人均 GDP（元）（按当年价格计）
		第二产业比重	非农产业比重	
1949	10.64			
1950	11.18			
1951	11.78			
1952	12.46	20.9	49.0	119
1953	13.31	23.4	53.7	142
1954	13.69	24.6	54.0	144
1955	13.48	24.4	53.4	150
1956	14.62	27.3	56.5	166
1957	15.39	29.6	59.4	168
1958	16.25	37.0	65.6	200
1959	18.41	42.7	73.1	216

资料来源：根据《新中国六十年统计资料汇编》整理制作。

二、三年困难时期到改革开放前（1960—1977 年）

从 1959 年开始，由于之前“大跃进”等管理上的失误和重大自然灾害，我国的粮食出现大面积的歉收，中央为了缓解饥荒等问题，先后颁布了《关于减少城镇人口和压缩城镇粮食销量的九条办法》、《关于精减职工工作若干问题的通知》、《关于当前城市工作若干问题的指示》等一系列文件，逐渐动员城镇劳动力返乡参加农业生产。“三年困难时期”累计下放了两千多万城镇劳动力到农村，城镇人口下降了约一千五百万，到 1963 年底，我国的人口城镇化率降至 16.8%。

1966 年开始，我国进入了十年“文化大革命”，经济建设基本上陷入停滞。此外，基于政治需要的考虑，约有两千万知识青年和一千多万的城镇职工、干部“上山下乡”，再加上由于不利的国际形势以及中央所提出的“三线建设”，因而城镇化率不升反降。直到“文革”结束，恢复生产之后，城镇化率才又缓慢上升。在十几年的时期跨度里，城镇化率基本上没有变化，新增的城镇人口主要来自自然增长。

从变化趋势看，从新中国成立到改革开放的这三十年里，我国的城镇化进程呈现出曲折化、反复性上升态势，农村劳动力向城镇转移的数量很少。这主要是受到这一时期变幻莫测的政治形势和政治运动的影响。经济建设未能得到足够的重视，经济发展的目标也不够明确，未能确立城镇化发展的目标与方向，城镇化的重要性更是未能引起足够重视。

这一阶段，我国通过户籍制度、社会管理和社会服务制度以及产权制度等各方面制度，形成了特有的城乡二元经济社会结构，在城乡之间构筑起相互隔离的壁垒，造成了城乡间巨大的现实差异。户籍制度把全国人口划分为农业人口和非农人口，也就是农业户和居民户，并规定农业人口只能在农村居住，从事农业活动，而不能自由迁移到城镇从事非农活动转化为非农户口。城乡之间不同的社会管理和社会服务制度（包括就业制度、社会保障和福利制度、公共服务制度等），在社会管理和社会服务上出现了“城乡分治、一国两策”。城乡二元产权制度，在农村实行集体所有制，城市实行全民所有制，农村土地归集体所有，而城市土地归国家所有，土地的二元体制对此后的城镇化影响巨大。

虽然城乡二元经济的存在非常普遍，但是这种经济社会相互依托从而在城乡之间筑造人为壁垒的二元经济社会结构却是我国所特有的。如果说城乡二元经济只是反映了产业结构的不同分工，那么我国这种特有的城乡二元社会结构则体现了城乡社会地位的不平等。由于城市居民可以享受诸如公费医疗、住房分配以及特定时期的粮油补贴等社会福利，从而在社会地位上甚至在政治上也被视为高农村居民一等。“农转非”的机会非常少，渠道也仅限于考学、参军和招工三条路子，以至于很多农民最大的追求就是拥有一个非农户口。在城乡资源配置方面，这个阶段里，国家重点发展城市，把绝大部分的公共资源都分配给了城市，并将农村资源大规模剥夺以支援城市。“据统计，1978 年前农业部门为工业化提供的资金为 4881 亿元，而在 1952 至 1978 年中国工业投资累计才只有 3679.6 亿元。农业提供的资金甚至大于同期国家固定资产投资的总额。”“另据统计，改革前的几十年时间里，国家仅仅靠工业产品“剪刀差”，就从农民那里拿走了 6000 亿元以上。”从这些数据可以看到，国家大量建设资金都来源于对农村资源的剥夺。户籍制度产生的根本原因也是这种不公平的资源配置，由于当时我国工业化水平很低，为了保障城市居民的就业和福利，需要严格限制农业人口向非农人口的转化。

3.2 改革开放以来两化进程分析

改革开放以来，我国的城镇化水平逐步上升，城镇化率从 1978 年的 17.9% 提高到 2012 年的 52.6%。改革开放之后，在不同的时期里进行了各方面经济体制改革的尝试，由于缺乏可供借鉴的改革经验，“摸着石头过河”的做法导致了国家政策出现频繁的调整，因此改革开放以后我国城镇化发展情况可以分为多个阶段。城乡分割最直接的表现就是城乡收入差距，而一个时期里城乡收入差距的扩大和缩小也反应了这一时期城乡体制和城乡结构调整以及相关政策的效果。这三十多年的时间里，我国的城乡二元经济社会结构不断转型，在一些方面取得了较大改善，但还有很多方面却没有进展。总体上看，这三十年多的改革并没有从根本上改变我国城乡分割的局面。

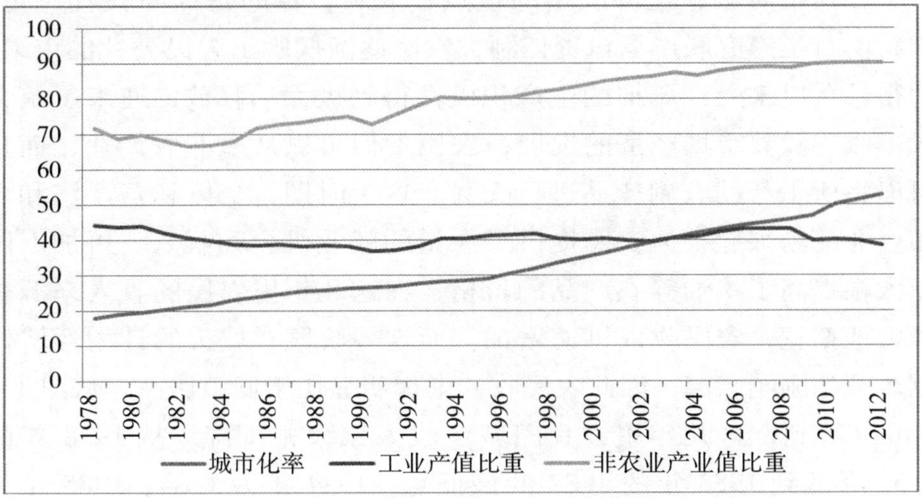

图3-2　改革开放后我国城镇化发展情况（1978—2012）

资料来源：《中国统计年鉴（2012年）》和《2012年国民经济和社会发展统计公报》。

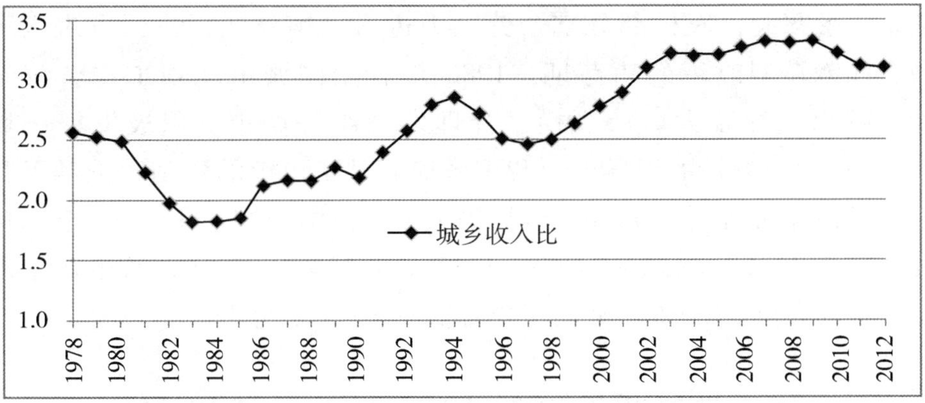

图3-3　改革开放后我国城乡收入比（1978—2012）

（城乡收入比=城镇居民人均可支配收入/农村居民人均纯收入）

资料来源：《中国统计年鉴（2012年）》、《新中国六十年统计资料汇编》。

一、乡村改革为主时期（1978—1984 年）

在这个阶段，经济改革的重点在农村，目的是提高粮食产量。农村实行了家庭联产承包责任制，农民逐渐摆脱了人民公社的束缚，使得长久以来受到压抑的生产积极性得到极大的释放，迎来了粮食大丰收。随着市场经济的发展，农民不但可以从事非农产业，而且可以将所生产的农副产品进行交易。这一时期，个体私营经济和乡镇企业蓬勃兴起，为农民提供了大量的就业机会和收入。再加上国家大幅提高了粮油等农产品的价格，在这几年里农民的收入来源被极大地拓宽，农民收入迅速增加。而这一阶段，城市的计划经济体制改革才刚刚兴起，因此农民收入增加明显快于城镇居民。从图 3－3 可以看到，这几年里，我国城乡收入比大幅下降，从 1978 年的 2.57 降低到 1983 年的 1.82 的最低点，1984 年为 1.84，1985 年为 1.86，1983—1985 年这三年城乡收入增加速度基本持平，是我国城乡收入差距最小的三年。

在这一时期，城镇建设也开始复苏，由于粮食产量的提高和乡镇企业的兴起，农村部分富余劳动力进入城镇就业，我国也进入了城乡体制转型改革的萌芽期。1980 年《全国城市规划工作会议纪要》提出“控制大城市规模、合理发展中等城市、积极发展小城市”，在这一方针的引导下，我国政府调整了市镇的建制，推动了我国的城镇化进程。从 1978 年到 1984 年，我国建制镇由 2176 个迅速发展至 7186 个，城镇人口则由 1.72 亿上升至 2.40 亿，城镇化率由 17.9% 提高到 23.0%，平均每年提高 0.85 个百分点。

二、城市经济改革探索时期（1984—1992 年）

1984 年我国粮食产量超过 4 亿吨，超出 1978 年（3 亿吨）三分之一，基本上解决了人民的温饱问题，在农村树立了家庭联产承包责任制并一直维持至今。城镇的改革相对滞后了几年，1984 年中共十二届三中全会通过了《中共中央关于经济体制改革的决定》，开始了城镇改革，此后，我国经济发展的重心就从农村移回到了城市。之后直到1989年的几年时间，都是乡镇企业蓬勃发展的时期，尤其是沿海地区的民营经济的迅猛发展使得民营经济得到国家的认可。在这几年里，城镇改革首次触及户籍制度，比如允许农民可以自理口粮到小城镇务工经商等。另一方面，由于农民的生产积极性提高，但我国的耕地有限，大量的剩余劳动力就大举向城市进军，从而出现了“民工潮”。但是，这种“民工潮”在当时并不被政府和城市民众所认可。而且，从1989年开始，由于国家宏观调控，乡镇企业受到了很大的影响，逐步陷入萧条。此外，农村进城的农民未能被城市所认可受到大量的排挤，例如城市建立了收容遣送制度，这样，进城农民的权益受到了很大的损害，大量的农民返乡回潮。从1986年到1992年这几年里，我国城乡差距持续扩大，从图3－3可以看到，1992年城乡收入比达到2.58，城乡差距又恢复到了1978年的水平。

在这一时期，首先发展起来的是劳动密集型的轻工业，在沿海毗邻大城市的一些农村区域，涌现出各种农村经济发展模式，诸如“苏南模式”、“温州模式”、“晋江模式”、“珠三角模式”等，大量具有原料优势的乡镇企业迅速聚集并形成了众多小城镇，从而促进了这些区域城镇化的跨越式发展。继1984年—1986年的撤社建乡，1986年国家又修订了新的设市标准，促进了建制镇与城市的涌现。1985年，公安部出台了《关于城镇暂住人口管理暂行规定》，在一定程度上提高了农民进城经商务工的积极性，吸引了大批农民进入城市。[①] 1989年，我国颁布了《中华人民共和国城市规划法》明确提出了“严格控制大城市规模、合理发展中等城市和小城市”，这些改革都促进了小城市和建制镇的迅速发展。从1984年到1992年，建制镇由7186个增加到了14539个，城镇人口由2.40亿迅速增长至3.22亿，城镇化率由23.0%提升到27.5%，平均每年增长0.56个百分点。

---

① 王本兵．我国城镇化发展的制度创新研究．中国海洋大学，2011

三、社会主义市场经济体制确立（1992—1997 年）

1992 年，邓小平在“南方谈话”过程的一系列讲话中总结了前一阶段我国改革开放所取得的成就，并且指出了下一阶段深入改革的方向，把我国 20 余年的改革开放划分为前后两个阶段：在那以前的整个 80 年代，是中国改革的第一次浪潮；从那以后，直到 2001 年，是中国经济发展的第二次浪潮。在第二次浪潮中，我国城乡结构发生了巨大的变迁，一方面，城乡之间交流的障碍减少了，城乡之间交流的规模也扩大了，这对我国这种城乡二元经济社会结构产生了巨大的冲击；另一方面，城乡差距依旧在迅速扩大。1992 年我国确立了市场经济的目标之后，乡镇企业迎来了一个新的发展期，不过这个黄金时期很短。从图 3 - 3 可以看到，城乡收入比到 1994 年达到了 2. 86。从 1992 年到 1994 年间，建制镇由 14539 个增加到了 16702 个，城镇人口由 3. 22 亿迅速增长至 3. 42 亿，城镇化率由 27. 5% 提升到 28. 5%，平均每年增长 0. 53 个百分点。

1995 年我国启动了国有企业改革，大批的国企工人下岗。从 1995 年到 1997 年的“三年改制”期里，城乡差距有所缩小，1997 年的城乡收入比降低至 2. 47。随着沿海开发区的建设及“三来一补”企业吸引了众多农民劳动力，城镇化进程进入了加速的阶段，并且开始由单纯的量扩张过渡至量与质共同提升的阶段。从 1995 年初到 1997 年末，我国建制镇由 16702 个增加到了 18925 个，城镇人口由 3. 42 亿迅速增长至 3. 94 亿，城镇化率由 28. 5% 提升到 31. 9%，平均每年增长 1. 13 个百分点，大大超过了之前任何时期。

1994 年之前中央和地方的财政收支不匹配，比如 1993 年中央财政收支分别为 957. 51 亿元和 1312. 06 亿元，而地方财政收支分别为 3391. 44 亿元和 3330. 24 亿元，这一方面造成中央在统筹经济建设上缺乏资金；另外一方面由于地方财权过大，从而普遍存在过度投资，各地大兴土木，大搞招商引资，加上大量的外资涌入，就造成经济过热。1994 年，中央对宏观经济进行了调控，并推出了分税制改革。

分税制改革的好处是非常明显的，极大地改善了中央财政收支状况，使得中央能够集中资源进行重点建设。但是，分税制也带来了一些不利影响，地方上财政收入大幅减少，从而在税收之外增加了很多收费项目，特别是基层乡镇政府，部分地区甚至无法满足日常开支，从而对农民和农村流动人口增加了大量的收费项目，这就给农民和农村造成新的负担，此外还造成了乡镇企业的发展环境急剧恶化。这几方面的原因导致了农民的收入增速放缓，而城市行政级别较高，能够获得更多的公共资源，加上中央把经济建设的重心放到城市，这就导致了城乡差距的进一步扩大。

四、城镇化发展战略制定后（1997 年至今）

1997 年国家制定了城镇化发展战略，各级政府大兴土木，发展道路交通等基础设施以及房地产，大量廉价征用农地，几千万失地农民迅速产生。随着交通的便捷和政府的引导，民营经济逐渐向城镇聚集。这样就导致了农民的收入增速缓慢，“三农”问题再次凸显。2000 年国家开始农村“费改税”改革，直到 2003 年提出五年内逐步取消农业税，最终于 2006 年 1 月 1 日止，终于废除了历经两千六百年的农业税。从 1997 年到 2003 年这六年里，我国城乡差距迅速扩大，到 2003 年，城乡收入比达到了 3. 23。

十五届三中全会通过的《中共中央关于农业和农村工作若干重大问题的决定》中指出“发展小城镇，是带动农村经济和社会发展的一个大战略”。2000 年，国务院通过《关于促进小城镇健康发展的若干意见》中指示了小城镇发展的十个重要问题，为小城镇持续健康发展指明了道路。随着各级政府对城镇化建设的重视，城镇化进程进一步加速。1997 年到 2003 年，建制镇由 18925 个增加到了 20226 个，城镇人口由 3. 94 亿迅速增长至 5. 24 亿，城镇化率由 31. 9% 提升到 40. 5%，平均每年增长 1. 44 个百分点，城镇化进一步加速，从 1997 年至今是新中国成立以来城镇化速度最快的时期。

从 2003 年至今，我国城乡差距水平变化不大，城乡收入比从

2004 年到 2009 年缓慢上升，而 2010—2012 三年又略有降低，2012 年城乡收入比为 3.1∶1，与 2003 年的水平约略相当。随着改革开放的不断深入，社会主义市场经济体制逐步完善，我国经济实力日渐提高，第一产业占经济总量的比重在 2012 年已经降低至 10.1%。虽然城乡二元结构尚未完全打破，但是农村劳动力向城市转移已经不再被视为“盲流”，城乡之间要素流动机制已经形成，巨大的城乡差距使得农村青壮年劳动力大量进入城市。市场机制以及政府的引导对于城镇化形成了双重驱动力。近年来，我国建制镇的数量基本保持稳定，从 2003 年的 20226 个减少到 2011 年的 19683 个，城镇人口由 5.24 亿迅速增长至 6.91 亿，城镇化率由 40.5% 提升到 2012 年的 52.6%，平均每年增长 1.35 个百分点。

以上内容简要回顾了从新中国成立后至今我国城乡结构的变迁情况。需要注意的是，我国对于城镇人口的统计口径在不同时期并不完全一致。根据国家统计局关于城乡人口的指标解释，市镇总人口和乡村总人口的定义有两种口径。第一种口径（按行政建制划分）：市人口为市管辖区域内的全部人口（含市辖镇，不含市辖区县）；镇人口为县辖镇的全部人口（不含市辖镇）；县人口为县辖乡人口。第二种口径（按常住人口划分）：市人口为设区的市的区人口和不设区的市所辖的街道人口；镇人口为不设区的市所辖镇的居民委员会人口和县辖镇的居民委员会人口；县人口为除上述两种人口以外的全部人口。[①] 1952—1980 年数据为第一种口径的数据，1982 年以后的数据为第二种口径的数据。

根据国家统计局编制《中国统计年鉴（2012）》的说明，1981 年之前的数据统计标准为户籍；1982 年、1990 年、2000 年、2010 年的数据为当年普查数据推算数；其余年份数据为年度人口抽样调查推算数据，部分年份数据根据人口普查数据进行了修订。此外，在不同阶段，我国对于城镇的定义也是不相同的。

---

① 王放．市镇设置标准及城镇人口统计口径对中国城市化发展的影响．人口与发展，2011（2）

（1）1953 年第一次人口普查中规定，全国城镇包括市的市区、县城城关和 2000 ～ 3000 人的工商业比较发达的集镇。

（2）1955 年国务院对城乡划分标准做出正式规定，城镇是县、市人民委员会所在地和常住人口 2000 人并且其中非农业人口 50% 以上的居民区。还规定把城镇细分为市和镇，人口 2 万以上的列为市，其余为镇。这一时期在统计中还规定城市人口的范围为市区和郊区的城镇型居民区，郊区的农村地区可列为乡村。

（3）1963 年把设镇的标准提高到 3000 人，非农业人口不少于 70%；把设置市的标准提高到 10 万人，非农业人口不少于 80%。而且统计城镇人口时，只计算市和镇中的非农业人口，其余一律算作乡村人口。

（4）1982 年第三次人口普查中纠正了只计算非农业人口的做法，规定市人口是指市管辖区域内的全部人口（含市辖镇，但不含市辖县），镇人口是指县辖镇的全部人口（不含市辖镇），县人口是指县辖乡的人口。

（5）1990 年第四次人口普查时采用了新的统计口径：市人口是指设区的市所辖的区人口和不设区的市所辖的街道人口，镇人口是指不设区的市所辖镇的居民委员会人口和县辖镇的居民委员会人口，县人口是指除上述两种人口以外的全部人口。

（6）2000 年第五次人口普查时的市、镇人口是：①人口密度在每平方公里 1500 人以上的市辖区，区管辖的全部行政地域人口。②人口密度在每平方公里 1500 人以下的市辖区和不设区的市，区、市政府驻地的乡级地域内的全部人口；区、市政府驻地城区建设延伸到的乡级地域内的全部人口；区、市管辖的其他街道办事处地域内的全部人口。③人口密度在每平方公里 1500 人以下的市辖区和不设区的市管辖的其他镇，镇政府驻地的村级地域内的全部人口；镇政府驻地城区建设延伸到的村级地域内的全部人口；镇管辖的其他居委会地域内的全部人口。④县管辖的镇，镇政府驻地的村级地域内的全部人口；镇政府驻地城区建设延伸到的村级地域内的全部人口；镇管辖的其他居委会地域内的全部人口。

（7）国家统计局于2006年3月发布了《关于统计上划分城乡的暂行规定》，规定了新的市、镇人口统计口径。城镇包括城区和镇区。城区包括：①街道办事处所辖的居民委员会地域；②城市公共设施、居住设施等连接到的其他居民委员会地域和村民委员会地域。镇区包括：①镇所辖的居民委员会地域；②镇的公共设施、居住设施等连接到的村民委员会地域；③常住人口在3000人以上独立的工矿区、开发区、科研单位、大专院校、农场、林场等特殊区域。与第五次人口普查的市、镇人口统计口径相比，新的统计口径的主要变动内容包括：将居民委员会和村民委员会作为最小划分单元，减少城区或镇区的农业成分，避免人为夸大城市化水平；取消了市辖区人口密度1500人/平方公里的甄别指标，统一了市辖区的划分方法，避免人为加大城区的比重。第六次人口普查的统计口径基本上与《关于统计上划分城乡的暂行规定》相同。①

3.3 新中国成立以来我国城乡体制变迁

城乡体制涉及方方面面的内容，这里我们主要回顾并分析城乡户籍制度和农村土地制度。

一、城乡户籍制度

我国城乡体制中最重要的部分就是户籍制度，城乡有别的就业、社会保障等制度也都是与户籍制度相辅相成的。根据我国户籍制度的演变，可以划分成四个阶段。

（一）自由迁徙阶段（1949—1957年）

1950年8月，出于政治的需要，为了新中国的稳定，公安部制

① 王放．市镇设置标准及城镇人口统计口径对中国城市化发展的影响．人口与发展，2011（2）

订了新中国第一个户籍管理文件——《关于特种人口管理的暂行办法（草案）》。1951 年又施行了《城市户口管理暂行条例》，开始对城市居民进行户口登记，但《条例》里并没有对公民的自由迁移进行限制。1954 年颁布的《中华人民共和国宪法》第九十条明确表示了“中国公民具有居住自由和迁徙自由”的权利。1955 年 6 月通过的《国务院关于建立经常户口登记制度的指示》建立了城乡人口按居住地进行户口登记的制度，也没有限制公民的自由迁徙。不过，同时还发布了《市镇粮食定量供应暂行办法》和《农村粮食统购统销办法》，根据当时的粮食产销情况规定了城镇居民的粮食实行计划供应，而农民吃自产粮。1956 年底到 1957 年底，我国先后发布了《关于防止农村人口盲目外流的指示》、《关于防止农村人口盲目外流的补充指示》、《关于制止农村人口盲目外流的指示》，虽然是为了防范农民的盲目流动，但是也显露出了限制人口自由迁移的倾向。不过，总而言之，在 1949—1957 年间我国公民具有自由迁徙的权利。

（二）城乡二元户籍制度的构建阶段（1958—1984 年）

1958 年初通过的《中华人民共和国户口登记条例》第十条规定，“公民由农村迁往城市，必须持有城市劳动部门的录用证明、学校的录取证明或者城市户口登记机关的准予迁入的证明，向常住地户口登记机关申请办理迁出手续。公民迁往边防地区，必须经过常住地县、市、市辖区公安机关批准。”从这个时期开始，我国特有的城乡二元户籍制度逐渐开始形成。

1959—1961 年“三年困难时期”为了解决城市的粮食问题，我国采取了粮票等制度，由于粮票等只针对城镇居民，因此几乎完全制止住了农民流入城镇。1961 年 6 月中央发布了《关于减少城镇人口和压缩城镇粮食销量的九条办法》，要求三年内城镇人口必须减少 2000 万以上，其中 1961 年内至少减少 1000 万。1962 年底又发布了《关于加强户口管理工作的意见》，明确规定了“对农村迁往城市的，必须严格控制；城市迁往农村，应一律准予落户，不要控制；

城市之间必须的正常迁移，应当准许，但中小城市迁往大城市的，特别是迁往北京、上海、武汉、广州等特大城市的，要适当控制。”1964 年 8 月发布的《关于户口迁移政策规定》进一步明确限制了城乡人口的自由迁徙。1975 年，修改后的我国第二部《宪法》中取消了“公民迁移自由”的条文规定，这就意味着我国公民自由迁徙并居住的权利丧失了宪法依据。在《关于户口迁移政策规定》的基础上，1977 年发布的《公安部关于处理户口迁移的规定》明确规定了“从农村迁往市、镇（含矿区、林区等），由农业人口转为非农业人口，从其他市迁往北京、上海、天津三市的，要严加控制。从镇迁往市，从小市迁往大市，从一般农村迁往市郊、镇郊农村或国营农场、蔬菜队、经济作物区的，应适当控制。”这样，我国壁垒森严的城乡户籍制度就逐步树立起来了，并一直维持到 1984 年。

此外，从 1961 年下半年开始，国家又先后制定了一系列利益偏向于城市的粮食、副食品及燃料供给、教育、就业、医疗、养老保险、劳动保护、兵役、婚姻生育等政策。这些政策与户籍制度相结合，把城乡居民划分为两个身份、地位、权利不同的社会群体并代代相传。这些政策主要包括：①粮食、医疗方面，非农业户口的公民，享受国家统一供应的商品粮、副食补贴，其中有公职者享受公费医疗；而农业户口公民只能吃自产粮，不享受副食补贴，医疗费用自理。②教育方面，非农业户口可以报考技校；农业户口只能报考中专，且录取分数线要比非农业户口高。③就业方面，规定用人单位应优先录用城市户口，到退休年龄享受国家退休金待遇；农业户口只能从事矿山井下、盐业生产、森林开发、野外勘探四个工种，合同期满即辞退，不享受退休金待遇。④非农业户口的男、女适龄青年都可以报名服兵役，服役期满由国家安置工作；农业户口适龄男青年可以服兵役（女青年不能服兵役），而且服役期满后退伍回家仍是农民。①

---

① 海天，肖炜．我的大学：1970—1976 工农兵大学生回忆录．中国友谊出版公司，2009

（三）城乡二元户籍制度的改革阶段（1984年至今）

从1984年10月13日发布的《国务院关于农民进入集镇落户问题的通知》开始，我国进入了户籍制度改革的阶段。通知里规定，“凡申请到集镇务工、经商、办服务业的农民和亲属，在集镇有固定住所，有经营能力，或在乡镇企事业单位长期务工的，公安部门应准予落常住户口，及时办理入户手续，发给《自理口粮户口簿》，统计为非农业人口。”随后，我国继续逐渐放宽了对人口自由迁徙的限制。1997年5月发布的《小城镇户籍管理制度改革试点方案和关于完善农村户籍管理制度意见的通知》提出：“从农村到小城镇务工或者兴办第二产业、第三产业的人员，小城镇的机关、团体、企业、事业单位聘用的管理人员、专业技术人员，在小城镇购买了商品房或者已有合法自建房的居民，在小城镇已有合法稳定的非农职业或者已有稳定的生活来源，而且在有了合法固定的住所后居住已满两年的，可以办理城镇常住户口；上述人员的共同居住的直系亲属，可以随迁办理城镇常住户口。”2001年3月30日又发布了《关于推进小城镇户籍管理制度改革的意见》，指出“凡在上述（指县级市、市区、县人民政府驻地镇及其他建制镇）范围内有合法固定的住所、稳定的职业或生活来源的人员及与其共同居住生活的直系亲属，均可根据本人意愿办理城镇常住户口。已在小城镇办理的蓝印户口、地方城镇居民户口、自理口粮户口等，符合上述条件的，统一登记为城镇常住户口。”

由此可见，1984年以后，我国一直在对于城乡二元户籍制度进行改革，不断弱化了城乡分割的壁垒，逐步放宽了对于人口自由迁徙的限制。但是，到目前为止，主要放宽的是农民向小城镇、普通县市的迁徙，对于落户各大中城市的要求非常高，普通农民是无法满足条件的。

（四）户籍制度对于我国推进城镇化的障碍

从欧美发达国家的经验来看，非农产业的发展是与城镇化同步的。我国目前非农产业的发展水平已经比较高，第二、第三产业占经济总量的比重已经将近九成，这就需要大量的劳动力进入非农产业。此外，我国耕地面积有限，只有让大量的农民进城务工并落户居住，彻底脱离农业，才能使得我国传统的农业生产经营方式向现代农业转变。转变的关键就在于把农村剩余劳动力转移出去。

但是由于城乡二元户籍制度以及依附于户籍制度的社会保障、教育、医疗等制度对于人口自由迁徙的限制，导致农民进城务工的收入很低，而且进城的农民无法“市民化”，如图 3 -4 所示，虽然从 1978 年到 2012 年，我国的城镇化率提高了约三十个百分点，但是到 2011 年，第二、第三产业占 GDP 的比重（89.9%）依旧超出了城镇化率（52.7%）三十几个百分点。大量的农村剩余劳动力未向城镇转移，延缓了我国非农产业的继续发展，并造成农村经营方式无法变革，农民收入增长缓慢。因此，调整我国城乡结构和推进城镇化就必须对户籍制度进行深入、彻底的改革。

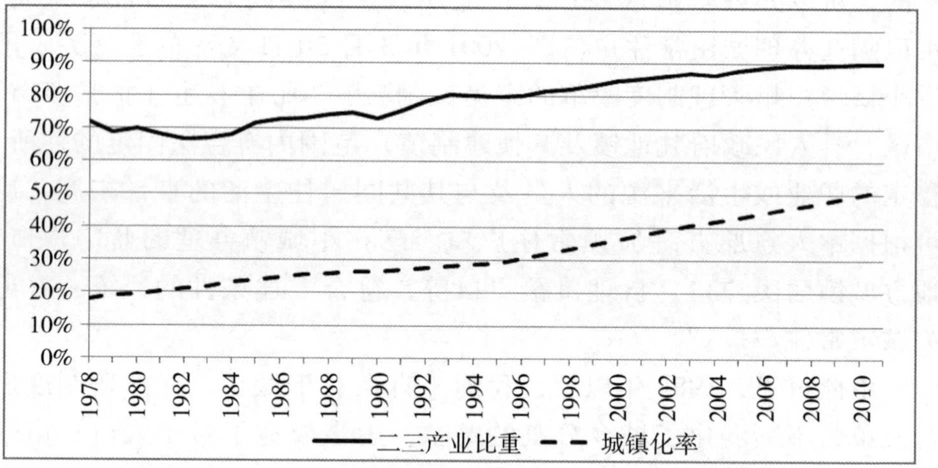

图 3 -4　我国二三产业比重与城镇化率变化情况（1978—2011）

资料来源：《中国统计年鉴（2012）》。

二、农村土地制度

我国农村的土地改革可以上溯到20世纪30年代在革命根据地进行的打土豪、分田地、废除封建剥削和债务的土地革命。在抗战时期和解放战争时期，中国共产党又带领人民在革命根据地进行了土地改革。而在新中国成立以后，我国土地制度先后经历了三次较大的制度选择与变迁。

（一）“土改”（1949—1952年）

新中国成立后，按照《中国人民政治协商会议共同纲领》的规定，国家要“有步骤地将封建半封建的土地所有制改变为农民的土地所有制”。以此为原则，1950年6月30日发布实施了《中华人民共和国土地改革法》，明确指出了“废除地主阶级封建剥削的土地所有制，实行农民的土地所有制，借以解放农村生产力，发展农业生产，为新中国工业化开辟道路的改革目标”。自此，中国历史上规模最大的土地改革运动在全国范围内迅速展开。到1953年春，除部分少数民族地区外，我国大陆普遍实行了土地改革。这是一次将土地所有权、经营权、使用权都收归农民的土地制度改革，这次改革彻底摧毁了封建土地制度，使全国3亿多农民无偿分得了约7亿亩土地和大批生产资料，而且不必每年再向地主缴纳约3000万吨以上粮食的地租，实现了“耕者有其田”，很大程度上调动了农民的生产积极性，使得粮食等农作物大幅度增产，其中粮食产量从1949年的1.13亿吨增加到1956年的1.93亿吨。

（二）集体所有统一经营（1953—1978年）

废除封建制度，实行农民土地所有制，虽然调动了农民的生产积极性，促进了农村生产力的发展。但是，农业经营方式落后、生产力水平低下的情况仍然需要进一步的变革。1953年提出的“党在过渡时期的总路线和总任务，是要在十年到十五年或者更多一些时间内，基本上完成国家工业化和对农业、手工业、资本主义工商业的社会主义改造”。其中，对农村土地制度的改革以实行集体所有、统一经营为目标。在农业生产互助组基础上通过初级农业生产合作社、高级农业生产合作社和人民公社化运动逐步建立起了土地等生产资料集体所有、集体经营，三级所有、以队为基础的所有制结构，即土地和其他主要农业生产资料分别归人民公社、生产大队、生产队三级集体经济所有和经营，各自独立核算，自负盈亏，其中生产队是三级所有中最基本和最主要的部分。这种集体所有、统一经营的土地制度一直延续到 1978 年实行家庭联产承包责任制改革之前。

（三）家庭联产承包责任制（1978 年至今）

1978 年 12 月，安徽省凤阳县小岗村的农民揭开了我国家庭联产承包责任制改革的序幕。从 1979 年到 1983 年，在党中央的积极支持和大力倡导下，家庭联产承包责任制逐步在全国推开。其中，在 1982 年 1 月 1 日，中国共产党历史上第一个关于农村工作的“一号文件”正式出台，明确指出“包产到户”、“包干到户”都是社会主义集体经济的生产责任制。到 1983 年初，全国农村大部分的生产队都已经实行了家庭联产承包责任制。

家庭联产承包责任制的实行取消了人民公社，但并没有走土地私有化的道路，而是以实行家庭联产承包为主，统分结合，双层经营，既发挥了集体统一经营的优越性，又调动了农民生产积极性，是适应我国农业特点和当时农村生产力发展水平的一种较好的经济形式。在家庭联产承包责任制度确立之后，土地制度改革就主要集中在继续完善土地承包经营权以及规范土地使用权流转等方面，目前这方面的改革还需要继续深化。

（四）土地制度存在的弊端

家庭联产承包责任制改变了人民公社时期吃“大锅饭”的弊端，充分调动起了农民的生产积极性，从而实现了以不到世界 7% 的耕地养活了世界 22% 的人口的壮举。但是随着我国工业化和城镇化的进程，家庭联产承包责任制也暴露出诸多弊端。

1. 土地产权定位模糊

我国农村土地制度是集体所有制，《土地管理法》第十条规定："农民集体所有的土地依法属于村农民集体所有的，由村集体经济组织或者村民委员会经营、管理；已经分别属于村内两个以上农村集体经济组织的农民集体所有的，由村内各农村集体经济组织或者村民小组经营、管理；已经属于乡（镇）农民集体所有的，由乡（镇）农村集体组织经营、管理。"但是，人民公社废除之后，并不存在代表农村和农民实现土地所有权的机构，基层地方政府事实上将土地的管理职能与所有权合二为一。虽然《宪法》第十条规定："城市的土地属于国家所有。农村和城市郊区的土地，除由法律规定属于国家所有的以外，属于集体所有；宅基地和自留地、自留山，也属于集体所有。国家为了公共利益的需要，可以依照法律规定对土地实行征用。任何组织或者个人不得侵占、买卖、出租或者以其他形式非法转让土地。一切使用土地的组织和个人必须合理地利用土地。"但是土地所有人的缺失就使得集体所有制成为国有制的一种形式却又有别于城市土地的国有制，这就造成了土地所有权不明晰，土地无法正常流转，土地侵占情况时有发生，农民的正常权益无法得到保障。土地产权定位模糊又衍生出了土地征用和流转的问题。

2. 土地征用制度不合理

随着我国经济的发展和城镇化的进程，城镇规模迅速膨胀，产生了对土地的巨大需求，各地都采取了对耕地等农用地进行征用的办法。由于土地产权模糊，使得地方政府成为农村土地实际上的所有者，这样就使得地价收益大部分都由地方政府获得。而土地原来的经营者，一方面只能获得很少的征地补偿金；另一方面失去了基本生活保障和收入来源，生活上产生了很大的困难。此外，土地征用制度不合理还带来了很多社会问题。

3. 土地无法正常流转和规模经营

由于农村土地产权的不明晰，使得农村土地除了被征用以外，很难以其他渠道实现正常流转。这样就无法实现土地的优化配置和农业的现代化。

我国目前耕地总量约有 18.25 亿亩，排名世界第四，但是由于我国人口众多，人均耕地仅为 1.35 亩，排名在世界 120 多位，还不到世界平均水平的一半。由于我国城镇化水平不高，因此如果考虑每个农业劳动力占得的土地，那么相比于欧美发达国家，我国土地分散情况就更严重了。这种人多地少的局面，使得以家庭为单位的家庭联产承包责任制以及无法正常流转的土地难以实现规模化经营。从而限制了很多农业科技的推广，还影响了农田水利设施的建设和农业的机械化。此外，单个农户的市场组织程度很低，不能与现在的信息化社会相匹配，缺乏足够的抵御自然灾害和市场波动的能力，基本上都是“靠天吃饭”。这已经成为我国从传统农业向现代农业转变的主要障碍。

3.4 小结

城镇化水平是一个国家或地区经济发展的重要标志，也是衡量一个国家或地区社会组织程度和管理水平的重要标志。新中国成立时，我国人口为 5.42 亿，城镇人口为 0.58 亿，城镇化率仅为 10.6%；改革开放前约三十年的时间里我国城镇化进程缓慢，到 1978 年，我国人口总数已经接近 10 亿，但城镇人口尚不足 2 亿，城镇化率不到 20%。

改革开放三十年来，中国演绎了波澜壮阔的城镇化史诗，也有力地支撑了中国经济增长的奇迹。中国城镇化进程进入加速发展期，其中 1990 年城镇化率为 26.4%，2000 年为 36.2%，截至 2012 年我国的城镇常住人口已经超过 7 亿，城镇化率达到了 52.6%。从统计学意义上来讲，中国已经是一个城镇化国家。截至 2011 年，我国设立城市 655 个，小城镇近 20000 座，已初步形成以大城市为中心、中小城市为骨干、小城镇为基础的多层次的城镇体系。

目前，我国已经进入城镇化的中期阶段，以经济发展为中心目标，以外向型工业化为中心动力，以地方政府为主导，以土地为主要内容，以规模扩张作为发展方式，以物质资本大量投入为驱动要素的传统城镇化模式难以为继。我国改革开放以来的传统城镇化模式导致了诸多问题：一是人口不完全城镇化，按照常住人口城镇化率已达50%，而享受均等公共服务的城市户籍人口仅仅达到35%；二是土地过度城镇化，过去三十年城市人口增长1倍，而城市建成区面积则增加了近4倍；三是城市发展失序，大量人口向行政级别高的中心城市聚集，中等城市发展相对缓慢，小城市功能不完善，小城镇比较分散。另外，传统城镇化模式还带来了资源的大量消耗、空间的过度集中、经济结构的严重失衡，环境污染日益严重、社会矛盾不断激化，一些城市和乡村患上比较严重的“城市病”和“乡村病”。

我国的城镇化速度很快，大量的农民人口涌入城镇，为我国的经济发展源源不断地贡献着廉价劳动力，“人口红利”成为我国经济腾飞的重要支柱，但同时也带来了城乡差距加大、大城市过度膨胀、环境污染、社会贫富差距扩大和城市房价高涨等一系列社会问题。其中，城乡矛盾随着城乡收入差距的扩大变得异常尖锐。而解决城乡矛盾的主要手段，还是必须通过城镇化。

第四章　新型城镇化：基于新经济地理的理论分析

城镇化进程之所以不断推进，是由于经济活动主体空间上的聚集能够获得额外收益，从外部性的角度来看，经济活动的聚集能够共享基础设施和中间投入品、共享熟练劳动力市场、有利于知识和技术的溢出等。从厂商内部规模报酬的角度来说，本地大市场效应加上要素的流动，在循环累积因果机制的作用下，城镇化进程不断推进。

4.1　新型城镇化的经济学含义

一、集聚经济的新型城镇化

厂商的规模收益递增技术和不完全竞争的市场结构导致的规模经济是分析空间经济问题的核心要素，如果不存在厂商的规模收益递增技术和不完全竞争的市场结构，区位将失去了任何意义。因为如果所有的厂商都使用规模收益不变技术从而所有的产品都处于完全竞争的市场结构下，那么厂商可以通过在每个有消费者的地区建立一个工厂来满足其需求，这就形成了所谓的“后院资本主义”（backyard capitalism）。正如库普曼斯（Koopmans，1957）所言，“如果没有认识到人力资本、居住地、工厂、设备以及交通方面的不可分割性，则城市区位问题将是不可以理解的，因为城市将变为一些非常小的城镇”。因而实际上，大部分传统区位理论都隐含了规模经济的假设。例如，韦伯（Weber，1909）假设进行区位选择的厂商只拥有一个工厂；克里斯特勒（Christaller，1933）则假设大城市可以支持范围更广的活动；由哈里斯（Harris，1954）、缪尔达尔（Myrdal，1957）、普瑞德（Pred，1966）强调的循环累积因果机制更是厂商规模经济的集中体现。与厂商规模经济相伴随的必然是不完全竞争的市场结构，主要包括寡头垄断和垄断竞争。寡头垄断市场结构中单个厂商的规模非常大，其企业行为会对整个市场产生剧烈的影响，而垄断竞争市场结构中企业的规模较小，但是各产品之间存在一定的差异，从而产生了一定的垄断力量。

在第二章中我们介绍了城市化形成的动力机制中指出，城市之所以能够形成，与其有着集聚效应是紧密关联的。城市经济的集聚可能源于金钱外部性，也可能源于技术外部性。对此，新古典城市化经济学以及新经济地理学都给予了解释。新型城镇化的本质是人口等要素的聚集和产业的集聚，因此新型城镇化实质上是集聚经济的城镇化。

（一）人口的集聚

城市化的过程，实质上就是人口从农村地区向城市地区的集聚过程。当然，如果只是人口的简单迁移并不能带来经济的持续发展，在人口迁移的过程中会形成更多的经济和社会往来。新型城镇化则要求人口的集聚带来更多的经济关联性，而不仅仅是人口简单地从农村地区迁移至城市地区。

人口的集聚为城市的经济发展带来了很多方面的好处，人口的集聚带来需求的扩大就是其中的一个主要方面。大量人口从农村地区转移到城市地区，带来了本地产业相关产业的发展。在人口居住稀薄的地区，部分产品因为辐射范围的问题而无法展开。比方说，在人口稀少的地区，虽然居民对早点有着广泛的需求，但是这种需求却难以得到满足。在中国的农村地区，更多的居民选择自家做早点，但是城市地区的早点铺却到处可见，为什么在农村地区没有早点铺，在城市地区却有早点铺呢？从产品的特性来看，早点的销售半径是有限的。即便考虑地区有着较高的通勤能力，时间成本的浪费也是相对较高。那么，在这种情况下早点铺如果想盈利的话，通常需要考虑人口密度的问题。很显然，在方圆数十里的地区，如果只是零星地住着为数不多的几户，那么，早点铺面临的客户也就相对较少。但是，如果在人口密度极高的大城市，即便周边居民只有十分之一或者百分之一的人口选择这家早点铺，那么，早点铺也可以门庭若市。整体而言，人口的集聚滋生了一些新型的服务产业，从而促进城市经济的快速发展。

人口的集聚不仅能够带来需求的扩大化，扩大内需，同时通过人口的集聚还可以提高城市的生产效率。关于人口集聚能够提高城市的生产效率，这一点已经得到城市经济学的广泛研究。人口的集聚促进城市生产效率的提高可以表现在多个方面。第一，当人口在某一地区集聚时，人与人之间的交流将会密集增加，知识溢出也将越明显。人口集聚程度越高，人与人之间的交流的机会总次数将呈几何级的提高，从而构建了关系网络。因此，当人口聚集程度越来越高时，这种因人口带来的集聚效应也就逐步体现出来，通过知识溢出带来城市生产效率的提高。第二，当大量人口集聚存在失业时，高的生产效率显得尤为重要。相比较而言，城市地区的生产效率更高，竞争压力更大。通过竞争，企业和员工会在工作中主动采用更加行之有效的生产经营方法，从而促进企业更加具有效率，城市的生产效率相对更高。第三，大量人口的集聚会形成劳动力市场的“蓄水池”，减少同类企业用工成本，从而能够有效提高城市生产效率。关于劳动力市场的蓄水池马歇尔早有论断，在城市人口大量集聚的地区，劳动力蓄水池能够让劳动者和企业更加有效地找到合适的企业和劳动者。由于劳动力和企业空缺岗位的匹配程度可能得到提高，从而提高企业生产力，使城市更加具有效率。

尽管以往的城市化也是一个人口集聚的过程，但是如果不能发挥城市化过程中的集聚效应，那么这种城市化也只是一种没有价值的城市化。相比较而言，人口集聚的新型城镇化要求人口的集聚过程中能够产生更多的外部溢出效应，从而促进城市经济的快速发展。

（二）产业的集聚

新型城镇化的发展不仅要求人口的集聚，同时需要产业集聚，通过产业集聚支撑人口的集聚，实现真正的产业与城市化的良性互动。在城市化的发展过程中，如果只是注重产业发展，在存在大量剩余劳动力的国家或地区，只会造成严重的滞后城市化，这一点在我国现阶段已经极为明显。另一方面，如果在城市化的过程中不注重产业的发展，则可能出现空洞化的城市化，转移至城市地区的农村居民无法在城市长期生存下去，这一点在拉美国家表现十分显著。无论是严重的“滞后城市化”还是“伪城市化”，都是不良的运行结构，都不符合新型城镇化的要求。

新型城镇化要求产业集聚，但是产业集聚只是为人口集聚提供支撑。在经济学的理论中，规模收益递增技术和不完全的市场结构导致了产业在特定空间的集聚。规模收益递增和不完全竞争的市场结构是相互兼容的。如果只是像“后院资本主义”那样，厂商在完全竞争的市场中以规模报酬不变生产销售商品，并没有任何动力去增加产出。经济空间变成无限可分割的空间，厂商无需聚集在部分地区，区域间也不会出现收入差距。但是，现实世界中，由于生产要素的不可分割性等原因，厂商的生产经常表现为规模报酬递增。正如库普曼斯所言，“如果没有认识到人力资本、居住地、工厂、设备以及交通方面的不可分割性，则城市区位问题将是不可以理解的，因为城市将变为一些非常小的城镇”。新型城镇化要求我们认识到现实经济中集聚经济的重要性，从而以产业集聚为基础，为人口集聚提供更多的保障。

新型城镇化中强调产业集聚，与城镇化建设过程中需要提供大量就业岗位有着直接关联。这里我们所说的产业集聚并非单纯指制造业或者工业的集聚，同时也应该包括服务业的集聚。在一国经济发展的过程中，第一产业的比重逐步下降，第二产业的比重会出现先上升后下降的趋势，而第三产业的比重不断上升。因此，这里所说的产业集聚并非只是简单的第二产业的集聚，应该同时包括第三产业的集聚。在城镇化的过程中，需要第二产业和第三产业为转移人群提供大量的就业岗位，尤其是第三产业。从完成城市化的主要国家来看，第三产业比重基本占国内生产总值的70%以上。第三产业之所以能够得到快速的发展，主要是在人们收入水平增加之后对生活质量有着更高的要求。换句话说，当人们的收入水平达到一定标准后，人们不再满足于基本的生活物质，更加愿意用自己的收入购买劳务和更多的商品。随着大量转移劳动力的流入以及人们收入水平的提升，需要社会为他们提供更多的商品和服务，从而也就解决了城市化过程中迁移人群的就业问题。

城市化的过程不能仅仅只是人口的转移和集聚，也不能只是城市住房的建设，城市化过程中需要有更多的基础设施投入、公共服务投入以及社会事业投入。新型城镇化对城市化的品质也有着更高的要求，而这就要求在城镇化的建设中有着更多的基础设施投入、公共服务投入以及社会事业投入等，从而在新型城镇化的过程中需要大量的投入资金。尽管在新型城镇化的建设过程中，国家会有一定的资金扶持。但是，城市化过程中的城市基础设施的建设主要由地方政府来完成，其中的建设过程中所需的资金主要依靠地方财政来提供。如果地区没有大量的产业作为支撑，地方的财政将会缺乏来源，地方的基础设施建设也将难以得到保障。这就要求在新型城镇化的过程中注重产业的集聚，在城市内部吸引更多的企业集聚，从而为新型城镇化的发展提供税收资金支持。

二、一元经济的新型城镇化

我国提出新型城镇化是在特定的背景下提出的，而这个背景就是我国城乡收入差距的不断扩大。根据中国社科院2013年发布的《社会蓝皮书》，自2002年以来，中国城乡收入差距一直在3倍以上，远远高于发达国家的1.5倍左右以及发展中国家的2倍左右。城镇化的过程是二元经济向一元经济转变的过程，但是中国多年的城镇化并没有能够真正地解决城乡收入差距的问题。在新型城镇化过程中，中国的城镇化应当是由二元经济向一元经济转变的城镇化。

（一）一元的增长模式

城市化过程中，通过人口和产业的不断集聚，城市的经济获得快速的发展。与此同时，城市经济增长的好处不断向外围溢出，从而促进周边地区经济的发展。对于城市周边的农业地区而言，传统农业生产已经无法满足现代城市的需要，逐步向现代农业转变。在现代社会中，城市周边的城乡结合区通常不再种植粮食，而主要种植大棚蔬菜、花卉等，从而满足城市市民对蔬菜等的需求。与种植粮食相比，种植经济作物收入水平通常更高，周边农民的收入水平有了显著的提高。

如果仅仅采用这种模式，是无法真正提高农民的收入水平。之所以在城市周边的村庄可以选择种植大棚蔬菜等经济作物，是因为这些地区存在着级差地租。相比较而言，城市周边的地区离城市更近，但其他的偏远地区的农民并没有办法去选择种植经济作物，仍然以传统的粮食经济为生。换句话说，依靠种植经济作物只能是提高很少数农民的收入水平。因此，想要整体提高农民的收入，如果只是依靠城市的辐射效应是无法实现的。在这种情况下，实现城乡经济的一体化需要采取其他的途径来推动。城乡收入差距之所以存在，最主要的原因是传统农业和现代第二产业以及第三产业的生产效率存在着巨大的差异。“家庭联产承包责任制”虽然调动了农民的生产积极性，但同时也注定了中国的农业生产是小规模的耕种。随着我国农业机械化水平的不断提高，这种小规模的耕作越来越受到局限。

如何摆脱这种小规模的耕种，实现农业生产的规模化是近些年来我国农业生产过程中不断反思的问题。在 20 世纪 50 年代，为实行社会主义公有制改造，由农民自愿联合，将其各自所有的生产资料投入集体所有，由集体组织农业生产经营，从而形成了农村合作社。但是，这一合作社制度的规模经济的优势并没有能够凸显，反而引发了低效率的问题。从经济学的角度来看，主要是因为当时的激励机制设计存在问题，从而导致“干多干少一个样”。这种合作社制度只是偏重于工时，而忽视效率。在实现“家庭联产承包责任制”数年后，一些地区重新建立的合作社，形成了“农村专业合作社”。农村专业合作社的形成更多的是以企业生产经营的模式，通过批量采购、批量耕作、批量销售来进行运营。在购买农业生产物资时，农村专业合作社的购买数量通常更多，从而在购买物资时更具有议价的能力；在耕作时，农村专业合作社使用大型农业机械进行耕种；在销售农产品时，农村专业合作社同样更加具有议价能力。相比小农经济，合作社经济更加具有企业特性，生产效率能够得到极大的提升。

城镇化的过程，本质上是二元经济向一元经济的转变。这种二元经济向一元经济转变的核心，应该是农业规模化经营以及农业生产效率的提高。因此，新型城镇化的建设中，我们不仅需要农业生产效率的提高，同时还更要强调农业的规模化经营、企业化经营，农业的生产将遵循工业生产的道路，实现规模经济。从这个角度来看，城乡经济的增长将不再是二元的，因此新型城镇化应当有一元的增长模式。

（二）一元的要素市场

新型城镇化除了应该是一元的增长之外，在要素和产品市场上也应该是一元的。在城镇化的过程中，无论是劳动力、资本还是自然资源等都应该更加具有流动性。在新古典的理论中，要素的充分流动带来的结果就是要素价格均等化，从而也就实现了要素市场的一元化。同样，在产品市场方面，尽管城乡对产品的需求弹性存在巨大差异，但是一元的产品市场相对而言更加健康，消除了对消费者的歧视。城乡一元的要素市场，包括一元的劳动力市场、一元的资本市场以及一元的土地市场。

新型城镇化强调“人的城镇化”，因此新型城镇化应当是劳动力市场一元化的城镇化。在存在大量农村剩余劳动力的国家，城镇化的过程中都面临着这样的一个阶段：农村劳动力向城市转移的最初阶段，城市工业部门仅需向农村转移剩余劳动力支付略高于农民的工资水平便可以雇佣到生产中所需要的工人。在这样的一个阶段中，转移的农村剩余劳动力的工资水平是极其低的，远远低于城市同工种工人的工资水平。这一点，在发展经济学家刘易斯的劳动力流动理论《劳动无限供给条件下的经济发展》中早有论述。值得一提的是，转移的农村剩余劳动力不仅在工资方面遭到了歧视，还有可能成为城市工人失业的替代品。在经济萧条时期，大量失业会出现。由于城市工人工会的强大以及转移农村剩余劳动力并不计入失业统计中，一些国家或地区将会用转移农村剩余劳动力的失业来替代城市正规工人的失业。换句话说，城市的劳动力市场和农村的劳动力市场是二元的、分割的。在新型城镇化过程中，我们需要逐步摆脱二元的劳动力市场，实现转移农村剩余劳动力的城镇化，同样将他们纳入社保体系，享受同工同酬的待遇。

在中国城镇化的过程中，不仅劳动力市场是二元的市场，资本市场同样也是二元的市场。城乡建设速度存在显著差异，资本的回报率也存在较大差异。整体而言，中国的城市资本投资市场发展相对较为成熟，但是农村资本市场发展则较为缓慢。从资本的流向上来看，当前我国的资本主要是由农村地区向城市地区转移。相比较而言，中国的农村地区储蓄率更高，但资本的使用效率也是相对较低。相比较而言，城市资本投资偏向于短期收益，而农村资本投资则需要考虑长期收益。在经济快速发展的今天，更多的投资偏向于选择短期得到回报，从而农村的投资显得尤为不足。为此，中央会议中也多次强调“鼓励和引导工商资本到农村发展适合企业化经营的现代种养业，向农业输入现代生产要素和经营模式”以及“推进政策性金融机构改革，当前要发挥好现有政策性金融机构在城镇化中的重要作用，同时研究建立城市基础设施、住宅政策性金融机构。”在新型城镇化的过程中，需要重视农村的投资，逐步将二元的资本市场向一元资本市场转变，建设城乡统筹的资本要素市场。

最后，值得一提的是，土地市场的城乡二元分割当前在我国显得尤为明显。城乡在城市发展中有着不同的分工，但是在城镇化的过程中农村的发展通常会被边缘化。那么，在这样的背景下，土地市场分割就显得极为正常。随着城市快速发展以及城镇化的推进，城市的土地供给显得越来越不足，土地价格节节攀升。另一方面，农村的土地价格却极为低廉，并频频被侵占。由于城乡土地不可以流转替代，因此城乡土地市场分割极其严重。从经济学的角度来看，城乡土地的价值是不同的，因而存在着级差地租是合理的。但是，中国的土地市场存在分割更多的属于行政手段所导致的。城市的土地市场之所以能够发展如此迅速，主要得益于市场经济的推动。相比之下，农村的土地属于集体所有，农民所承包的耕地以及自家的宅基地不能通过有效方式进行流转以获得财产性收入等。由于政府的过度干预，农村的土地使用效率低下，土地要素在城乡之间不能进行平等交换，从而扭曲了土地要素的价格，也称为限制土地要素市场发育和完善的主要障碍。在新型城镇化的建设中，需要进一步强化农村土地流转机制，变二元的土地市场为一元的土地市场。

三、信息经济的新型城镇化

在城镇化发展进程中，集聚经济的城镇化是城镇化的立足之本，一元经济的城镇化是城镇化发展的必然要求。新型城镇化，不仅要求人口的城镇化、土地的城镇化，更要求可持续发展的城镇化。从新古典增长经济学中我们发现，人口的增长、储蓄率的提升虽然能够促进经济增长，但是并不能让经济持续增长。新增长经济学则强调创新以及人力资本对经济增长的作用。在新型城镇化的发展过程中，信息经济将对新型城镇化起着重要的推动作用。

（一）信息经济的动力效应

随着社会发展与进步，农业经济和工业经济正在逐步衰退，人类社会正在逐步向信息化社会过渡。信息经济对新型城镇化的影响是多方面的，而其中最为重要的是促进城镇化的可持续增长。在现代化的城市建设中，信息技术随处可见，信息化成为提升城市功能体系及管理效率的重要途径，而城镇化的发展也为信息化提供了发展平台。信息经济的发展不仅可以提升城市的生产效率，同时还能提升农业生产效率，从而释放出更多农村剩余劳动力，为城镇化提供大量劳动力。

经济学家对信息经济有着美好的憧憬，普遍认为信息经济是21世纪经济社会经济增长的重要组成部分，而这一点在21世纪之初的前10年也得到了验证。20世纪90年代以来，美国经济获得高速增长，这主要归功于信息、通信和技术。在1990—1999年期间，美国的信息技术平均每年增长10.4%，远远高于美国同期GDP的增长速度；而在1995—1999年期间，美国的信息技术对GDP的贡献更是高达23%。当然，信息化对经济增长的贡献并非能够立即体现出来，通常具有一定的时滞。事实上，从20世纪50年代，美国的计算机已经开始使用，但是其对经济增长的贡献在同一时期是没有任何体现的。由于时滞的存在，很多经济学家对早期美国投入计算机使用效果进行研究发现，美国的信息技术对经济增长或者生产效率并没有太多贡献，甚至提出了“生产效率悖论”。著名经济学家索洛在1987年的《纽约时报书评》就提出“你可以看到计算机无处不在，但是在生产效率的统计中却看不到其贡献”。但是，信息化对经济增长的累积效应则极其强大。一系列针对美国、日本、德国等发达国家的研究都发现，信息技术的确是除资本、劳动力之外影响经济增长的另一个重要因素。

信息化对新型城镇化最为直接的推动作用是信息技术这一服务性行业的发展。城市经济中服务业有着重要的地位，而在现代城市中，信息产业又是服务业的重要组成部分。因此，服务业在城市经济中的作用也显得尤为重要。信息产业包括软件业、硬件业以及通讯设备业。信息产业不仅为城市经济作出了贡献，与此同时还为城市提供了大量的就业岗位。尽管我国信息产业起步较晚，但是经过数年的发展已经取得长足的进步，部分技术走在国际前沿。信息技术的深化效应是指信息行业中信息产品的不断增多，直接提高了服务业在城市经济中的比重。需要指出的是，信息技术对城市经济的影响并不局限于深化效应，同时还包括两个方面的效应，即信息技术生产行业和使用行业的生产效率的改进。而对于信息技术对使用行业生产效率的改进可能才是信息化对推动城镇化最重要的作用。多数时候，这种信息技术对城镇化的推动作用是难以把握的，主要是由于这种推动作用较为间接。虽然这种间接效应在统计的角度上也是难以体现的，但这并不会妨碍信息技术推动城镇化发展的贡献。在城镇化的发展过程中，各领域都会加速推进信息化，这也为信息产业提供了前所未有的机会。

值得一提的是，信息化不仅可以提升城市信息化产业的比重以及促进其他行业生产效率的提升，同时还可以通过提供农业部门的生产技术而释放出更多的剩余劳动力。信息化对农业现代化的影响也是多方面的，信息化可以直接提高农业信息化水平，也可以通过工业化提高农业机械化水平，甚至信息化还可以提高农村劳动力的人力资本，从而促进农业经济的快速发展。通过农业生产技术的不断提高，一方面可以提高农业产品的数量和质量，满足城镇人口对农产品的需求；另一方面，农业生产技术的提高释放出大量的劳动力，从而为新型城镇化提供生产中所需要的大量劳动力。整体而言，信息化能够促进城市经济效率的提升，而这也符合新型城镇化的本质。因此，在新型城镇化的推进过程中，信息经济将占据重要的地位。除此之外，信息技术是一种能够有效降低人们交易成本的手段，这种手段是一种面对面交流的替代，但同时也会促进交流频率的增加。所以，信息化能够促进企业的集聚，增加城市的集聚功能。

（二）信息经济的质量效应

信息经济对城镇化的作用不仅在于推动城镇化的发展，还表现在提高城镇化的质量方面。拉美和欧洲同样是城镇化，但城镇化的质量却是完全不同的。拉美的城镇化是没有工业基础的城镇化，城市内部存在贫民窟以及非正规就业部门，贫困城市居民的社会保障体系较差；但是，欧美的城镇化则是极具保障的城镇化，尤其以北欧的高福利水平最为令人称赞。在现代社会中，城镇化不仅仅是简单的人口从农村地区向城市地区的转移，更应该是真正地实现“人的城市化”。新型城镇化，不仅要数量，更加要求质量，而信息化则为新型城镇化的质量提供了保障。

在新型城镇化的建设过程中，大量的人口从农村地区向城市地区转移，这就需要城市为新增加的城市人口提供更多的公共服务。随着人口的增多，城市需要提供的公共服务也将急剧增加。如何更有效地对城市进行治理，是当前城市化过程中亟待解决的问题。在信息化时代，电子计算机以及网络的广泛使用为城市的管理提供了高效、便捷的工具。通过信息化引领城镇化、信息化引领城市建设是一个非常重要的领域。大量农村人口转移到城市后，难以融入城市社会，市民化的进程严重滞后，这也影响着我国未来城镇化的竞争力。大量农民工及其随迁家属，在就业、医疗、养老、住房以及教育等方面没有能够和城市居民一样，享受基本的公共服务，从而引发了很多新的矛盾，制约着城镇化的发展。信息城镇化以人口城镇化为核心，更加强调人口的市民化，强调城镇居民生活品质的提升。

信息经济对信息城镇化更加重要的作用在于提升城镇化的质量，而“智慧城市”也是应运而生。新型城镇化更加注重内在质量的提升，需要解决公共服务均等化的问题。同时，还需要提升城市管理的效率。“智慧城市”的建设更加注重统筹、高效、智能、低碳，将先进的理论和技术融入到生产、生活以及管理等各个方面，从而极大地提升了生产和管理的效率，因此也是新型城镇化的重要出路。“智慧城市”强调融合移动互联网、物联网以及云计算平台等新一代的通信和信息技术，具有较强的信息采集、传输以及计算处理能力，实现智能化的管理。通过“智慧城市”的建设，能够发挥城市化过程公共服务的联网处理功能，从而为新型城镇化的推进提供强有力的保障。“智慧城市”的发展同时还能为中小城市的建设提供更多的科技支撑，促进城市的建设向精细化方向前进。“智慧城市”建设归根结底是最大限度地为城市中的人提供医、食、住、行、游、教等全面细致的服务，最终达到使城市居民都能享受到高效、便捷、安全、绿色的城市生活。

四、生态经济的新型城镇化

城市化要想得到发展，需要有产业提供支撑。多数国家的城市化是在工业化的基础上推进的，而工业化国家都面临着一个重要问题，即环境问题。当然，除了工业经济带来的环境污染之外，大量人口集聚在城市也会对城市生态产生严重的破坏，城市生态自行处理能力不断下降，“城市病”普遍存在。新型城镇化建设要求我们走出一条新路，在城镇化建设过程中注重环境的承载能力。

（一）低碳的新型城镇化

尽管中国地域辽阔，但是中国的总人口数也是巨大的。在未来数十年间，中国有数亿人口需要从农村向城市转移，由农民变成城市市民。如何避免大量碳排放和能源消耗成为城镇化建设过程中需要关注的问题。城镇化的发展模式直接决定了我国的碳排放水平，探寻低碳的城镇化是新型城镇化的重要内容。大量人口流入城市后会引发“城市病”，包括交通拥堵、空气污染严重、犯罪率提高等一系列问题，美国和欧洲都曾经出现过这样的问题。尽管中国目前的城市化水平还不高，但是这些城市病已经逐步引起广泛的关注。中国城市已经出现了诸如交通拥堵、能源高消耗、城市占用土地大范围扩张、城市房价“高泡沫”等众多问题，直接影响了中国城镇化的进一步发展。

1999 年，中国的城市生活污水排放总量已经超过工业废水排放总量，并且超过了 COD、氨氮、总磷等主要污染物的排放量，成为水体污染的主要来源。城市生活是一种群居的生活方式，大量人口的集中给环境带来巨大的压力。在城市化之前，由于居民更多地居住在农村，地区人口密度稀薄，多数生活污水可以通过环境的自我处理得到解决。但是，这种环境的自我处理能力极其有限，当大量人口在比较小的范围内集中居住时，环境已经无法承载，遭受严重的破坏。一旦环境的自我处理能力被破坏，城市的环境将会越来越恶劣。城市环境的污染远远不只是污水问题，还包括空气的污染。PM2.5近些年来得到媒体和居民的大量关注，雾霾天气在中国也是频频发生，空气的污染也逐步从煤烟型转化为煤烟型与机动车污染型的混合型污染。目前，中国的城镇化主要是粗放地城镇化，失调的产业结构没有发生根本的改变，如果不改变城市化的发展模式，无疑是要付出更大的生态环境和资源的代价。

与国外主要发达国家相比，我国的资源相对较为匮乏，人均资源占有量远远低于全球平均水平。但是，我国的能源消耗量却是十分巨大的，能源的利用效率极其低下，存在着大量重复建设和产能过剩的问题。新型城镇化将不再是这种粗放式的城镇化，需要提高能源利用率，减少资源浪费，减少碳排放量。加快低碳城镇建设，保持能源消耗和二氧化碳排放处于较低水平，是实现城镇可持续发展的必由之路。在新型城镇化的建设中，需要针对高污染，并有针对性地选择城镇化建设的路径。一些有利于城镇化建设的方法包括：调整城镇化过程中的产业结构，增加绿色服务业的比重，减少高耗能、低效率的工业生产；推广新能源如太阳能、风能等能源的使用，促进城镇居民使用高效、清洁能源；构建完整的城市公交体系，提倡低碳出行；发展低碳建筑，减少城镇建筑带来的能源消耗和建筑垃圾污染等。低碳城镇化建设是一项长期的工作，也是新型城镇化发展需要遵循的首要原则。

（二）循环的新型城镇化

前文中我们也提到，长期以来，中国形成了粗放型经济发展方式，能源资源利用效率低，而中国的人均资源占有量又极其少。那么，如何让中国的经济发展和城镇化发展可持续呢？新型城镇化与以往的城镇化是有着本质的区别，而这种区别还体现在循环利用方面。很多资源是不可再生资源，但是这些资源同时也有很多是可以回收再利用的资源。在城镇化的建设过程中，一方面我们需要减少集约化资源的利用，另外一方面我们需要对资源进行回收再利用。

新型城镇化是生态文明建设进程中推进中国持续发展的主导模式，生态文明与城镇化的结合将形成新型城镇建设的重要路径。循环产业的发展解决了环境问题，同时也带来了产业效应，促进了经济增长。截至2012年，中国主要再生资源回收企业有10多万家，各类回收网点约20万个，规模以上回收加工厂1万多个，各种回收人员达1800万人以上。2012年再生资源回收1.61亿吨，“十一五”期间年均增长10%以上；2012年国内再生资源回收值5413亿元，比2010年增长12.7%，超过我国GDP同期增速3.5个百分点；2012年再生资源进口4970万吨，同比增长5.1%。循环产业的发展不仅带来了经济增长，同时还解决了部分就业问题。2012年，资源循环利用产业直接创造就业岗位150万个，间接创造就业岗位1000万个。据估计，到2015年，我国主要再生资源利用总量将达2.66亿吨，产值达1.2万亿元，就业人员1800万人。可以说，循环产业是中国城镇化过程最具有正外部性的产业之一，也是符合未来城镇化发展的要求的。

除了循环产业的发展之外，新型城镇化发展还应当是以循环型消费模式为动力。在新型城镇化的建设中，倡导绿色、节约的生活方式。比如，鼓励消费者购买和使用节能环保产品、环境标志产品、节能环保型汽车和新能源汽车、节能省地型住宅；在使用产品方面，减少使用一次性产品；在产品包装方面，抵制过度的产品包装；鼓励视频会议等高效的会议方式、鼓励无纸化办公等等。对于可回收的垃圾进行分类处理，带动循环产业的发展，让资源节约保护意识融入生活中的每一个细节，推动城市绿色消费体系的发展。积极培育租赁业、旧货业发展，促进产品再利用。

总而言之，与以往的城镇化相比，新型城镇化从本质上而言，更加强调集聚经济的城镇化、一元经济的城镇化、信息经济的城镇化以及生态经济的城镇化。集聚经济的城镇化主要体现在能够发挥外部性的人口的集聚以及产业的集聚，是产城互动的城镇化；一元化的城镇则是一元增长模式和一元市场的城镇化，是城乡一体的城镇化；信息经济的城镇化则是信息推动和高质量的城镇化，是信息化与城镇化高度融合的城镇化；生态经济的城镇化是低碳和循环再利用的城镇化，是低碳、绿色、循环的城镇化。只有通过这样的新型城镇化，中国的城镇化才能真正地促进经济的长期、持续的发展，成为经济增长的重要推动力。

4.2 城镇化和城乡结构：垄断竞争和规模收益递增框架的分析

城镇化和城乡结构模型最早可以上溯到冯·杜能（von Thünen，1826）十九世纪早期所建立的一个模型。新经济地理学把杜能模型所描述的城乡结构进行简化，并与新经济地理学的理论分析框架相结合。藤田和克鲁格曼（Fujita& Krugman，1995）进行了这一领域的开创性研究。在他们 1995 年的这篇文章以及后续的相关论文中，都把同心圆城乡结构简化为一维空间，也就是把城乡分布设定在一条线段上，并假设空间具有连续性，土地均匀分布在这条实线上。经济空间中所有的劳动力都是同质的，他们可以自由选择职业和区位，即成为“工人”在城镇工作和生活，或者成为“农民”在农村工作和生活。农产品的生产需要投入土地和劳动，而工业品的生产只投入劳动。最后，农产品和工业品均假设存在（冰山型）运输成本。该模型把城镇（工业的聚集地）假定为线段的中心点，城镇四周包围着农村（虽然模型把这视为初始假定，但实际上根据集聚经济的思想，这种结构是内生的）。在人口规模较小的时期，这个结构是稳定的，但是随着人口的增加，使得农业区域不断扩大，从而市场规模更加分散。最终，不断分散的市场规模会推动在距离中心城镇足够远的某个地方出现一个新的城镇来满足分散的市场需求。这样，随着人口规模的继续增加，更多的城镇会一直出现，从而形成整个城镇体系。在这个模型中，一个区位能够成为新的城镇取决于这里的“市场潜能”（market potential）。市场潜能决定了工业的区位，同时工业的区位又反过来影响市场潜能。

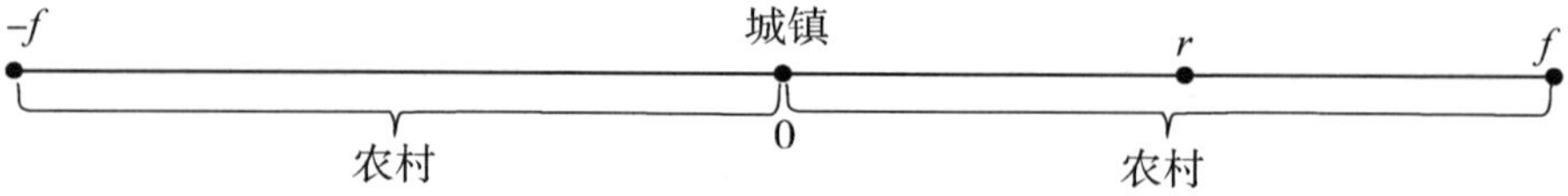

图 4－1　城乡结构

沿用藤田和克鲁格曼（Fujita& Krugman，1995）模型的基本框架，并根据我国实际情况调整部分设定，本节构建了一个适用于分析我国城镇化和城乡结构的新的理论模型。如图 4－1 所示，假设经济空间为线性结构，由城镇和农村两个区域构成。人口分布在以城镇为 0 点的长度为 $2f$ 的线段，农村地区从 $-f$ 到 f，f 表示经济空间的边界。设总人口和城镇人口分别为 L 和 L_0，设与城镇的距离为 r 的地区（下文中表述为 r 地区）的人口为 $L(r)$，从而农民总数为 $\int_{-f}^{f} L(r)\,dr$。总人口就等于城镇人口与农村人口的总和：

$$L = L_0 + \int_{-f}^{f} L(r)\,dr \tag{4.1}$$

我们称式（4.1）为人口条件。由于我国农业生产分散程度很高，因此为了简化模型的处理，假设农村人口和生产为连续分布。这里，f 代表了农村的耕地规模和经济空间的规模。与传统模型相比，这里假设经济空间的边界 f 是外生的，这就与地少人多的我国实际情况相对应。

假定单位人口拥有同质劳动力且不存在失业，并且假定经济系统中只有劳动力和土地两个生产要素，其中土地要素不会流动，而所有劳动力都可以自由转换工作。经济系统存在农业和工业两种产业。农村为农业区，投入土地和劳动力，采取规模收益递减技术生产同质的农产品；城镇是工业区，投入劳动力，采用规模收益递增技术生产具有差别化的工业品。工业品由城镇销往农村，农产品由农村销往城镇，所有的产品交易均存在交易成本。

由于对称性，我们只需要考虑 $r \geqslant 0$ 的部分。

一、模型背景、基本假设

（一）消费者行为

假定所有消费者具有相同的偏好。消费者效用函数为双层效用函数——消费农产品和工业品的科布－道格拉斯型总效用函数以及消费工业品组合的不变替代弹性效用函数：

$$U(r)=\mu\ln[C_M(r)]+(1-\mu)\ln[C_A(r)],C_M(r)=\left[\sum_{i=1}^{n}(c_i(r))^{1-1/\sigma}\right]^{\frac{\sigma}{\sigma-1}} \tag{4.2}$$

这里，$U(r)$为r地区消费者的效用；$C_M(r)$为r地区消费者对工业品（组合）的消费量；$C_A(r)$表示r地区消费者对农产品的消费量；μ、$1-\mu$分别代表了消费者对于工业品和农产品支出份额，$\mu\in(0,1)$；σ表示任意两种工业品之间的替代弹性，σ越大则工业品的差别化程度越小（以及消费者对于工业品的多样化偏好程度越弱），$\sigma>1$；n为工业品的种类数；$c_i(r)$表示r地区消费者对第i种工业品的消费量。

分别用$w(r)$、$V(r)$表示r地区农业劳动力的名义收入水平和实际福利水平；分别用$w_M(0)$、$V_M(0)$表示城镇里的工业劳动力的名义收入水平和实际福利水平，分别用$P_A(r)$、$p_i(r)$和$P_M(r)$表示r地区的农产品、第i种工业品和工业品组合的价格。

1. 城镇居民

这样就可以得到城镇居民消费行为的预算约束：

$$P_A(0)C_A(0)+P_M(0)C_M(0)=w_M(0),\quad P_M(0)C_M(0)=\sum_{i=1}^{n}p_i(0)c_i(0) \tag{4.3}$$

在预算约束下最大化消费者效用，可以得到：

$$P_A(0)C_A(0)=(1-\mu)w_M(0),\ P_M(0)C_M(0)=\mu w_M(0),$$

$$c_i(0)=\mu w_M(0)\frac{(p_i(0))^{-\sigma}}{(P_M(0))^{1-\sigma}},\ (P_M(0))^{1-\sigma}=\sum_{i=1}^{n}(p_i(0))^{1-\sigma} \tag{4.4}$$

推导过程参考附录4.A。把式（4.4）代入效用函数式（4.2）

中，可以得到城镇居民的实际福利水平（间接效用）：

$$V_M(0) = \mu\ln\mu + (1-\mu)\ln(1-\mu) + \ln w_M(0) - \mu\ln P_M(0) - (1-\mu)P_A(0) \quad (4.5)$$

2. 农村居民

同理，农村居民的消费行为的预算约束为：

$$P_A(r)C_A(r) + P_M(r)C_M(r) = w(r),$$

$$P_M(r)C_M(r) = \sum_{i=1}^{n} p_i(r)c_i(r) \quad (4.3)$$

在预算约束下最大化消费者效用，可以得到：

$$P_A(r)C_A(r) = (1-\mu)w(r), P_M(r)C_M(r) = \mu w(r),$$

$$c_i(r) = \mu w(r)\frac{(p_i(r))^{-\sigma}}{(P_M(r))^{1-\sigma}}, (P_M(r))^{1-\sigma} = \sum_{i=1}^{n}(p_i(r))^{1-\sigma} \quad (4.4)$$

同样，可以得到农村居民的实际福利水平（间接效用）：

$$V(r) = \mu\ln\mu + (1-\mu)\ln(1-\mu) + \ln w(r) - \mu\ln P_M(r) - (1-\mu)P_A(r) \quad (4.5)$$

假设工业部门所有企业同质，从而对于任意工业品，可以令 $p_i(r) \equiv p(r)$，这样，r 地区的工业品价格指数为：$P_M(r) \equiv p(r)n^{\frac{1}{1-\sigma}}$ （4.6）

（二）交易成本

工业品和农产品在城乡之间销售均有交易成本，模型采用冰山交易成本，分别用 τ_M 和 τ_A 表示单位距离工业品和农产品的损耗比例，τ_M，$\tau_A \in [0, 1]$。这就意味着，从城镇出售一单位工业品到 r 地区，只剩下 $e^{-\tau_M r}$ 单位，$1-e^{-\tau_M r}$ 单位都在运输过程中“融化”了；而一单位农产品从 r 地区销售到城镇，只剩下 $e^{-\tau_A r}$ 单位，$1-e^{-\tau_A r}$ 单位在运输过程中“融化”了①。这样，就可以得到：

---

① 如果分别用 M（r）和 A（r）表示工业品与农业品在运输过程中的数量，并给定 M（0）和 A（0），从而，$\frac{dM(r)}{dr} = -\tau_M M(r) \Rightarrow M(r) = e^{-\tau_M r}M(0)$，$\frac{dA(r)}{dr} = \tau_A A(r) \Rightarrow A(0) = e^{-\tau_A r}A(r)$

$$p(r) = e^{\tau_M r}p(0) \ , P_A(r) = e^{-\tau_A r}P_A(0) \tag{4.7}$$

交易成本主要包含运输成本、物流损耗和制度成本。①在运输成本方面，农产品和工业品并不存在明显的差别，有着相同的发展趋势，从而在运输成本的概念下可以认为 τ_M 与 τ_A 近似相等。②农产品通常保鲜期很短，从而存在很大比例的物流损耗，而工业品的物流损耗相对就非常小，因而在物流损耗概念下可以认为 $\tau_A \geqslant \tau_M$。③至于制度成本则需要根据具体情况进行分析，例如政府以统一价格收购粮食则可以认为在农村地区不存在农产品的交易成本[①]；又如“家电下乡”则降低了工业品的交易成本；而针对农产品运输所开通的“绿色通道”则降低了农产品的交易成本。

模型并未分析城镇的土地规模，而且考虑到在城镇内部不同区位并不存在明显的交易成本差别[②]，从而把城镇简化为一个点。

（三）农业部门

由于假设农业部门生产同质产品，因而可以把农产品在城镇的销售价格作为计价标准，即设 $p_A(0) = 1$。从而有 $p_A(r) = e^{-\tau_A r}$（4.8）[③]。

用 $x_A(r)$ 表示 r 地区的农产品产量，由于农业生产受限于土地，增加劳动力投入会提高农产品产量，但却会降低人均产量，也就是说，农业生产遵循边际生产力递减原则：$\frac{dx_A(r)}{dL(r)} > 0$, $\frac{d\left(\frac{x_A(r)}{L(r)}\right)}{dL(r)} < 0$ 。从而假设 $x_A(r) = a_A L^{\alpha}(r)$ ，这里，$\alpha \in [0, 1]$ 为农业生产的规模弹性，代表农业生产的规模化程度，α 的数值越大，则农业生产的规

---

① 并不意味着可以简单地认为 $\tau_A = 0$，这是由于粮食的收购价和销售价存在明显的差异。

② 这是很明显的，城乡之间工农业品销售通常不存在定点供应，因此，在一般情况下，城镇内部区位与产品价格之间不存在必然的联系。

③ 农村地区的农产品生产量都超出了自己的消费量，因此 r 地区实际上并不存在农产品交易，此处的农产品价格实际上指的是其“价值”。

模化程度越高①；$\alpha=0$ 意味着农产品产量完全由土地面积所决定，与投入的劳动力数量无关；$\alpha\to1$ 意味着农产品产量完全由劳动力数量决定，从而农业生产规模收益不变；α 很大的情况出现在耕地多农业劳动力少的国家，例如美国，而 α 较小的情况出现在耕地少而农民多的国家，比如我国。a_A 为农业技术参数②，代表除了劳动投入以及农业规模经营程度以外的所有影响农产品产量的因素，包括农业生产的技术水平等。回顾第一节提到的传统模型存在的问题，这里对于农业生产函数的处理就考虑到了我国的实际。在地少人多的情况下，劳动力数量的增加无法提高耕地规模，只有追加投入到现有的土地上以提高农产品产量。但是由于受到了土地的限制，提高的农产品产量有限，因此农业生产只能遵循边际生产力递减原则。同时，这样还解决了地租及其所有者的问题，在这个分析框架里并不存在地租及其所有者，耕地所有的产出都归属于在这块耕地上付出劳动的农民。

农产品的售价等于所投入劳动力的总收入，即 $p_A(r)x_A(r)=w(r)L(r)$，这就可以得到农民的名义收入水平：$w(r)=a_Ae^{-\tau_A r}L^{\alpha-1}(r)$ (4.9)

（四）工业部门

工业部门为 D-S 垄断竞争的市场结构，假定不存在企业之间的共谋以及范围经济，由于具有规模报酬递增技术，故而一种产品只由一个企业生产。假定每一个企业使用 F 单位劳动力作为固定投入；每单位产出需要 a_M 单位的劳动力（可变成本）。所有企业都具有相

---

① 这个结论很明显。假设位于 r 地区附近的两块耕地，分散经营时分别投入劳动力约为 $L(r)$ 并获得产出 $L^{\alpha}(r)$；如果进行规模经营，假设此时的规模弹性为 α'，那么，如果投入同样多的劳动力获得的产出不会少于分散经营时，也就是 $[2L(r)]^{\alpha'}\geq 2L^{\alpha}(r)$，从而可以判断 $\alpha'>\alpha$。

② a_A 的数值受到人口的量纲影响——如果保持农产品产量的单位不变，人口的单位越大，则 a_A 的数值也越大。例如，设 $\alpha=0.5$，如果人口的单位为百时 $a_A=1$，那么当人口单位调整为万人时 $a_A=10$。同理，受到人口量纲影响的参数还有 a_M、F。

同的规模报酬递增生产技术，用 x_M 表示单个企业的产出量，那么成本函数可以表示为：$w_M(0)(F+a_Mx_M)$。从而企业的利润函数为：$\pi = p(0)x_M - w_M(0)(F+a_Mx_M)$。假设产品种类的数量充分多，从而可以得到，企业的最优定价为：

$$p(0)=\frac{w_M(0)a_M}{1-\frac{1}{\sigma}} \tag{4.10}$$

推导过程参考附录 4. B。假设企业进出市场无限制，因此超额利润为零。从而可以得到企业的产量：$x_M=\frac{(\sigma-1)F}{a_M}$，每个企业使用劳动力数量为 $F\sigma$，以及工业品的种类数：

$$n=\frac{L_M}{F\sigma} \tag{4.11}$$

（五）市场出清

模型中不存在储蓄和税收，因此所有劳动者的收入就等于消费总支出，其中，农产品出清的条件为 $(1-\mu)w_M(0)L_0=2\mu\int_0^f w(r)L(r)dr$，也就是：

$$w_M(0)=\frac{2\mu a_A\int_0^f L^{\alpha}(r)e^{-\tau_A r}dr}{(1-\mu)L_0} \tag{4.12}$$

由于只有农产品和工业品两个市场，因此，农产品市场出清也就意味着工业品市场也出清了。

（六）居民实际福利水平

把上述一些结论代入式（4.5），可以得到：

$$V_M(0)=\mu\ln\mu+(1-\mu)\ln(1-\mu)+\ln w_M(0)-\mu\ln P_M(0)\ ;$$
$$V(r)=\mu\ln\mu+(1-\mu)\ln(1-\mu)+\ln a_A-(1-\alpha)\ln L(r)-\mu\ln P_M(r)-\mu\tau_A r \tag{4.13}$$

二、均衡分析

劳动力的空间流动（农民进城务工）由实际福利水平的差异所决定。因此，劳动力的空间布局达到均衡的条件为：$V(r) = V_M(0)$。根据式（4.13），可以得到：$V_M(0) - V(r) = (1-\alpha)\ln L(r) - \ln a_A + \ln w_M(0) + \mu(\tau_A + \tau_M)r$ （4.14）

用上标“＊”号表示均衡时各变量的状态，从而有：

$$L^*(r) = \left(\frac{w_M^*(0)}{a_A}\right)^{\frac{1}{\alpha-1}} e^{-\beta r}, \beta = \frac{\mu(\tau_A + \tau_M)}{1-\alpha} \tag{4.15}$$

将式（4.15）代入式（4.1）人口条件，可以得到

$$L = L_0^* + g(a_A)^{\frac{1}{1-\alpha}}(w_M^*(0))^{\frac{1}{\alpha-1}}, g = 2\int_0^f e^{-\beta r}dr \tag{4.16}$$

将式（4.15）代入式（4.11），可以得到

$$L_0^* = h(a_A)^{\frac{1}{1-\alpha}}(w_M^*(0))^{\frac{1}{\alpha-1}}, h = \frac{2\mu}{1-\mu}\int_0^f e^{-(\tau_A+\alpha\beta)r}dr \tag{4.17}$$

用 $s_L(r) = \dfrac{L(r)}{L}$ 表示 r 地区的农村人口占总人口的份额，而城镇的人口份额（即城镇化率）用 s_{L0} 表示。联合式（4.16）和（4.17），可以得到：

$$s_{L0}^* = \frac{h}{h+g} \tag{4.18}$$

三、城镇化率及其影响因素

（一）城镇化率

根据式（4.18）可知，$s_{L0}^* = s_{L0}^*(\mu, \tau_A, \tau_M, \alpha, f)$ （4.19）

结论1　城镇化率受城乡居民的消费结构、工业品和农业品的交易成本、农业生产的规模化程度以及耕地规模的影响，与工农业的技术水平以及单个企业的规模无关。

（二）城镇化的影响因素

对 s_{L0}^* 求导可以得到：$\frac{\partial s_{L0}^*}{\partial \mu} > 0$，$\frac{\partial s_{L0}^*}{\partial \tau_M} > 0$，$\frac{\partial s_{L0}^*}{\partial \tau_A} < 0$ 以及

$$\frac{\partial s_{L0}^*}{\partial f} < 0 \Leftrightarrow \frac{\partial s_{L0}^*}{\partial \alpha} > 0 \Leftrightarrow \mu < \frac{\tau_A}{\tau_A + \tau_M} \tag{4.20}$$

结论2　提高农产品的交易成本会降低城镇化率；而提高居民的消费结构中工业品所占的比重或提高工业品的交易成本则会提高城镇化率。如果居民的消费结构中工业品所占的比重比较低，那么农业生产的规模化程度越高或耕地规模越小则均衡城镇化率越高；反之亦然。

农产品交易成本的降低减少了农产品的损耗量，这无异于增加了农产品的产量，从而满足消费者对于农产品的消费所需要的农业劳动力也就减少了，工业品交易成本的情况则与农产品交易成本的情况相反；耕地规模的扩大，一方面提高了对于农业劳动力的需求，另一方面也增加了对于工业品的需求，因此，对于城镇化率的影响需要看居民的消费结构以及工农业品的交易成本，如果居民对于工业品的偏好程度足够高，那么耕地规模的增加就会提高城镇化率；农业生产规模化程度与耕地规模正好相反，这是由于农业生产规模化程度提高正意味着对于耕地的节约。此外，还存在一些特例，可以有助于判断城镇化率所受到的影响。

1. 如果考虑政府以统一价收购粮食并以相同价格（或小幅提价）在城镇销售，那么可以认为 τ_A 很小，从而 $\frac{\partial s_{L0}^*}{\partial f} > 0$、$\frac{\partial s_{L0}^*}{\partial \alpha} < 0$，也就是说，农业生产规模化程度的降低或耕地规模的提高会提高城镇化率。

2. 如果考虑到一些农产品（如蔬菜、水果等）存在大量的物流损耗，而工业品的物流损耗比较小，那么可以认为 $\tau_A \geqslant \tau_M$，从而 $\frac{\partial s_{L0}^*}{\partial f} < 0$、$\frac{\partial s_{L0}^*}{\partial \alpha} > 0$，农业生产规模化程度的提高或耕地规模的减少则

会提高城镇化率。

3. 如果在运输成本的概念下，我们可以近似的认为工农产品的交易成本相等，设 $\tau_A = \tau_M = \tau$，从而 $\frac{\partial s_{L0}^*}{\partial \tau} > 0 \Leftrightarrow \frac{\partial s_{L0}^*}{\partial f} > 0 \Leftrightarrow \frac{\partial s_{L0}^*}{\partial \alpha} < 0 \Leftrightarrow \mu > \frac{1}{2}$，此时，如果居民对于工业品的支出超过了农业品，那么运输成本越高、耕地规模越大、农业生产的规模化程度越低则城镇化率越高；反之亦然。

4. 如果考虑极端的情况，当城乡之间不存在交易成本，也就是 $\tau_A = \tau_M = 0$ 时，$s_{L0}^* = \mu$，此时，农业生产的规模化程度、耕地规模对于城镇化率不产生影响了。换句话说，随着城乡之间贸易开放程度的提高，居民的消费结构的变化对于城镇化率的影响越来越大，其他因素的影响则越来越小。

4.3 开放经济中的工业化与城市化

一些国家的城市化与工业化的时序关系即城市化是超前、同步或者滞后于工业化，与该国的对外贸易关系以及劳动力供求状况存在明显的关联关系。而钱纳里（1975）① 通过对大量统计数据的观察发现，就业结构与城市化表现出惊人的相似性。指出：在一个连续均衡的国民经济中，城市化可能表现为因果链条上的各类事件的最后结果，以导致工业化的贸易和需求的变化为开端，以农村劳动力向城市就业的平缓移动为结果。同时他还指出有些国家或者地区工业化的超前和滞后，在很大程度上与生产及贸易格局有关。

工业化就是工业部门发展和劳动力从农业向工业部门的转移过程，城市化则是农村劳动力及家庭向城市转移的过程。刘易斯（1954）首先建立了农业剩余劳动力转移模型，对发展中国家城乡劳

① 参见钱纳里等．发展的格局．中国财政经济出版社，1989 年第 56 页

动力流动即城市化与工业化作出了有力的解释［戴维－兰迪斯认为，刘易斯的劳动力无限供给模型经过修改可以应用于18世纪的英国，参见戴维－兰迪斯《剑桥欧洲经济史》（第六卷），中国人民大学出版社，2008］。刘易斯将经济部门分成农业部门和现代工业部门，初始条件下，农村存在无限的劳动力供给，农村的劳动边际生产率为零，城市工业部门能够以略高于传统农业部门的固定工资率雇佣其所需要的劳动力到城市工业部门，现代部门通过利润不断再投资，城市工业部门将会吸收越来越多的农业人口，当农业部门的剩余劳动力全部被城市工业部门吸收后，现代工业部门所面对的劳动力供给曲线由水平直线变为具有正斜率的曲线了，农村与城市的差距缩小。在这个循环过程中，工业化和城市化同时进行，随后一些学者如拉尼斯、费景汉，1961；托达罗，1969；乔根森，1967；Jacob Mincer，1974；Gary S. Becker，1975；Stark，1991等提出的新劳动力迁移理论对刘易斯模型进行了修正和补充。福济塔和克鲁格曼（1995）以报酬递增和不完全竞争理论假设为基础，通过建立一个正式的空间经济模型，对制造业企业和劳动力向城市聚集即城市化和工业化的机制进行了解释。假定有一定数量的同质的劳动人口，每个劳动人口消费一个同质的农产品和多个不同质的工业品。规模经济使每个企业使用一个劳动投入，生产一个能获得垄断价格的差异化的工业品。在这样的背景下，因为运输成本减少，与分散在不同地区相比，大量企业集中在一个城市生产的工业品，能够被集中的劳动人口廉价地购买。而在名义工资给定的情况下，因为多样化偏好，在城市里的劳动者的实际收入将提高，这将诱导劳动者向城市迁移，而作为消费者的城市劳动者增加将导致更多的工业品需求，进而导致更多的制造业形成和吸引更多的劳动力聚集，累积因果将导致工业化与城市化不断地同步提升。

以上理论对工业化和城市化理论作出了有力的解释，但是刘易斯的劳动力模型没有考虑来自工业品市场需求的约束。这些模型大都将劳动力从农业部门转向工业部门同农村人口转向城市即城市化和工业化视为一体和同步的。更为重要的是：这些模型都是基于封闭经济体系条件下的模型分析，没有考虑外部需求和投资的影响。尽管新经济地理理论将贸易、增长和区域发展三位一体。

事实上，无论是工业化还是城市化都是有条件的。工业化顺利一方面需要生产产品和提供服务的生产要素，另一方面需要消费产品和服务的市场；城市一方面需要提供劳动人口的就业机会，另一方面需要支付城市生活成本的收入。如果在一国封闭市场经济体系下，城镇化与工业化两者必须互相配合和同步进行：一方面，工业化需要城市化，如果城市化跟不上工业化的步伐，由工业化生产的产品将没有市场，最终导致工业化停滞；另一方面，城市化也需要工业化，如果城市化超前于工业化，没有足够的就业机会，人口即便聚集在城市里，也无法很好地生活。但是在劳动力不能在国家间自由流动的开放市场经济体系下，一国工业化和城镇化的条件是：本国劳动力要素、国际资本要素、国际商品市场。一国国内劳动力状况以及对外关系的状况，决定该国工业化与城市化联动关系的性质即城市化滞后、同步或超前于工业化。

在以下部分，我们首先试图在刘易斯、克鲁格曼等的模型基础上进行分析加工：第一，将劳动力的空间转移和就业转移区别开来；第二，引入需求因素；第三，加入对外贸易和投资变量，从而构建一个新的劳动力转移模型。在此基础上，建立城市化与工业化比率的计量模型，利用各国相关历史数据，对城市化与工业化和经济发展关系的对外经济关系进行检验。最后得出结论，并给出政策含义。

一、假设与微观主体行为

（一）模型基本假设

理论模型假定为“2×2×3”模型，即两个国家、两部门和三要素模型。两个国家为本国（H国）和外国（F国）、两部门为农业部门和工业部门、三种要素为农民、工人以及资本。农业部门为CRS（规模报酬不变）部门，生产中使用农民生产农产品，农产品市场为完全竞争市场；工业部门为IRS（规模报酬递增）部门，生产中使用工人和资本生产工业品，工业品市场为垄断竞争市场。假定两国初始的要素禀赋完全相同，资本由一国所有的劳动力共同拥有。开放经济中两国之间进行贸易，假定两国为自由贸易。

在要素流动方面，农民和工人可以在本国农业部门和工业部门之间流动，但是不可以跨国流动。与以往的研究不同，我们假设农民可以转变成农民工。进一步地，如果其工资水平达到工人工资水平时，则转变为工人。与 Lewis（1954）相似，我们假定两国在初始阶段有大量的农村剩余劳动力，从而农业部门的工资水平相对较低，即 $w_A < w$。

（二）消费者行为

假定单个消费者对农产品的有效需求量为 z（常数），实际消费量为 C_A。农产品给消费者带来的效用 $U_A = \min\{z, C_A\}$，即多余的农产品消费并不会改变消费者的效用。消费者具有相同形式的效用函数，上层效用函数为拟线性效用函数，下层效用函数为工业品组合的 CES 效用函数：

$$U = \min\{z, C_A\} + \alpha \ln C_M \text{ , } C_M = [\int_0^{N^W} c_i^{(\sigma-1)/\sigma} di]^{\sigma/(\sigma-1)} \tag{4.21}$$

其中，U 表示代表性消费者的效用函数，α 为常数，C_M 为消费者对工业品组合的需求量，ρ 为代表性消费者对第 a_D 种工业品的需求量，N^W 为两国工业品种类数之和，$\sigma > 1$ 为不同工业品的替代弹性。

对于理性的消费者而言，农产品的消费数量始终为有效需求量 c，即总会保证 $C_A = z$。假定代表性消费者将所有的收入 y 全部用于消费，不存在储蓄漏出。单位化农产品的价格后，得到消费者的预算约束函数：

$$z + PC_M = y \text{ , } P = [\int_0^{n^w} p_i^{1-\sigma} d_i]^{1/(1-\sigma)} \tag{4.22}$$

P 为工业品组合的价格指数，在预算约束（4.22）式下，最优化消费者效应函数，我们可以得到代表性消费者对农产品以及工业品组合的需求函数：

$$C_A = z\ ,\ C_M = (y - z)/P\ ,\ c_i = (y - z)p_i^{-\sigma}P^{\sigma-1} \tag{4.23}$$

（三）生产者行为

1. 农业部门

假定两国可采用的农业生产技术水平相同，生产单位农产品需要投入 a_A 单位的农民。在某国完成工业化之前，农业部门有大量的富余农业劳动力（农民）。为了不让本国的农民存在显性失业，该国不得不使用相对较低的农业生产技术。假定 H 国生产中实际使用农民数量为 L_A，有效农民数量为 L_{AE}，工业使用的农民工人数为 m。则农业生产中有效农民比重 $\theta = L_{AE}/(L_A + m)$。对应地，H 国生产单位农产品需要投入 a_A/θ，F 国生产单位农产品需要投入 a_A/θ^*。如果假定农业生产部门规模报酬不变，则两个国家农业部门的生产成本函数分别为：

$$C_A = a_A w_A x_A/\theta\ ,\ C_A^* = a_A w_A^* x_A^*/\theta^* \tag{4.24}$$

其中，w_A 和 w_A^* 分别为 H 国和 F 国农民的工资收入；x_A 和 x_A^* 分别为 H 国和 F 国农业部门的产量。由于农业部门是规模报酬不变的部门，从而两国农产品的价格与边际成本相等，即始终有：$p_A = a_A w_A/\theta$，$p_A^* = a_A w_A^*/\theta^*$。

当两国存在贸易时，按照上文假定，农产品在两国之间贸易不存在贸易成本，两国农产品价格相等，即 $w_A/\theta = w_A^*/\theta^*$。在不失一般性的情况下，我们可以得出单位化农产品的边际投入量 a_A 以及农产品的价格，则 H 国农业部门的工资水平为 $w_A = \theta$，F 国农业部门的工资水平为 $w_A^* = \theta^*$。如果所有的剩余农民都已经转变工人，则农业部门和工业部门都充分使用了劳动力，两部门的工资水平相等，二元经济消失。在未出现“刘易斯第二拐点”之前，H 国内部始终有 $w_A = \theta w_M$，F 国内部始终有 $w_A^* = \theta^* w_M^*$。两国工业化完成时，$\theta = \theta^* = 1$，从而 $w_M = w_M^*$。换句话说，两国工人的工资水平是始终相等。

2. 工业部门

不同于农业部门，两国工业部门都是规模报酬递增的部门，生产过程中使用单位资本作为固定投入。假定初始时期两国的生产技术相同，边际投入为 a。因此，单个企业的成本函数为：

$$TC(x_i) = r + awx_i \tag{4.25}$$

其中，r 是资本的收益，w 为工业企业支付工人的平均工资。①最优化企业的利润函数，得到工业产品的价格：

$$p_i = \frac{\sigma}{\sigma - 1}aw \tag{4.26}$$

均衡时，企业获得零利润，则单个企业的产量为：

$$x_i = (\sigma - 1)R/a \tag{4.27}$$

其中，R 为一国资本与劳动力价格的比值。由（4.27）式可知，单个企业对劳动力的需求数量 $l_M = (\sigma - 1)R$。当一国资本总数为 K 时，该国劳动力的总量为 $L_M = (\sigma - 1)KR$。

（四）农民工的工资水平

我们假定一国农民的初始禀赋（如生产技术水平、对城市的熟悉度）存在差异，不妨对农民工的初始禀赋进行降序排列，编号为 1 到 k。在工业化第一阶段（“刘易斯第一拐点”出现前），由于大量富余农民存在，一国仅需支付略高于农民的工资水平就可以吸引到所需要的劳动力。因为市场上有大量的富余劳动力，此时初始禀赋最高的农民工并没有议价能力。因此，我们会发现农民工的工资水平基本维持不变。在出现“刘易斯第一拐点”之后进入工业化第二阶段，此时所有富余的农民都已经转变成农民工，农民工的工资水平逐步提升。由于农民工的数量不会再增加，劳动力市场对农民工的需求只会增加本国农民工工资的水平。与第一阶段不同，一些初始要素较高的农民工此时可以获得更高的收入。随着工业部门对劳动力的需求进一步增加，初始禀赋较高的农民工工资水平逐步与本国工人的工资水平持平，从而成为工人。当所有农民工都转变为

---

① 需要注意的是，工业企业生产中由于使用了农民工，因此其生产中所使用的平均工资水平是低于工人工资水平的，即 $w < w_M$。

产业工人时，本国工业化完成，出现了“刘易斯第二拐点”。在此之后，如果本国工业部门对工业劳动力有更多的需求，则该国工资水平将不断提高。

假定H国的工人占全部劳动力的比重为κ，由于$\theta(1-\kappa)L=zL$，可以得到某一时期有效农民的比重$\theta=z/(1-\kappa)$。如果初始阶段H国的工人占全部劳动力的比重为κ_0，则H国初始阶段农民的比重$\theta_0=z/(1-\kappa_0)$。在工业化第一阶段（即出现“刘易斯第一拐点”之前），工业企业使用农民（农民工）仅需支付相对较低的工资w_F，农民工工资水平介于农民和工人工资之间，即$w_F\in(w_A, w_M)$。不妨设定$w_F=w_A+\varepsilon$，其中$\varepsilon\to 0$。H国工业部门所需劳动力数量为$L_M=\kappa L=(\sigma-1)KR$，这些工业劳动力中部分工人是初始的工人，剩余部分是新加入的农民工。因此，在第一阶段的某个特定时点，一国农民工的数量$m=L_M-L_{M0}=(\kappa-\kappa_0)L$。在工业化第一阶段，没有农民工会转变为工人，农业部门始终存在剩余劳动力，因此θ_0没有发生变化。对应的，如果在某时点该国使用农民工人数为m，则该国工业部门支付劳动力总成本：

$$L_M w = m w_F + \kappa_0 L w_M \tag{4.28}$$

但是在工业化第二阶段，本国所有的富余农民转变成工人，从而使本国工人工资水平发生了变化。不妨对农民工的初始禀赋进行升序排列，编号为1到k。第二阶段初始时期工人与农民的工资差额为$T_0=(1-\theta_0)w_M$，劳动力市场上农民工的数量$k_0=L(1-\kappa_0)(1-\theta_0)$。进入第二阶段后，本国的农民工可以根据自己的初始禀赋提出提高工资水平。工人与农民工之间的工资差距随着部分农民工转变为工人而得到提高，差距$T=(1-\theta)w_M$。如果农民工的禀赋差异在（0，T）间服从均匀分布，在$\theta\in(0, 1)$时第h个农民工的工资水平$w_m=\theta+hw_M/m$。从而，该国工业部门支付平均劳动力成本变为：

$$L_M w = [m(m+1)z/2(1-\kappa_0-k_0+m)+(\kappa_0+k_0-m)]w_M \tag{4.29}$$

（五）产品市场的均衡

1. 农产品市场均衡

两国农产品的生产规模报酬不变，初始阶段都具有富余的农业劳动力。如果以现有的技术不足以满足本国消费者对农产品的需求，则本国会提高农业生产的技术，减少农业部门使用农民的数量。因此，两国的农产品都会自给自足，对应的我们始终有：

$$zL=\theta L_A \quad, zL^* = \theta^* L_A^* \tag{4.30}$$

2. 工业品市场均衡

产品 i 的需求量 $d_i = Ep_i^{-\sigma}P^{\sigma-1}+E^*(\tau p_i)^{-\sigma}(P^*)^{\sigma-1}$，供给量 $x_i=(\sigma-1)f/a$。E 为本国全体工业品支出，在本国居民总收入的基础上减去农产品消费支出。对应的，H 国工业品支出额为 $E=L_M w+Kr+H$，F 国工业品支出额为 $E^*=L_M^* w^*+Kr^*$。其中 $H=(1-L_M)\theta-zL$ 为 H 国农业收入扣除农产品消费支出；$H^*=(L-L_M^*)\theta^*-zL$ 为 F 国农业收入扣除农产品消费支出。进一步的，我们可以得到产品市场供求均衡时始终有：

$$\begin{cases}\sigma r = \dfrac{E}{K+\varphi KW}+\varphi\dfrac{E^*}{KW+\varphi K}\\[2ex] \sigma r^* = \dfrac{E^* W}{KW+\varphi K}+\varphi\dfrac{EW}{K+\varphi KW}\end{cases} \tag{4.31}$$

其中，N 和 N^* 分别为两国实际使用的资本数量，$W=(w^*/w)^{(1-\sigma)}$。

3. 工业品的国际贸易

从（4.31）式中我们还可以得到两国之间的工业品进口贸易额、出口贸易额以及净出口贸易额。对应的，H 国的工业品进口贸易额 IM、出口贸易额 EX 以及净出口贸易额分别为：

$$IM = \frac{\varphi EW}{1+\varphi W}, EX = \frac{\varphi E^*}{W+\varphi}, NEX = \varphi\left(\frac{E^*}{W+\varphi}-\frac{EW}{1+\varphi W}\right) \tag{4.32}$$

进一步简化，

$$NE = -\frac{\{[L_M w + (L_A \theta w - zL)](W^2 + \varphi) - [L_M^* w^* + L_A^* \theta^* w^* - zL](1 + \varphi)\}\sigma\varphi}{\sigma\varphi W^2 + [(1 + \sigma)\varphi^2 + (\sigma - 1)]W + \sigma\varphi} \tag{4.33}$$

二、工业化、滞后城市化与贸易失衡

（一）F 国工业化阶段

不妨假设 F 国将率先进行工业化。在 F 国刚开始进行工业化时，H 国仍然处于农业经济社会。从而，H 国的劳动力总收入减去农产品支出 $L_M w + L_A \theta_0 - zL$ 保持不变。在 F 国工业化第一阶段，在 $\varepsilon \to 0$ 时，F 国的劳动力总收入减去农产品支出 $L_M^* w^* + L_A^* \theta_0^* - zL$ 也保持不变。由于 $W > 1$，我们不难发现 $NEX < 0$。从而在（14）式中，我们还可以发现仅有 W 与 m^* 相关。根据（8）式、（14）式以及 $W = (w^*/w)^{(1-\sigma)}$，我们可以得到 $\partial W/\partial w^* < 0$，$\partial NEX/\partial W < 0$，$\partial w/\partial m^* < 0$。因此，在 F 国工业化第一阶段始终有 $\partial NEX/\partial m^* < 0$。换句话说，F 国在工业化第一阶段随着农民工的增加本国出现贸易顺差，并且 F 国相对 H 国的贸易顺差额不断地增加。

那么，F 国的工业化第一阶段是否可持续呢？换句话说，F 国在工业化第一阶段时 H 国是否可能实现工业化？在 H 国资本与劳动力收益比保持不变的情况下，我们发现 $\partial R^*/\partial m^* > 0$。换句话说，此时 F 国对农民工的需求数量实际上是要超过该国实际农民工的供给数量，从而这一过程具有可持续性。

（二）F 国工业化第二阶段

在越过“刘易斯第一拐点”之后，F 国没有富余的农民可以转变成农民工。此时对工业劳动力需求的增加将会促进农民工工资水平的提升，出现部分农民工的工资水平与本国的工人工资水平相等的情形，这部分农民工就很自然地成为产业工人。假定在第二阶段的某一时刻有 m^* 个农民工，则这一阶段转变为产业工人的农民数量

为 $k_0 - m^*$。如果第 g^* 个农民工的工资水平：

$$w_{Fg}^* = w_M^*(1 - \frac{g}{m^* + zL}) \quad (4.34)$$

其中，$g = 1 \cdots m$。此时，工业部门的平均工资水平：

$$L_M w^* = \kappa_0 L + k_0 - \frac{m^*(m^* + 1)}{2(m^* + zL)} \quad (4.35)$$

从（16）可知，$\partial w^* / \partial m^* > 0$，这就表明如果农民工数量减少（更多农民工转变为工人）时，工业部门的平均工资水平将更高。仍然假定这一时期 H 国没有增加工人使用数量，由前文可知$\partial(L_M^* w^* + L_A^* \theta^* - zL) / \partial m^* > 0$，$\partial NEX / \partial(L_M^* w^* + L_A^* \theta^* - zL) > 0$，$\partial NEX / \partial W < 0$，$\partial W / \partial w^* < 0$，$\partial w^* / \partial m^* > 0$，从而在 F 国工业化第二阶段始终有$\partial NEX / m^* > 0$。换句话说，随着 F 国的农民工不断地转变成工人，F 国出口贸易顺差额逐步减少。特别是，在 $W = 1$ 时 $NEX > 0$，这就表明在 F 国的农民工不断地转变成工人时 F 国由贸易顺差逐步转变为贸易逆差。

那么，F 国的第二阶段工业化是否可以持续呢？在 F 国工业化第二阶段，F 国工业部门的劳动力数量不会再增加，即 R^* 保持恒定。在这种情况下，F 国继续工业化只会带来本国工业部门使用劳动力成本逐步上升和本国资本收益的逐步降低。与此同时，H 国的资本收益也会出现增加，如果本国进入工业化第一阶段本国的工资水平也会下降，从而 R 值不断地下降。如果 R 值下降到与两国初始阶段相等时，则 H 国会进入工业化第一阶段。我们会发现，在 F 国工业化第二阶段，R 值可以与初始值持平。在该点出现时，H 国开始第一阶段的工业，F 国继续第二阶段的工业化。同时，在该点 $NEX = 0$，两国收支均衡。随后，F 国的第二阶段工业化将会停止。如果 F 国继续要求工业化，将引起失业。

（三）H 国的工业化

当 F 国完成工业化之后，H 国开始进入工业化第一阶段，F 国的劳动力总收入减去农产品支出 $Lw - zL$ 保持不变。在 H 国工业化第一阶段，在 $\varepsilon \to 0$ 时，H 国的劳动力总收入减去农产品支出 $L_M w + L_A \theta - zL$ 也保持不变。根据（8）式、（14）式以及 $W = (w^*/w)^{(1-\sigma)}$，我们可以得到 $\partial W/\partial w > 0$，$\partial NEX/\partial W < 0$，$\partial w/\partial m^* < 0$。因此，在 F 国工业化第一阶段始终有 $\partial NEX/\partial m > 0$。换句话说，在工业化第一阶段 H 国相对 F 国的贸易顺差额不断地增加。

在 H 国完成工业化第一阶段之后，H 国继续增加工人的使用会逐步提高农民工的工资水平，部分农民工工资达到本国工人的工资水平。当 F 国的劳动力总收入减去农产品支出 $L^* w^* - zL$ 保持不变，H 国的劳动力总收入减去农产品支出随 m 发生改变。根据（14）式、（16）式以及 $\partial NEX/\partial W < 0$、$\partial W/\partial w > 0$ 和 $\partial w/\partial m > 0$，我们可以得到在 H 国工业化第二阶段 $\partial NEX/m > 0$。换句话说，随着 H 国的农民工不断地转变成工人，H 国出口贸易顺差额也逐步减少。特别是，在 H 国第二阶段工业化进展到与 F 国水平相同时，$NEX = 0$，两国贸易收支再次平衡。除非两国同步推进工业化，否则超前工业国的国家将会出现失业现象。

从前文的分析中，我们不难发现：在一国城市化滞后于工业化的过程中，滞后城市化在出现“刘易斯第一拐点”之前总是加剧的，并且此时将出现贸易顺差。滞后城市化越严重，本国的贸易顺差越大。这种贸易顺差的出现主要源于本国的生产能力超过本国的支出能力，本国必须要寻求国外市场处理生产能力的过剩。但是在越过“刘易斯第一拐点”之后，本国的滞后城市化会逐步减弱，本国的贸易顺差额也将逐步减少。随着城市化逐步赶上工业化，这种贸易差额将越少。甚至对于先发国家而言，在城市化追赶工业化阶段的后期可能因本国的支付能力增加过快而需要大量进口产品。在两国都进入第二阶段工业化之后，当两国工业化水平相同时，两国的贸易收支将再次平衡。此时任何一个国家超前的工业化都会引起本国的贸易出现逆差，并且伴随着失业。

4.4 小结

本章致力于以新经济地理学视角对新型城镇化进行理论探讨。新经济地理学理论以厂商的规模收益递增技术和不完全竞争的市场结构为基础，强调市场机制推动产生经济集聚。本章首先探讨了新型城镇化的经济学含义，新型城镇化区别于传统的城镇化，就在于新型城镇化与规模经济、集聚经济和创新经济之间都有着重要的关联。接下来构建了两个理论模型，分别探讨我国城镇化和城乡结构的关联以及开放经济下工业化与城市化的关系。

城乡结构的理论模型最早可以上溯到杜能在十九世纪早期所建立的一个模型。新经济地理学把杜能模型所描述的城乡结构进行化简，并与新经济地理学的理论分析框架相结合。藤田和克鲁格曼进行了这一领域的开创性研究。本章第三节依旧沿用藤田和克鲁格曼模型的基本框架，并根据我国实际情况调整部分设定，构建了一个适用于分析我国城镇化和城乡结构的新的理论模型。通过理论分析，我们可以认为：①城镇化率受到居民消费结构、产品的交易成本、农业生产的规模化程度以及耕地规模的影响，与工农业的技术水平以及单个企业的规模无关；②提高农产品的交易成本会降低城镇化率；③提高居民的消费结构中工业品所占的比重或提高工业品的交易成本则会提高城镇化率；④如果在居民的消费结构中工业品所占的比重比较低，那么农业生产的规模化程度越高或耕地规模越小则均衡城镇化率越高，反之亦然。

通过对英国、美国、日本和巴西等国经验的总结，可以发现：①城市化滞后于工业化的国家具有出口导向型经济特征；②城市化与工业化同步的国家，其对外经济关系表现为进出口均衡；③城市化超前于工业化的一些国家具有出口初级产品和进口制成品的经济特征。此外，一些国家的城市化与工业化的时序关系即城市化是超前、同步或者滞后于工业化，与该国的对外贸易关系以及劳动力供求状况存在明显的关联。而钱纳里通过对大量统计数据的观察发现，就业结构与城市化表现出惊人的相似性。刘易斯首先提出的系统的二元经济理论，构建了农村向城市无限供给劳动力的城市化理论模型，对发展中国家城乡劳动力流动即城市化与工业化作出了有力的解释。随后，一些学者对刘易斯模型进行了修正和补充。藤田和克鲁格曼以报酬递增和不完全竞争理论假设为基础，通过建立一个正式的空间经济模型，对制造业企业和劳动力向城市聚集即城市化和工业化的机制进行了解释。虽然这些理论对工业化和城市化理论作出了有力的解释，但是刘易斯模型中的劳动力流动并未考虑来自工业品市场需求的约束。这些模型大都将劳动力从农业部门转向工业部门同农村人口转向城市即城市化和工业化视为一体和同步的。更为重要的是，尽管新经济地理理论将贸易、增长和区域发展三位一体，但是这些模型都是基于封闭经济体系条件下的模型分析，并未考虑外部需求和投资的影响。因此，本章第二节在刘易斯、克鲁格曼等的模型基础上，通过①将劳动力的空间转移和就业转移区别开来，②引入需求因素，③加入对外贸易和投资变量，从而构建一个新的劳动力转移模型。通过理论分析，我们得到了以下结论：①在一国城市化滞后工业化的过程中，滞后城市化在出现“刘易斯第一拐点”之前总是加剧的，并且此时将出现贸易顺差，滞后城市化越严重，本国的贸易顺差越多，这种贸易顺差的出现主要源于本国的生产能力超过本国的支出能力，本国必须要寻求国外市场处理生产能力的过剩；②但是在越过“刘易斯第一拐点”之后，本国的滞后城市化会逐步减弱，本国的贸易顺差额也将逐步减少。随着城市化逐步赶上工业化，这种贸易差额将越少。甚至对于先发国家而言，在城市化追赶工业化阶段的后期可能因本国的支付能力增加过快而需要大量进口产品。③在两国都进入第二阶段工业化之后，当两国工业化水平相同时，两国的贸易收支将再次平衡。此时任何一个国家超前的工业化都会引起本国的贸易出现逆差，并且伴随着失业。

第五章　开放经济下城镇化与工业化关系的实证分析(计量检验)

在本书的第四章第三节中我们分析了开放经济下的工业化与城市化的关系，通过构建开放体系下的劳动力流动模型，得到了如下理论假说：在开放经济体系下，如果一国存在大量剩余农村劳动力，该国总是会面临着滞后城市化。外部需求（国际贸易顺差）是引起滞后城市化的根本原因，并且与滞后城市化成同方向的变动。尽管从历史的回顾中我们可以看到，这种理论假说在现实中是普遍存在的。但是，在规范的经济学研究中，我们还需要对所提出的理论假说进行经验检验。本章将使用 1990—2010 年期间全球 51 个未完成工业化的代表性国家的面板数据，对外部需求与滞后城市化相互之间的关系进行计量检验。本章主要内容包括：计量模型的设定、面板数据的单位根检验、计量结果估计以及计量结果说明。

5.1　开放经济下城镇化与工业化：部分国家的经济史考察

在开放经济体系下，一国城镇化与工业化的联动关系与该国对外贸易关系相关，这仅仅是中国个案，还是一个一般命题？回答这个问题有必要回顾和梳理自英国工业革命以来，相关国家在工业化和城市化过程中，两者时序联动关系及劳动力、对外贸易的状况。

城市化滞后于工业化国家具有出口导向型经济特征，这包括英国、德国、法国、日本、印度、韩国等。英国工业革命主要发生在

1750—1830 年，英国经济史学家安格斯·马德森估算英国经济规模在 1700 年至 1820 年增长了三倍。据经济学家 N. F. R Crafts 和 Knick Harley 估算，英国人均 GDP 增速在 1800—1830 年间同比增幅达到 0.5%，经济实际增长很快；工业革命前的农业革命为工业提供原料也刺激人口快速增长，英国人口 1701 年、1801 年、1901 年大约分别为 686.6 万、1068.6 万、3700 万人，为英国工业化提供劳动力，人口的快速增加及圈地运动产生大量的剩余劳动力，使非技术工人的实际工资增长相对缓慢，1750 年到 1849 年间年均增速只有 0.13%，在富裕的城市消费群体出现之前，居民消费即国内市场受到了约束。但地理大发现及大西洋贸易圈形成，使城市工业品通过出口占领海外市场，外需为英国工业革命提供了原动力。根据 Crafts 的研究，1700 年英国出口占 GDP 的 8.4%，1760 年上升到 14.6%，1801 年上升到 15.7%。与此同时，通过大量的对外贸易、殖民霸权及侵略战争掠夺积累了大量资本，也为城市化进程准备了大量的启动资金。表 5-1 显示：英国的非农增加值比例与非农人口比例十分接近，城市化比率与非农人口比率 1801 年相差 31.1%。

表 5-1 典型国家的城市化、工业化与对外贸易的关系

年份	指标（%）	英国	美国	日本	巴西
1700	农业	56	40（1799）		
	工业	22	13（1799）		
	服务业	22	47（1799）		
	城市化率	13	8.3（1690）		
	净出口比例	8.4	-5（1790-1800）		
	非农人口比例	58（1770）	25.6（1780）		
1820	农业	63	30		
	工业	33	15		
	服务业	30	15		
	城市化率	32（1801）	7.2		
	净出口比例	15.7（1801）	-0.4.		
	非农人口比例	64（1801）	27（1800）		

续表

年份	指标（%）	英国	美国	日本	巴西
1890	农业	16	38	47	
	工业	43	24	15	
	服务业	41	38	38	
	城市化率	50	35.1	10（1889）	
	净出口比例	36	1.1（1889—1898）	4.5（1880）	
	非农人口比率	78.3（1851）	62（1900）	77（1872）	
1920	非农业	96（1924）	21	31	
	工业	40	32	30	
	服务业	54	47	39	
	城市化率	75（1901）	50.8	18	
	净出口比例		0.3（1904—1913）	16（1930）	
	非农人口比率		72	50	
1960	非农业	97.1	96.5	94.88（1970）	79.41
	城市化率	78.4	69.7	63.3	46.1
	出口	-1.4	0.8	0.43	-0.06
	非农人口比率	97.4（1980）	96.4	67	48
1998	非农业	98	97	98.85	94.7
2010	城市化率	79.5	82.1	90.5	84.3
	净出口比例	-2.1	-3.5	1.2	-1.03
	非农人口比率	98.8	98.4	96.3	83.4

资料来源：根据《剑桥美国经济史（第2、3卷）》（中国人民大学出版社，2008）、《剑桥欧洲经济史（第6、7卷）》（经济科学出版社，2008）（British Economic Growth 1688 - 1959），（Phyllis Deane andW. A. Cole ，Cambridge University Press. 1967），American Economic History（ Seymour E. Harris，McGraw-Hill Book Company，1961），Production and Productivity in Service Industries（ V. R. Fuchs，NBER，1969），The Conditions of Economic Progress（ Colin Clark，Macmillan & Co. 1960），Patterns of Japanese Economic Development：A Quantitative Appraisal（Kazushi Ohkawa et al. ，Yale University Press，） 等有关数据文献整理。

城市化与工业化同步的国家，其对外经济关系表现为进出口均衡。美国的工业化是在1890—1920年间完成的。整个19世纪美国经济增长年均达3.5%～4.0%的高水平，尽管美国在工业化和城市化过程中，人口持续高速增长，从1890年的450万到1920年的1.14亿，但实际工资的快速上升反映出劳动力的供不应求，罗伯特.马戈根据已有的资料推断，整个经济的日工资年均增长1.0%～1.2%，普遍认为工资增长率与人均收入增长率是基本一致的，通行的估计1800—1900年美欧人均增长收入为1.1%～1.2%。1770年前后的时期，美国进口依赖比出口更加严重，可能是殖民地生产或消费的1/3，进口工业品主要来自英国，在19世纪上半叶特别是早期，进口比例仍高于出口比例（见表5-1）。美国在19世纪进出口比例都比较低且处在基本平衡的状态①，美国在大多数时间表现为“消极贸易”。1790年美国城市化率为5.1%，1890年城市化率为30%，1920年提高到了51.2%，1960年为69.7%，2010年为82.1%。美国的城市化和城市化的动力主要是内生型的，尽管是开放的经济体系，由于美国没有进出口失衡的经济特征，城市化与工业化是同步的。

城市化超前于工业化的一些国家具有出口初级产品和进口制成品的经济特征。拉美、中东以及非洲的一些国家都具有这一现象。到2000年，拉美城市人口的比重已占地区总人口的78%，但工业人口的比重却不超过35%。而中东、非洲等国则是一种缺乏工业化的城市化。巴西资源丰富、地广人稀。1930年以前巴西的城市化除了传统的途径外，是欧洲移民在城市里定居，是没有工业化的传统城市的扩展。这些相对富裕的城市化人口形成了工业品的消费需求（包括私人消费和公共消费），通过国内初级产品和原材料与国外工业品的贸易来满足，从而导致城乡差距扩大，诱导农村人口向城市聚集，也使得城市化游离于工业化超前发展。其后实施的进口替代

① 斯坦利·L. 恩格尔曼等. 剑桥美国经济史（第二卷）：漫长的19世纪. 中国人民大学出版社，2008

发展战略，通过吸引外资促进工业化，使“国内市场国际化”，加上巴西的土地制度，更大地促进了人口向城市聚集。

5.2 计量模型的设定

为了进一步验证第四章中我们得到的结论，本节利用计量模型进行进一步的验证。

一、计量模型

根据第四章的理论模型假说，我们设定计量基本的计量模型为：

$$Y_{s,t} = \beta_0 + \beta_1 EXP_{s,t} + \overrightarrow{\beta}\overrightarrow{Z}_{s,t} + \varepsilon_{s,t} \tag{5.1}$$

其中，Y 为滞后城市化的代理变量，相当于理论模型中的 m；EXP 为一国际贸易差额的代理变量，相当于理论模型中的 NEX。为防止遗漏变量引起的计量估计结果有偏差，我们在计量模型中加入了控制变量向量 $\overrightarrow{Z}$，包括失业率 $UEMP$、国外商直接投资 FDI、人均 GDP 的对数、本市场化指数 $FREE$、城市卫生状况 $HEALTH$。$\varepsilon_{s,t}$ 代表误差项，其中 $\varepsilon_{s,t} = \lambda_s = \mu_t, \lambda$，为地区固定效应，假定服从独立同分布（i. d. d.）。

二、模型变量的选取与说明

被解释变量的选取和说明：

Y：非农就业比重 - 城市化率。在数理模型中，城市化人口仅是指在城市里生活和工作的工人数；工业化人口是指在非农部门就业的劳动力数，既包括城市里的工人，也包括农民工。因此，非农就业人口占全部就业人口的比例减去城市人口占全部人口比例是反映工业化和城市化不同步程度的最恰当的指标。

解释变量的选取和说明：

EXP：制成品与服务的净出口/GDP。在数理模型中，产品主要指经过加工生产或劳动力创造的产品和服务，不包括初始原材料等商品。在通常的出口中，既有制成品和服务，也有初始产品。所以，制成品及服务的净出口相对于总体的净出口更准确表达了净出口的含义。

控制变量的选取和说明：

FDI：净流入总额/资产形成总额。原则上，在劳动力无限供给的情况下，国际资金流入有助于一国工业化的发展，促进工业化超前城市化。但是，第一，在先进国家并不存在外部资金流入的情况下，劳动力无限供给的工业化也可能导致工业化超前城市化。第二，在先进国家实现工业化、城市化及其工业化和城市化同步后，有许多因素也导致 FDI 的流入，因此，FDI 和工业化与城市化联动关系是不稳定的。

gdppc：人均 GDP，由于数据比较大，人均 GDP 取了对数；同时鉴于被解释变量与人均 GDP 存在着倒 U 型关系，再将模型中加入二次方 $\ln gdppc^2$。

Free：市场化度指数。鉴于此前的不少研究，将城市化滞后工业化归结为计划经济或者经济管制，本文将市场化程度或者经济自由度作为控制变量。

Uemp：失业率。在解释拉美国家城市化超前等现象时，托达罗假设城市失业率通过预期对城市化迁移具有重要影响，本文将城市失业率作为重要的控制变量。

Health：城市获得改善卫生设施人口占城市总人口比重。在解释拉美国家城市化超前等现象时，托达罗假设城市生活质量通过预期对城市化迁移具有重要影响，本文将城市获得改善卫生设施人口占城市总人口比重作为重要的控制变量。

基于数据的可得性以及以上数理模型的假设条件要求，本文采用 1990—2010 年 51 个代表国家的面板数据。数据主要来自《世界发展指数》（1991—2012）、美国弗雷泽研究所《经济自由度报告》（*Economic Freedom of the World Reports*）（2001—2012）。

5.3 数据描述与单位根检验

一、数据描述

表5－2中我们给出了本文研究中的主要解释变量和被解释变量的均值、标准误差、最大值和最小值的数据描述。从表中我们可以看出，被解释变量 Y 的均值为38.04，最大值为75.72，整体而言各国是普遍存在滞后城市化的。当然，从最小值为－11.50也可以看出，部分国家存在超前城市化的情况。在第四章中我们也提到，一些拉美国家存在超前城市化的情况，这些国家的城市化并非靠本国的工业化来推动，而是依靠出售自然资源等。在所有的样本国家中，部分存在贸易顺差，部分存在贸易逆差。

表5－2　主要变量的数据描述

变量	观察值	均值	标准误差	最小值	最大值
Y	880	38.04408	18.74232	－11.5074	75.724
EXP	995	－1.888889	9.600388	－77.02181	32.29992
Free	924	7.273339	1.735898	.2148148	9.652593
Uemp	871	7.654654	4.250349	.6	23.9
Health	981	86.98672	19.92226	18	100
FDI	962	1.28e+10	3.67e+10	－8.47e+10	3.40e+11
gdppc	1003	14248.73	17003.23	150.903	112028.5

整体而言，这51个国家在1990—2010年期间的数据变异系数都远小于1，不存在明显的变异。进一步的，我们给出了被解释变量滞后城市与解释变量外部需求占GDP比重两者之间关系的散点图（见图5－1）。除极个别的异常点之外，滞后城市化与外部性的单调关系还是比较明显的。整体来看，外部需求越多，滞后城市化越明显。

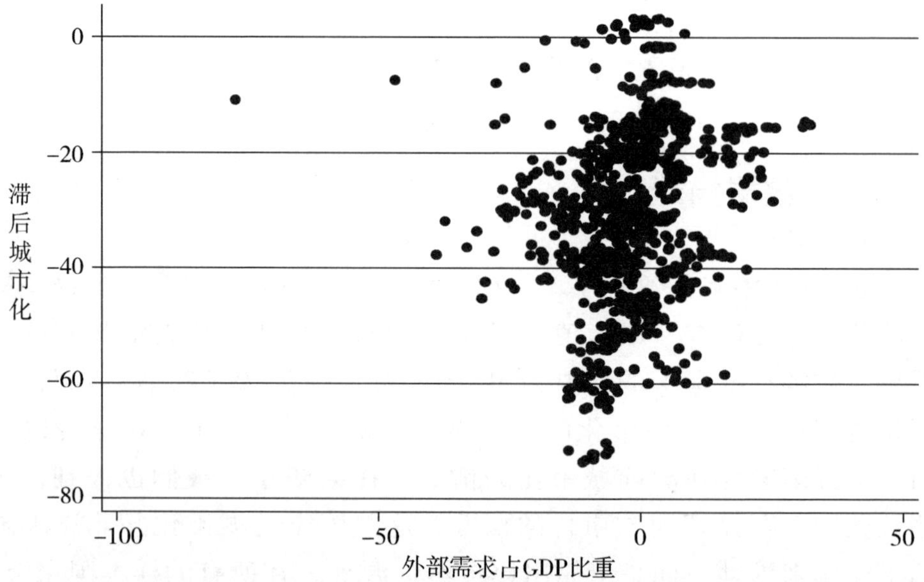

图5－1 滞后城市化与外部需求占GDP比重关系散点图

二、单位根检验

由于本文使用的数据时期较长，为了避免“伪回归”问题，有必要先对数据的平稳性进行检验，即进行单位根检验。面板数据单位根检验方法有多种，均具有不同的适用范围和优缺点。为了避免单一方法带来的不足，结合本文数据样本的特点，本文采用LLC检验与IPS检验两个基本的方法对各变量进行单位根检验。结果如表5－3所示。根据检验结果可知，在同根假设下LLC检验表明所有变量均不存在单位根，在不同根假设下IPS检验也表明变量不存在单位根。

表5－3 面板数据单位根检验

指标	同根		不同根		平稳性
	LLC	Breitung	IPS	Fisher-pp	
Y	－8.37806 ***	－1.98846 **	－7.41228 ***	－5.49632 ***	平稳
EXP	－4.89035 ***	－0.05917	－5.40222 ***	－2.67910 ***	平稳

续表

指标	同根		不同根		平稳性
	LLC	Breitung	IPS	Fisher-pp	
Free	-5.2743 ***		-6.5595 ***		平稳
ln*gdppc*	-6.30978 ***	1.51189	-2.70861 ***	2.03675	平稳
ln$gdppc^2$	-2.39551 ***	2.97778	-0.93531	2.80149	平稳
Uemp	-1.87211 **	0.95900	-2.31127 **	-1.56910 *	平稳
Health	-5.32684 ***	-4.79146 ***	-0.39850	-0.45881	平稳
FDI	-3.78242 ***	-4.62531 ***	-79.0873 ***	-8.34334 ***	平稳

注：　***、**、*分别代表在1%、5%和10%的显著性水平下显著。

从表5-3中我们可以看出，无论是采用同根（LLC和Breitung）还是不同根（IPS和Fisher-pp）的方法进行检验，一些变量总是具有平稳性的。从我们的检验结果来看，变量都是具有稳健性的，不存在单位根的问题。

三、异方差和自相关检验

在对模型进行参数估计之前，我们先对扰动项的自相关和异方差问题进行检验，以便正确设定模型，结果如表5-4所示。组间异方差检验的结果表明，在1%的显著性水平上拒绝“无组间异方差”的原假设；组内自相关检验也在1%的显著性水平上拒绝原假设“无组内自相关”；但是，对于组间自相关的检验，Fridman（1937）的参数检验和Pesaran（2004）的非参数检验均接受原假设“无组间自相关”。① 所以，模型扰动项不存在组间自相关，但存在组间异方差和组内自相关问题。

① 对于组间自相关的检验还有LM检验方法，但是该检验只适用于长面板，所以本文采用的是另一非官方stata命令“xtcsd”。其中，Pesaran（2004）检验的统计量服从标准正态分布，Fridman（1937）检验的统计量服从卡方分布。

表 5 - 4　异方差和自相关检验

检验内容	统计量	P 值
组间异方差检验	chi2（39） =1.8e+06	Prob > chi2 =0.0000
组内自相关检验	F（1，38） =38.702	Prob > F =0.0000
组间自相关检验	Pes 检验：0.787	Pr = 0.4310
	. Fri 检验：14.027	Pr = 0.9999

5.4 模型估计结果说明

本文采用的是国家层面的面板数据进行分析，由于各个国家之间的国情不同，可能存在不随时间而变化的异质性，如果直接对（5.1）式进行混合回归则可能导致参数估计的不一致。同时，模型还可能存在时点效应，所以，在估计参数的过程中我们需要控制住个体效应和时点效应。另外，考虑到扰动项之间可能存在组内自相关或组间自相关问题，为了提高估计的效率，我们采用的是 FGLS 进行估计，对于个体效应和时点效应，我们采用 LSDV 法在回归方程中加入个体和时间的虚拟变量进行控制。

本文采用 1990—2010 年的数据进行实证分析，由于自由度等数据 1990—2000 年期间 x4 的缺失，首先，用 1990—2010 年数据对不包含 Free 数据进行回归（表 5 - 5 的第二、三、四栏），然后用 2000—2010 年数据对不包含 Free 数据重新进行回归（表 5 - 5 的第五栏），最后，用 2000—2010 年数据加入 Free 数据进行回归（表5 - 5 的第六栏）。对比发现系数差异不显著，结果比较稳健。

从表 5 - 5 所列的 5 个模型可以发现：在考虑几种控制变量影响的背景下，制成品净出口占 GDP 的比重（EXP）始终对被解释变量工业化与城市化的差距有显著性影响，表明本文假设成立。模型还显示在加入城市获得改善卫生设施人口占城市总人口比重（Health）控制变量和使用 2000—2010 年数据时，外商投资对被解释变量影响不显著且方向相反，在使用1990—2010年数据不加入城市获得改善卫生设施人口占城市总人口比重（Health）中，外商投资对被解释变量影响显著。

表5-5 各模型回归分析（GLS）结果汇总表（被解释变量：非农就业占全部就业比例）

	1990—2010年			2000—2010年	
	(1)	(2)	(3)	(4)	(5)
EXP	0.0492***	0.0551***	0.0593***	0.0631**	0.0573***
	(7.48)	(10.78)	(11.49)	(2.36)	(3.28)
FDI	0.120***	0.117***	0.123***	1.305	-0.129
	(4.19)	(4.05)	(4.03)	(1.05)	(-0.12)
ln*gdppc*	4.128***	5.184***	5.448***	6.672	15.50***
	(2.68)	(5.98)	(5.08)	(1.07)	(2.73)
ln$gdppc^2$	-0.159	-0.217***	-0.228***	-0.118	-0.642*
	(-1.60)	(-4.13)	(-3.46)	(-0.31)	(-1.87)
Free					0.145
(1.28)					
Uemp		-0.0195*	-0.0236*	-0.00336	0.104
		(-1.69)	(-1.93)	(-0.04)	(1.52)
Health			-0.108***	-0.426***	-0.203**
			(-3.39)	(-5.64)	(-2.18)

注：括号内为t统计量；***、**、*分别表示在1%、5%和10%的显著性水平下统计显著。

人均GDP和人均GDP的平方分别与被解释变量具有显著的正负相关关系，表明两者之间存在倒U型曲线关系，反映被解释变量随着收入的增长，经历一个工业化与城市化差距从小扩大，在缩小的过程，由于被解释变量与制成品和服务净出口占GDP的比重正相关，制成品和服务的净出口，存在一个净出口由小（或负）到大（或正）再到小（负）的过程。

尽管许多学者研究中国城市化滞后于工业化的主要原因是计划体制和城乡分割的制度，但是模型结果显示自由度对工业化和城市化的时序联动关系没有显著的影响。显然即便在中国存在制度影响两者关系，那也是中国的个案。托达罗在解释拉美国家城市化过渡时，提出失业率及其城市基础设施状况通过预期会影响农村居民前往城市的动力，进而决定城市化超前工业化的程度，模型基本支持了这一假设，部分模型显示这两项指标对被解释变量存在着显著的负向影响关系。

第六章　城市化与经济发展：国际社会的经验与教训

城镇化不存在一个通用的过程，不同国家或地区的城镇化进程，不会以相同的内容与事件次序向前推进。美国、英国、法国、日本、韩国和拉美等国家和地区的城市化进程在当今世界具有代表性。

6.1　美国的城市化进程

一、美国城市化的历史进程

美国是高度城市化的国家，它早在17世纪末就已开始了城市的扩张，然而，直到19世纪初，美国的城市化进程才进入快速发展的轨道。美国的城市化历程大致可以划分为三大历史时期：贸易殖民时期、工业化时期、大都市时期。

1. 贸易殖民时期：1620—1820年

美国的城市发展始于17世纪初期的欧洲移民，19世纪之前的美国城市，基本上就是英国、法国和西班牙的殖民地前哨，由于地缘因素，早期城市主要是港口城市，集中于美国东海岸，以纽约（1625年）、波士顿（1630年）、查尔斯顿（1680年）、费城（1682年）等为代表。码头与货栈和航运及贸易厂商构成城市发展的主体。这些城市因与欧洲商贸经济体系连接起来而繁荣，如波士顿是殖民供应中心，费城聚集了肉类、小麦和木材，查尔斯顿以大米和染料贸易而兴旺。从这一时期开始，土地开发在城市发展中的作用就开始显现。由于土地丰富且廉价，土地开发商与政客密切合作，以促进其挑选出来的土地得到开发，吸引居民和厂商。

这一时期，美国城市人口保持相当稳定，在1690年至1820年这一百多年里，城市数量从4座增加到61座，但城市人口的比例由1690年的8.3%降到5.1%，后又升至1820年的7.2%（见表6-1）。

表6-1 美国城市化进程：1690—1990年

年份	2500人以上的城市数目	总人口（百万人）	城市人口比例（%）
1690	4	0.21	8.3
1790	24	3.9	5.1
1820	61	9.6	7.2
1860	392	31.4	19.8
1880	939	50.2	28.2
1920	2722	105.7	51.2
1940	3464	131.7	56.5
1960	4996	178.5	63.1
1960*	18088	178.5	64.7
1990*	19289	248.7	61.6

*表示1960年人口普查定义的新地区。

引自 Sukko Kim & Robert A. Margo. *Historical Perspective on U. S. Geography. Handbool of Regional and Urban Economics*, 2003, Vol 4, p57.

这一时期，农业在国民经济中占据主导地位，但城市中从事商业、制造业以及其他服务业的人口比例较高。1974年，普赖斯研究波士顿、费城和纽约三大城市发现，当时平均23%的人口受雇于商业，24%的人口受雇于制造业，50%的人口从事服务业，只有4%的人口在政府部门工作。

尽管这一时期现代意义的城市化还未开始，但东海岸城市的迅速发展为后期的城市化奠定了基础。这些城市大多拥有优良的港口以及富饶的腹地，同时靠近适于航行的河流（如波士顿、纽约），使得这里成为北美内陆大宗农产品出口到欧洲的中转站，为工业化和城市化奠定了基础。

2. 工业化时期：1820—1920 年

这一时期是美国工业化的关键时期，同时也是美国城市化进程加速发展时期。以南北战争为界，这一时期又可以分为内战前（1820—1865 年）和内战后（1865—1920 年）两个阶段。内战前，也是美国工业化早期，城市扩张主要集中于工业化肇始之地，即美国东北部。这一时期，城市化进程比较缓慢，属于城市化酝酿期，城市人口比例由 1820 年的 7% 提高到 1860 年的 20%（见表 6－1），年均增长仅为 0.4%。工业化开始促使城市手工作坊转变为工厂，城市由原来的商品集散地转变为工业生产集中地。此外，伴随交通运输技术的改进以及美国的西进运动，带动了内陆城市的发展，尤其是中西部和五大湖区。贵重金属在西部地区的发现和开采，驱使旧金山湾地区和科罗拉多州北部出现了很多矿业城镇。

内战后，伴随工业化进程的加速，美国城市化进程加速发展。截至 19 世纪末，美国的工业革命基本完成，美国社会由农业社会转变为工业社会。根据韦斯（1974）的研究，这一时期，近 50% 的劳动力从事制造业，50% 的劳动力从事服务业，从事农业的比例已经很小。由于工业化向西部转移，在五大湖周围的东北部和中西部地区形成了制造业带。城市化速度在这一阶段也最为迅速，城市人口比例由 1860 年的 19.8% 上升至 1920 年的 51.2%（见表 6－1），标志着美国城市化进程由快速发展阶段步入成熟阶段。

3. 都市化时期：1920—1960 年

1920 年以后，美国城市化进入郊区化发展阶段。与欧洲国家城市的郊区化不同，美国城市的郊区化是从城市核心向外自然扩展，其推动力是商业利益和消费偏好，即城市管辖范围随着微观个体包括各类、居民户、政府区位向郊区转移自然向郊区延伸。另外，美国政府在此期间的洲际公路计划以及住房补贴政策也有力地推动了郊区化进程。郊区化促进了美国区域经济发展趋同，缩小了城乡差别，同时也造成了老城中心的衰落。

“二战”后，美国大都市区的郊区化加速，这主要是由于市中心日益凸显的劣势所致，如地价上涨、交通拥挤、生活质量下降等。有学者把郊区化看作是逆城市化，把市区与郊区相分离与对立。这一时期，美国城市化进程的显著特征是城市人口密度下降，城区人口比例和就业岗位比例不断下降，郊区人口及就业比例持续攀升。

伴随城市的蔓延和扩张，这一时期美国城市化进程的另一显著特点是都市区的形成和发展。1940 年，美国有 138 个都市区，占美国人口的 51%，到 1960 年，美国都市区的数量上升到 222 个，其人口份额升至 65.3%。

二、美国城市化的经验启示

1. 工业化是城市化持续发展的不竭动力

在美国的城市化进程中，先后经历了工厂手工业、制造业和信息经济三大历史阶段。伴随产业结构的发展，一个产业带衰落了，另一个产业带随之兴起。棉纺织业、钢铁业、汽车业、飞机制造业、高新技术产业、信息产业相继成为城市化发展的动力。

从整体上说，没有工业化就没有城市化，但工业化发展到一定阶段以后，工业化对城市化的促进作用渐趋减弱，而服务业等第三产业的兴起，将会继续推动城市化的发展。美国的工业化率在 20 世纪 50 年代以后开始下降，但是城市化率仍持续上升，说明服务业在 20 世纪 50 年代后逐渐成为美国城市化的主要动力。

2. 打造城市圈群，增强区域综合竞争力

努力突破区域分割和限制，统筹利用资源，加强区域内在环境保护、产业布局和重大项目建设等方面的合作，着力打造大都市圈和城市群带，形成了国际性大都市、全国性中心城市、区域性中心城市、地方小城市和中心镇等不同层次的城市体系。以大纽约区、五大湖区和大洛杉矶区为代表的三大都市带的 GDP 占美国总份额的 76%。城市群带汇集了商品和服务的广大市场，是劳动力资源聚集地，有完善的交通、通讯、电力网及其他公共基础设施，非常有利于产业、企业及生产要素的聚集。

3. 积极推动郊区发展

美国政府对郊区化实行政策鼓励，其利用市场机制优化城市空间对我国大城市的发展具有很好的借鉴意义。在郊区化的作用下，美国城市空间结构由单中心逐渐发展成了多中心，形成了大都市区，带动了广大地区的发展。虽然在这一过程中，中心城市出现了一定程度的衰退，但联邦政府以及地方政府采取有力政策，使得中心城市职能发生转变并逐步复兴。

6.2 西欧主要发达国家工业革命以来的城市化

西欧主要发达国家在第一次工业革命后陆续地走向城市化之路，不同国家的城市化之路有着一定的差异。当前我国正处于城市化快速发展阶段，从总结西欧发达国家的城市化中我们可以得到很多启示，也可以避免很多问题在中国出现。将中国与西欧城市化过程进行比较，我们不难发现中国城市化的背景、市场状况以及半城市化人口与这些国家当初的城市化阶段有着很多相似之处。

一、英国的城市化

英国是工业革命的发源地，也是全球第一个实现工业化和城市化的国家，英国的城市化也是在工业革命之后才开始的。19 世纪前半叶，以蒸汽机和铁路为代表的技术创新推动工业向城市大规模集中，英国工业化和城市化快速发展。从 18 世纪初开始，到 19 世纪中叶，英国大约用了一个半世纪的时间，基本实现城市化。早在 1500 年，英国的伦敦规模远小于巴黎或者威尼斯。1700 年，英国的城市占总人口的比重只是 2%；即使到了 1760 年，英国的城市化水平也只有 10%。但是在 1750—1830 年期间，英国开始的工业革命，大量的劳动力被迫从农村地区向城市地区转移，英国的城市化迅速展开。到 1800 年，英国的城市化率已经达到了 26%，英国首都伦敦已经超过了巴黎的规模。而在同一时期，法国和西班牙的人口仍有90%集中在农村地区。在工业革命之前，英国经历了长达几个世纪的农业革命和商业革命，这也为英国大规模的城市化提供了经济基础。到19世纪中叶，英国的城市化率便超过50%，1900年英国的城市化率高达75%。

据经济史学家安格斯·麦迪森估算，在1700—1820年间，英国经济规模增长了三倍。经济的快速增长促进了人口快速向城市流动以及人口的快速增长。在19世纪中叶，英国有一半以上的人口生活在城市地区，英国成为第一个完成城市化的国家。而到1900年时，英国的城镇化率已经高达75%。在英国城市化的过程中，逐步形成了一批大城市。早在1851年，英国就出现了10个具有10万人口的大城市，这在当时全球的城市规模已经算是特别大的城市了。到了1901年，英国的城市利物浦、格拉斯哥、曼彻斯特、伯明翰的居民达到了50万。而伦敦也形成了特大型城市，其人口总数与紧随其后的18个城市的人口总数持平，与当时的欧洲几个主要大城市巴黎、柏林、维也纳和圣彼得堡人口总和差不多。随着英国城市化的进一步发展，英国的城市逐步形成了城市群或者城市带。伦敦城市群以伦敦—利物浦为轴线，包括大伦敦地区、伯明翰、谢菲尔德、利物浦、曼彻斯特等大城市，以及众多小城镇。英国开辟了城市化的先河，同时也充分发挥了城市化过程中的集聚效应。通过城市化促进了工业化的发展。

在整个英国的城市化过程中，一些城市规模的不断扩大主要依赖于地理区位，如利物浦；而更多城市的城市规模的扩大则是通过本地的工业发展来带动的。在工业发达的地区，英国出现了一大批新的工业化城市。相比较而言，这些工业化城市的发展速度更快，远远超过了一些传统的城市规模。其中，发展最为迅速的城市包括西北、约克郡的西部、西米德兰的东北和东部。北方新兴工业城市如曼彻斯特、伯明翰、利兹、谢菲尔德、布雷福德和诺丁汉的人口以前所未有的速度增长。英国通过城市化也彻底改变了本国的经济地理格局。本国的经济重心不再是以伦敦为中心的东南部地区，而是本国工业快速发展的西北部工业区。整体而言，英国的经济重心和人口都向北移动了。

在英国最初的城市化过程中，整个城市化的进程是杂乱无序的，“城市病”问题也在这一时期凸显出来。英国各个城市的道路曲折狭窄，城市建筑杂乱无序。由于大量人口的拥入，城市的公共基础设施普遍缺乏，缺乏现代城市的气息。大量从农村流入的人口在城市内仍然保留着养殖业，到处是用家庭垃圾做饲料的养猪场，在工人的家里，鸡、猪、甚至马都挤在同一个房子里。城市的道路肮脏，垃圾随处可见。城市空间浑浊，大量煤烟粉尘颗粒无处理直接排放，城市出现了严重的空气污染。在伦敦，城市污水随意排放，大量的生活污水、工厂污水不经处理便流入下水道，最终流入泰晤士河。居住的拥挤和卫生状况的恶化，导致瘟疫横行。除了城市污染之外，城市住房拥挤也是很大的问题，很多住宅被分割出租。地下室和阁楼也变成了居住空间，而新建住宅也是在狭小的空间里建造尽可能多的住宅。在这样恶劣的环境下，城市犯罪率也有所上升，引起城市社会的动乱。

由于城市基础设施匮乏、劳工住房短缺、生活环境恶化，导致传染疾病蔓延，危及社会安定和经济发展。真正引起政府和人们关注“城市病”是英国在1838年出现了大规模的瘟疫。皮尔在艾希利勋爵和女王配偶的私人敦促下，组建了一个大城镇和人口稠密地区卫生皇家调查委员会。经过调查以及系统的研究，皇家调查委员会对城市卫生状况作出了建议，提出要求城市居住的空间需要得到保障、建造地下水系统、对公共垃圾进行处理、建筑厕所、拓宽道路等。19世纪以来，英国对城市下水道系统进行彻底的更新改造，建造起异常复杂坚固的综合系统，把污水、雨水进行处理，再加上大量污染企业外迁，最终解决了城市水系的污染问题。皇家调查委员会的报告是划时代的，1848年，第一个公共卫生条例诞生和第一个中央卫生委员会建立。随后，英国建立了《住宅补贴法》（1851年）、《住宅改进法》（1875年）、《工人阶层住房法》（1890年）等一系列的法规。通过“模范住宅”，英国“过分拥挤”的人口比例下降到12%以下。“二战”后，随着大规模的重建、人口的快速增长和小汽车日益普及，英国和多数西方国家一样，出现郊区化趋势。

在 20 世纪末，英国的城市化率几乎达到 90%。

值得一提的是，英国是最早把城市规划作为政府管理职能的国家，政府在城市规划体系中发挥主导作用的方法和成效引起世界各国关注。在 1909 年，英国颁布了世界上第一部城市规划法律《住宅与规划法》，1947 年，英国颁布了《城乡规划法》，奠定了英国现代规划体系的基础。整体而言，英国的城市化经历了从混乱到规范的阶段，这其中公共干预政策引导了城市化发展，对城市化的发展与完善起着重要的推动作用。

二、法国的城市化

法国的城市最初是以城堡或教堂为中心形成，逐步扩大成集贸区。在 1700 年前后，法国初步形成了巴黎、里昂、卢昂、图卢兹、波尔多、南特、雷恩、马赛等城市。与英国的城市化相比，法国的城市化起步比较晚，发展十分缓慢。法国的城市化大约从 1830 年开始，当时城市化率为 10% 左右，经过 101 年的发展城市化率才达到 50%。法国的城市形成相对还是比较早的，在 17 世纪之前就已经陆续地形成了三批城市。但是，因为法国大革命以及拿破仑战争，法国的城市化迟迟没有得到推进。法国大革命后小农经济获得发展，长期阻碍着法国工业化的发展，并且法国的金融家在这种大革命后也更倾向于投资不动产，法国的工业经济长期缺乏资金而无法壮大。此外，拿破仑战争造成大量人口的死亡。因此，在 1830 年，法国的城市人口只占总人口的 10% 左右。前文也提到，英国在 1760 年时城市人口已经占总人口的 10% 了，法国的城市化比英国晚了整整 70 年。

1830 年后，法国的工业迅速发展。与此同时，法国 1847 年的经济危机也导致法国的农村家庭工业逐步衰落，农村劳动力逐步向城市流入。在 1830—1850 年期间，法国每年有 4 万～5 万人迁移到城市；而在 1856—1866 年期间，每年大约有 13 万人迁移至城市。值得一提的是，1853 年法国巴黎开始改建，整个巴黎的城区面积扩大了一倍，城市人口也由 1846 年的 100 多万增长到 1886 年的 230 多万。在这期间，巴黎的改进也为其他城市做出了示范，马赛、里昂等城市也迅速扩大了规模。法国的城市化发展并不迅速，但是在1919—1931年期间，法国从农村向城市转移的农民数达到100万，平均每年有8万多农村人口向城市转移。1931年，法国的城市人口首度超过农村人口，城市化率达到了51.2%，基本实现了城市化。

法国城市化进展一直缓慢，这其中有着特定的原因。英国在工业革命时期的圈地运动一方面为工业生产提供了大量的劳动力，另一方面获得了大量的资本积累，从而促进了工业革命的快速展开，也进一步推进了英国的城市化。法国的城市化一方面通过农业生产技术的提高释放出大量的劳动力，另一方面工业革命发展带动了城市化。整体而言，法国的农业革命是法国城市化的“促发剂”。法国的农业革命开始较晚，从18世纪中叶开始，法国资产阶级革命促进了法国传统农业开始向现代资本主义农业转化。法国一直是以小农经济为主体的国家，大革命后的历届政府采取了保护农民利益和国家农业的措施。在这样的背景下，法国的农民并没有太多向城市转移的积极性，加之法国政府也比较认同自愿转移的方式，所以法国的城市化进展缓慢。但是这也减轻了农民的负担，使法国的农业获得快速的发展。在农业生产效率提高后，更多的农民从土地上解放出来，为工业化和城市化的发展提供了大量的劳动力。与此同时，农业将其人口向外转移的“推力”显得尤为不足。

如果说农业生产效率的提高是法国城市化的“促进剂”，那么工业化则是法国城市化的“发动机”。法国农民向城市转移缓慢的另外一个重要原因是法国长期开展“农村家庭工业”，农民兼业。制造商或承包商把原材料委托给地方，分配到户进行加工。由于农民的收入尚可，因此法国的城市并没有英国等国的城市那么有吸引力。但是，在1825年英国解除了机器输出禁令后，法国的工业有着大发展。到1848年，法国农村中的人手纺织工业已基本上被大机器纺织工业所消灭。在这一时期，法国的铁路、银行业等也陆续得到发展，从而大大加速了法国城市化的进程。但法国的工业化最初发展并不迅速，真正开始现代工业也只是从20世纪初开始。在第一次世界大战前，法国的军事装备生产增加，带动了相关的冶金和制造业。“一战”后，法国工业出现了短暂的高涨时期，汽车、航空、化学、橡胶等工业部门发展迅猛，这些都促进了工业的进步和城市的发展。同一时期，法国政府把大批重工业企业、易污染的、不安全的工厂企业从城市中心迁往周边郊区中，这样为郊区提供了大量的就业机会，从而吸引了大量劳动力向城市周边的地区集聚。在工业化和城市化加速发展的时期，法国在一些大城市如巴黎、里昂周边新建和扩建了很多卫星城市。

由于法国注重城市的修建工作，因此并没有像英国那样爆发大规模的“城市病”。但是，法国的城市化也面临着一系列的问题。法国的各地经济发展不平衡问题十分显著。巴黎占全国国土面积的2%，但是却聚集了本国20%的人口。法国的东北部地区占全国国土面积的17%，但是人口却达到全国的51%。为此，法国政府在1954年开始了“领土整治”行动，限制了大城市的过度发展，鼓励中小城市的发展。鼓励巴黎和北部工业区企业迁入落后地区或就地办厂，国家提供补偿和优惠。与此同时，大力发展落后地区原有企业，发展教育和农业技术培训，推动当地的农业现代化。通过一系列的措施，1954年至1962年期间，巴黎迁出了300万人口，而1968年至1975年又迁出了450万人口，减少了11%。同时期，里昂的人口也减少了14%。通过调整，法国的中小城市和小城镇获得快速发展，整个城市的结构和布局更加趋于合理。

法国的城市化与英国的城市化无论从形成条件还是发展历程上都具有较大的差异，可以说法国的城市化走出了一条自己的道路。英国的城镇化之所以能够快速发展，因为有着圈地运动的“推力”以及工业化的“拉力”。但是，在法国城市化最初的数十年间，无论是“推力”还是“拉力”都是严重不足的。西欧各国的城市化历程多数并不相同，但是都走出了一条符合本国国情的道路，而这些也是中国城镇化过程中需要借鉴的地方。中国在城镇化过程中市场化程度、市场需求以及模式都是完全不同的，因此中国的城镇化需要有着自己的特色。当然，西欧的城镇化也为我们提供了很多启示。例如，提高农村劳动力的素质满足城市生产的需求，有序引导农村居民进城，大量建设基础设施等以避免“城市病”的出现。

6.3 日本与韩国城镇化的基本考察

以日本、韩国为代表的亚洲工业化国家的城市化道路被称之为“东亚模式”。日韩城市化速度进程较快，伴随着城市化进程，日韩的经济健康快速增长，较短时间内实现了工业化，而且失业率较低，人民生活较快实现了富裕，收入分配较为公平，经济发展史上称之为“东亚奇迹”。日本和韩国城市化的进程虽然有很多共通之处，但还是有所区别的，为我国城镇化提供了不同的经验和教训。

一、日本

明治维新后日本开始城市化进程。如图 6－1 所示，“一战”后的 1920 年日本城市化率为 18%，直到 1975 年日本城市化率超过 75%，基本完成城市化，其过程大体可以分为三个阶段。

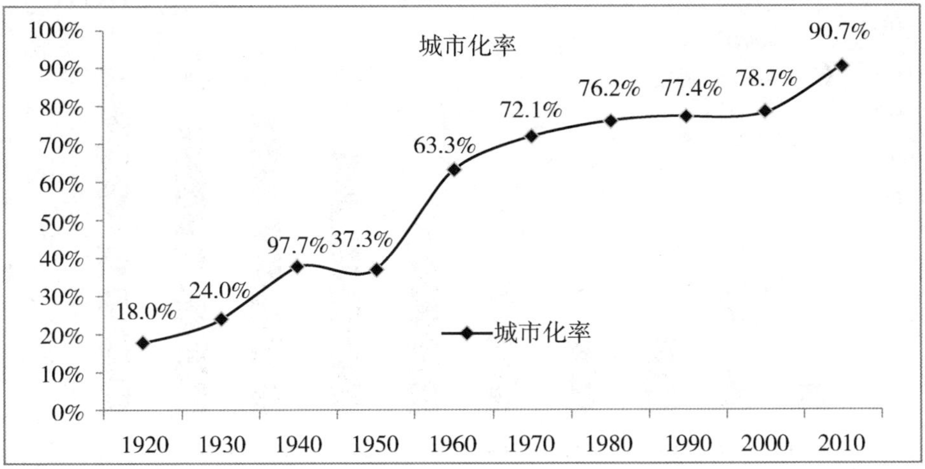

图 6－1　日本城市化进程（1920—2010）

资料来源：《日本统计年鉴》。

第一阶段为初始阶段（20 世纪 20 年代至 50 年代），城市化率由 1920 年的 18.0% 上升到 1950 年的 37.3%，这一阶段工业快速发展，著名的四大工业带——京滨工业带、中京工业带、阪神工业带、北九州工业带到 30 年代已经初步成型。

第二阶段为加速阶段（20 世纪 50 年代至 70 年代），1950—1980 年日本城市化率从 37.3% 上升到 76%，年均增长 1.5 个百分点，这一阶段包含了日本战后恢复的十年以及工业发展的黄金时期。在这一阶段日本经济迅速发展，一跃成为世界经济强国。

第三阶段为成熟阶段（20 世纪 70 年代至 20 世纪末），日本进入后工业化时代，城市化水平小幅上升，基本稳定。

其中，在“二战”后的二十年里，日本不仅在经济上高速飞跃，城市化速度也令人惊讶，从 1947 年到 1965 年，日本的城市化率从 33.1% 增长到 68.1%，年均增长近两个百分点，特别是从 1947 年到 1955 年，城市化率每年提高近三个百分点。

日本资源极度匮乏，为了实现跨越式的经济发展，选择了走集中型城市化道路，优先开发几大都市圈。如图 6－2 所示，到 2010

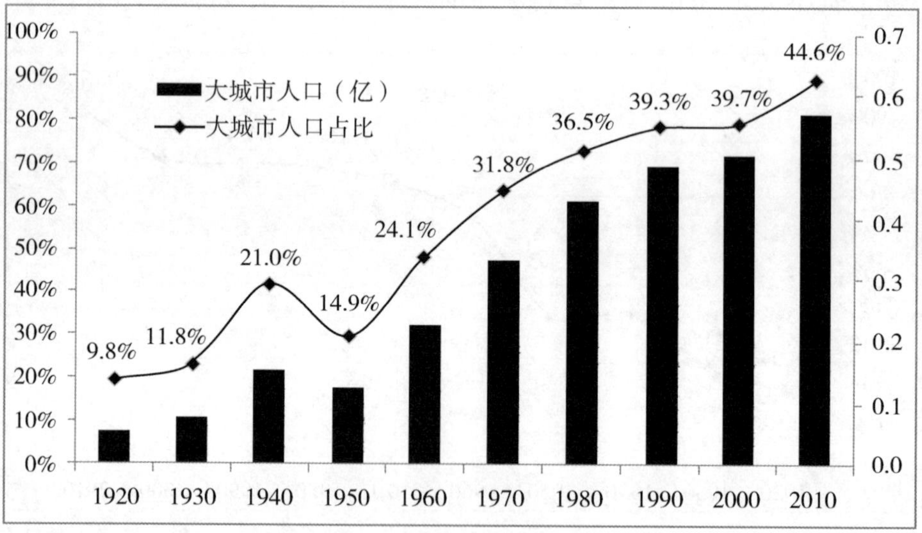

图 6－2　日本 30 万以上人口城市变化情况（1920—2010）

资料来源：《日本统计年鉴》。

年，日本30万以上人口城市占总人口比重已经达到44.6%。如果，按照都市圈来计算，根据《世界城市化展望2011》的预测，至2025年，东京都市圈和阪神都市圈的人口将分别达到3870万人和1200万人①。尤其是东京都市圈，2011年已经集聚了3722万人，占全国总人口的29.4%。因此，日本城市化进程的主要特征是以大城市为核心的空间集聚模式，以获得资源配置的集聚效益，实现跨越式的经济腾飞。伴随着城市不断扩展和城乡人口流动和转移，日本及时进行町（镇）村合并（其中1950—1960年町村的数量由10246个锐减到3016个，减少了70%），取得了良好的效果。与其他发达国家相比，日本政府对于城市化进程的引导作用是比较显著的。但政府的区域发展政策的成效有限，东京等大都市圈人口和经济活动的"极化"现象越来越显著。为了缓解大都市圈的过度集聚所带来的区域发展不平衡问题，日本政府自20世纪60年代起，先后制定五次全国综合开发规划（分别是1961—1968年、1969—1976年、1977—1986年、1987—1997年、1998年至今）和一系列法规，并编制三大都市圈发展规划。进入21世纪之后，为了应对经济全球化的发展形势，日本政府开始强调更具国际竞争力的区域发展政策。随着日本中心城市发展空间日渐饱和，东京迁都、地方振兴、均衡发展越来越成为城市发展的主题。

二、韩国

与日本相似，韩国同样依靠工业化驱动快速实现城市化。韩国的城市化进程在历史上经历了四个阶段。

第一阶段为起步时期（20世纪30年代至40年代中期），到20世纪40年代中期，韩国城市化率上升到11.6%。

第二阶段即非正常发展时期（20世纪40年代中期至60年代初），这一时期的城市人口增长主要由于战争引致的移民，到1960

---

① The WorldBank. *World Development Indicators* 2011，2012

年，韩国的城市化率达到 28.3%。

第三阶段为快速发展时期（20 世纪 60 年代初至 80 年代末），这一阶段韩国通过工业化，实现快速的经济发展，城镇化水平从 1960 年的 28.3% 发展到 1985 年的 74%，基本完成城市化，用时仅三十几年。

第四阶段即人口高度城市化时期（20 世纪 90 年代以后），到 20 世纪 80 年代末，韩国已经实现人口高度城市化，目前 80% 以上的韩国人都居住在城市。2011 年韩国城市化率已经达到 83.2%，高于较发达地区的平均水平。

韩国国土面积狭小，多山地和丘陵，适宜居住的城乡建设用地面积非常少。为了实现经济发展，韩国政府长期奉行“工业为主、大企业为主、大城市为主”的政策，依托工业化优先发展大城市，依托既有城市集中布局工业，使得人口和产业向少数大城市高度集聚，尤其是向以首尔为核心的首都圈集聚态势日趋明显。1960 年，首尔人口只有 157 万，1990 年则增加到 1054 万，占全国总人口的 24.5%。目前，韩国城市人口近 60% 集中在八个百万人口以上的大城市。特别是以首尔为核心的首都圈，国土面积仅占全国的 12%，却一度集中了韩国近一半的人口、近六成的制造业和七成的国内生产总值。在城市化的过程中，韩国政府的公共政策发挥了十分重要的作用。

由于首都圈的膨胀，韩国在城市化进程中出现农村空心化、城乡发展差异扩大、区域发展不均衡加深等一系列问题。为了应对经济全球化的挑战和改善区域发展的不均衡状态，韩国政府的区域发展政策开始实施地方都市圈战略，以形成能够抗衡首都圈的经济规模。作为应对措施之一，韩国政府自 20 世纪 70 年代以来，采取了一系列政策措施，促进小城镇发展，形成“小城市培育事业”阶段（1972—1976 年）、“小城镇培育事业”阶段（1977—1989 年）、“小城镇开发事业”阶段（1990—2001 年）。21 世纪之初，韩国政府先后制定《地方小城镇培育支援法》（2001）和《小城镇培育事业 10 年促进计划（2003—2012 年）》（2002，行政自治部），掀起新一轮促进小城镇发展高潮。

此外，韩国在工业化和城市化初期，由于忽视农村发展，导致城乡差距不断扩大。从20世纪70年代初开始，韩国政府将农村发展列入国家战略，开展了声势浩大的“新农村运动”，在工业化和城市化过程中同步推进农村现代化。同时，通过增加住宅的供应、控制土地和住宅的价格、打击土地和住宅投机以及供应保障性住房等手段使迁移到城市中的新市民有住宅的购买能力。这样，从农村向城市转移的农民就能够迅速融入城市，从而快速实现城市化。

三、日韩城市化进程中的问题

日韩的快速城市化并非一帆风顺，工业化和城市化进程也带来了一系列负面问题，主要包括环境问题、城市公害和城市病、城市空间扩张与土地资源矛盾以及区域发展不平衡问题。

（一）环境问题

20世纪50年代后期直至1973年是日本经济高速增长的时期，由于期间的经济增长基本上是依靠大量的能源和资源消耗为基础，因而，随着人口不断地向大城市集中，环境问题随着经济的发展和城市化的推进而日益突出。特别是钢铁、化工、石油等工业成为国家工业化的主要推动力，加之城市汽车数量的急速增加，工业污染状况的加剧成为困扰经济活动和人民生活的严重问题。在大都市中的环境污染问题主要是大气污染和水质污染，大气污染主要是汽车尾气中排放的二氧化碳造成的。另外，在日本东京湾、伊势湾、濑户内海等沿岸地区，由于城市化发展速度的加快以及城市中下水道等设备的不完善导致城市生活排水的增加，加剧了这些水域的水质污染状况。

比较而言，韩国的环境问题影响程度没有日本的严重和广泛。但是，随着韩国城市化和工业化的快速发展，尤其是首尔日益成为国际大都市，城市交通堵塞、住宅拥挤、房地产投机、大气污染等城市问题均日益严重。

（二）城市公害和城市病

20 世纪 70 年代以前，钢铁、石油、化学和水泥等基础资源型产业是造成日本城市公害的主要原因。都市中集中的服务产业使与此关联的人口、各种活动向都市集中，带来了以交通公害为首的都市生活型公害的恶化。20 世纪 80 年代以后，日本的城市公害已经得到了根本的治理和改善，城市问题已不再突出，但工业化进程所带来的人口过度集中问题以及由此引起的住房紧张、交通拥挤等一系列问题至今仍然不同程度地影响着东京人的日常生活。

而在韩国，由于人口和汽车集中，汽车拥有率日益提高，从而导致交通拥挤非常严重，尤其是在首都圈。交通拥挤现象从一定程度上削弱了韩国国民的生活质量。

（三）城市空间扩张与土地资源矛盾

从 20 世纪 60 年代开始，随着工业化的推进和城市的地域扩张，经济发展对土地的需求不断增加，但相应数量的土地供应有限，加上对土地转让中获取的不劳所得利润的税收制度不完善，使得韩国的不动产价格狂飙。但在一些落后地区，却导致了学校、道路等各种基础设施和资源的利用率降低，因而出现了国土利用方面的低效率问题。20 世纪 80 年代，韩国年平均地价上升率高达 16.2%，居世界首位，大大超过了当年国内的经济增长率。从 1972 年开始推进的三次国土综合开发规划，构筑了韩国经济增长的基础，大幅度改善了国民生活环境。

日本与韩国同样属于土地资源稀缺的国家。随着人口和产业不断向中心城市集聚，日本的土地资源稀缺性与城市开发建设用地矛盾也十分突出。日本城市地价在 20 世纪 80 年代后半期的暴涨和在 90 年代的暴跌对日本经济产生了深远的影响。

（四）区域发展不平衡问题

从 20 世纪 60 年代起，随着日本工业化、城市化和现代化的进程，工业与农业发展、城乡发展和地区发展出现严重失衡，首都圈、中部圈和近畿圈三大都市圈是日本人口产业最密集的地带。韩国的国土空间结构极不均衡，人口和产业向首都圈的集中导致了各地区、城市阶层间的经济差异，如江原道南部、庆尚北道北部、庆尚南道西部及全罗道东北部等地区依然未能摆脱相对落后的局面。

针对首都圈过度膨胀问题，日本和韩国都采取了积极发展卫星城市，培育新的城市增长点，实现国土综合、协调发展的措施。如上文所述，日本政府自 20 世纪 60 年代起，先后制定五次全国综合开发规划和一系列法规，并编制三大都市圈发展规划。韩国政府自 20 世纪 70 年代以来，采取了一系列政策措施，促进小城镇发展。通过国土综合开发、发展卫星城市和小城镇，从一定程度上缓解了大都市圈的过度集聚所带来的区域发展不平衡问题。

四、日韩城市化对我国城镇化的启示

我国目前正处于城市化快速发展的时期，日韩城市化进程中出现的这些问题，我国也不同程度地遇上了，部分问题的严重程度甚至超过了日韩，因此日韩政府如何应对和解决这些问题为我国城镇化道路提供了许多重要的启示。日韩政府在应对城市化进程中出现问题的做法，我们可以总结出以下几点。

第一，要高度重视城镇化与工业化的耦合关系。日韩的城市化经验表明，在城市化过程中，必须重视工业化和产业发展对城市化的支撑作用。日本和韩国在战后都是依靠工业化驱动快速实现城市化。工业的快速发展为城市地域范围的扩张以及城市人口的就业提供了强有力的产业支撑。超越产业发展水平和工业化进程的刻意人为的城市化很容易带来大量的经济社会问题，这种“过度城市化”很难维持却会给经济的稳定带来巨大的隐患。

第二，要充分发挥政府与市场的相互作用。战后日本、韩国城市化的快速推进，政府起了重要作用，并与市场机制相互影响。日本先后制定了 5 次全国综合开发规划、3 次国土利用规划、5 次首都圈基本规划、5 次近畿圈基本整备规划和 4 次中部圈基本开发整备规划，对城市化的发展进行引导。韩国的城市化建设很大程度上也是在政府行政计划综合框架之内运行的。因此，城市化推进不仅要强调市场机制的基础和主导作用，也要注重政府的规划引导作用，尤其要重视规划的作用，通过规划去引导城市化的健康发展。

第三，要重视优化城市化的空间布局。日本与韩国城市化模式的主要特征都是少数中心城市获得优先集中发展，城市体系在空间分布上的不均衡性对区域经济的发展产生了长期而深刻的影响。例如，日本长期存在“向东京一极过度集中”和“过疏过密”的空间不均衡问题。针对这些问题，日本和韩国都采取了积极发展卫星城市，培育新的城市增长点，有效地分散了大都市区的人口和产业过度集聚，从而形成“发展极”和等级次序相对合理的大中小城市序列，带动了城乡的协调发展。中国目前正处于城市化、工业化快速推进的时期，如何统筹城乡及区域经济的协调发展，避免出现并有效解决过密和过疏问题，日本和韩国的做法给我们提供了有益的经验。

第四，要关注都市圈的可持续发展。都市圈是城市化的主要载体，可以集约利用资源，获取集聚经济效益。日本与韩国城市化模式的一个共同特征就是对少数几个都市圈实行优先集中开发。例如，日本的人口、产业和城镇高度集中在东京、大阪和名古屋三大都市圈，韩国则形成了以首尔为绝对核心的首都圈。但都市圈由于各种要素的高度集聚，使得环境承载力不断下降，面临着一系列可持续发展问题，有鉴于此，日本和韩国均通过多次都市圈规划及相关政策，从基础设施共建、环境保护、产业协作和空间结构重组等方面研究解决都市圈的可持续发展问题。目前中国珠三角、长三角和京津冀三大都市圈发育日趋成熟，其他都市圈建设也在稳步推进，但都市圈规划作为一种独立的规划形式，在中国暂时没有直接的法律依据，因此，需要借鉴日韩经验，通过法律或法规保障都市圈规划的严肃性和权威性，实施都市圈规划，重组都市圈产业链，优化空间结构，增强都市圈资源环境承载能力，从而促进都市圈的可持续健康发展。

6.4 拉丁美洲的城市化：经验与教训①

20 世纪初，拉美国家城市化发展还很缓慢，城市（2 万人以上）人口超过 10% 的国家只有阿根廷、智利、乌拉圭和古巴，20 世纪 20 年代拉美国家开始了城市化进程，到 1950 年拉美国家城市化率已经超过 40%，20 世纪 50 年代之后，城市化进程开始加速。1950—1975 年，每年城市人口增长率为 4. 14%，同期欧洲国家为 1. 86%，美国为 1. 98%。1975—2000 年，拉美国家的城市人口增长率为 2. 76%，同期欧洲国家为 0. 68%，美国为 1. 32%。1950—2000 年，拉美国家的城市人口增长了 5 倍多，从 0. 7 亿增加到 3. 93 亿，2003 年拉美国家的城市化率达到 76. 8%，城市化率已经超过欧洲国家，并且接近美国水平。虽然拉美国家具有较高的城市化水平，但拉美国家的城市化与经济发展水平相脱节，贫富差距很大，城市失业率居高不下，城市环境较差，表现为“过度城市化”。在城市化过程中也出现了城市人口急剧膨胀，首位城市畸形发展，以及城市中的贫困失业等问题。

一、拉美国家城市化的教训

（一）城市化与工业化发展相脱节

在拉美国家的城市化进程中，工业化对城市化的促进作用并不像欧美发达国家那样同步推进，而是非常有限。例如，1940—1950 年巴西平均城市化率为 48%，同期工业部门就业比例为 12. 5%；1950—1960 年巴西城市化率几乎每年增加 6%，而工业部门就业增长仅为 2. 8%；1960 年巴西、阿根廷、墨西哥、智利的城市人口比

① 参考段瑞君．拉美国家城市化教训及其启示．合作经济与科技，2011（22）；孙光英．拉美城市化过快发展的负面效应值得关注．红旗文稿，2013（9）

例分别为 56%、74%、51%、68%，工业部门的就业比例分别为 15%、36%、20%、20%；进入 80 年代和 90 年代，上述四个国家的城市化率都已经达到 70% 和 80% 以上的水平，而工业部门的就业比例仍然维持在 20% 和 30% 左右，拉美其他国家同样也出现了类似的现象。可见，拉美国家的工业化对城市化的促进非常有限。

拉美国家之所以出现高度城市化进程，主要原因并不是工业化的推进，而在于拉美国家的土地政策。拉美国家独立之后，实行私人所有制的土地急剧扩大，在 20 世纪初的墨西哥，95% 的农民无地可种，而不到 200 个的大庄园主却拥有全国 1/4 的土地。在厄瓜多尔，1954 年拥有 100 公顷以上土地的农场（占全国农场的 2.2%）控制了 64.4% 的土地，而为数众多的小农场（占总数的 73.1%）仅拥有农场用地的 7.2%。1973 年哥斯达黎加承租农场仅占 5%，但是，拥有 500 公顷土地以上的农场（占总数的 1%）占用了农产用地的 40%。就整个拉美地区而言，在第一次世界大战前后，约占农户 1.5% 的大地主，拥有全部耕地面积的 50% 以上。正是由于不公正的土地分配政策，使无地农户、无业贫民的数量不断增加，在 1950—1975 年期间，拉美国家有 4000 万农村人口（相当于同期农村人口自然增长总量的一半）流入城市谋生。

（二）首位城市的过度膨胀

1950—1980 年拉美国家经历了城市化的加速期，百万人口的大城市由 7 个增加到 48 个，某些拉美国家的首位城市也发展到超级程度，墨西哥城的人口达到 1400 万，成为世界城市人口最多的城市，巴西的圣保罗、阿根廷的布宜诺斯艾利斯在 80 年代人口也超过了 1000 万。一些拉美国家的首位城市占总人口和城市人口的比例都非常高，1970—1990 年布宜诺斯艾利斯、利马、圣地亚哥占总人口的比例都在 40% 左右，其他城市也在 20%～30%。

拉美国家首位城市的过度膨胀存在很多问题。第一，由于大量人口涌入城市，正规部门就业机会有限，造成大量失业人口，大量新移民在非正规部门就业，其平均收入甚至低于贫困线；第二，政府无力提供基本的生活与服务设施，导致贫困人口增加；第三，首位城市环境恶化问题严重，空气污染严重，工业废水废气不经处理排入河流，严重威胁着人们的健康；第四，城市交通拥挤问题严重，由于首位城市中集中着大量的机动车辆，如智利的圣地亚哥高出全国平均水平70%，造成道路拥挤和堵塞日益突出；第五，犯罪猖獗，社会治安令人担忧。

（三）拉美国家的逆城市化

20世纪80年代之后，与欧美发达国家有些类似，拉美国家也经历了“逆城市化”现象，许多大城市的人口也开始向城市外围迁移，大城市的移民人数开始减少，首位城市占总人口的比重下降，并且中小城市人口的增长速度快于大城市。1985—1990年墨西哥城的迁出人口达到30万。虽然拉美发展中国家在80年代与欧美发达国家一样经历了“逆城市化”现象，但是两者存在本质的不同。欧美国家的“逆城市化”主要在于产业结构的正常调整，而拉美国家的“逆城市化”则是由于大城市房屋价格的上升、贫困人口实际收入的下降和当时政府的政策有关。在70年代后期，拉美国家大城市的房屋价格普遍上升，在此期间贫困人口的实际收入却在下降，由于贫困人口在大城市难以生存，被迫向城市外围迁移。另一方面，随着城市流动人口的增加，棚户区和贫民窟面积不断扩大。政府为了根除大城市中的贫民窟，强迫穷人向城市外围迁移。可见，拉美国家的“逆城市化”并不是经济正常发展的结果，而是经济扭曲的产物。

二、拉美城市化对我国城镇化建设的启示

一些拉美问题专家认为，我国与拉美同属发展中国家，许多情况与拉美地区相类似，在我国的城市发展过程中，拉美城市化的教训至少有以下几个方面值得我们警惕。

（一）均衡发展，防止“大城市化”

拉美地区城市化进程出现大量问题是一味注重“大城市化”、

“超大城市化”，从而造就一批超大规模的城市，却忽视了其他地区的发展。这种非均衡的发展路径是需要我国斟酌的。在我国今后的城镇化进程中，应该更为均衡地分配建设资源，从而形成各级规模城市和城镇以及农村的协调发展。否则就容易面临资源、环境以及各种社会问题的严重困扰，并为此付出高昂代价。

（二）城市化与农业发展相协调

发达国家的城市化是建立在工业化和农业发展的基础之上，不仅工业化使城市能够容纳更多的劳动力，也需要农业生产力高度增长以解放出大量的农业劳动力进城。工业化和农业发展相互协调才能形成城市化的良性循环。然而，拉美国家的城市化并非建立在这一基础之上，而是在本国农业生产力还没有达到相应高度的背景下由外力来推动的。结果，在农业发展相对停滞的基础上所进行的拉美国家城市化，不仅使农村在发展中日益贫困造成巨大的城乡差距，而且导致了城市的贫困和贫富差距，城市化进程陷入重重危机。

我国传统的城镇化道路也在一定程度上忽视农村的发展，随着大量的农民进城务工，“空巢”现象严重；农村劳动力不足，出现了耕地抛荒的情况。农村发展严重滞后导致了“城市像欧洲，农村像非洲”。城乡差距大是我国发展的巨大阻力。

（三）大力发展第三产业

城市化不能过于超前，应与产业结构相协调，实现社会经济良性循环，避免滋生“城市病”。拉美国家的城市化进程中维持了过高的失业率，这在于产业结构无法容纳大量的城市劳动力。过高的失业率不仅拉大了贫富差距，而且造成暴力横行、犯罪率高等一系列“城市病”。

就业岗位的提供是农村人口流向城市的首要条件。相对于服务业，工业吸纳劳动力的能力较弱，尤其是我国计划经济时代一味强调资金密集型的重工业的发展，进一步弱化了工业解决城市劳动力就业的能力，因此需要大力发展我国的第三产业。在我国目前的产业格局中，第三产业占 GDP 的比重仅为四成多，远远低于欧美发达国家三分之二的水平，还有很大的上升空间。为此，应制定有利于促进劳动密集型产业的发展、适度压缩资金密集型产业过度发展的政策，为农村转移劳动力创造更多的就业机会。就业岗位的创造依然是当前我国经济社会发展的迫切问题，应努力使农村进城人口具有相对稳定的职业。

（四）控制城市住房价格

拉美国家城市化率高，人口过分集中于大城市，城市住房价格很高，加上严重的城市失业情况，造成大量城市贫困人口。这些人买不起住房，逐渐形成大规模的贫民窟，给城市带来一系列严重问题。贫民窟里，严重缺乏公共设施，社会治安很差，黑社会势力横行，各类犯罪活动猖獗，成为拉美国家容易发生社会动荡的一个重要原因。

我国当前城市房价同样很高，使得很多农村进城务工人员无法购买自住房，"城中村"现象存在于各大城市。"城中村"的条件类似于拉美的贫民窟。恶劣的居住环境会使农村进城人口产生越来越大的心理落差，不利于社会稳定。因此，政府需要继续大力调控房价，使房价回归合理的水平，让普通的外来务工人员看到购房的希望，从而逐步瓦解"城中村"。

6.5 小结

从美国城市化的进程看，许多城市和小城镇原先都是围绕企业发展起来的。例如西雅图市的林顿镇，因为波音公司而出名；硅谷的高科技企业云集，成为世界上最具活力的小城镇群带。尽管各国城市的规模大小不一，历史文化和市容市貌各不相同，但不同城市的主导产业突出、特色鲜明。比如纽约是美国的商业、金融、文化娱乐和出版中心；西雅图是微软总部所在地，电子信息产业非常发达；迈阿密是美国南部著名的旅游城市和退休老人理想的休养地。巴西的圣保罗是南美洲最大的工业和商业城市，而伊瓜苏市则以旅游业闻名。

产业发展（产业结构的转换和演进）是城镇化演进的重要基础。城镇化的实质是由于生产力变革所引起的人口和其他经济要素从农业部门向非农部门转移的过程，转移的根本标志是农业比重的下降和非农业比重的上升，即产业结构的变迁。纳瑟姆将城市的发展分为三个阶段，分别与不同的产业结构相对应。提出著名的城市发展规律“纳瑟姆曲线”的美国城市地理学家纳瑟姆从人口转移的角度衡量产业结构调整的过程和城镇化发展水平。他的研究表明，工业化的进程将越来越多的人口从农业和工业生产中解放出来，为第三产业的发展提供可能，而工业化后期第三产业的迅速发展又为进一步吸纳传统产业富余人口创造了条件，从而推动城镇化的演进和城市发展。

第七章 经济发展与新型城镇化的交互作用：探索与实践

正如我们上文所指出的，广义的新型城镇化不仅仅是人口从农业转向非农业、土地利用模式从农业用地转向非农业用地，它还包括旧城的再城市化以及乡村的现代化。在中国改革开放 30 多年的历程中，伴随着经济发展和工业化进程的推进，各地区因地制宜，探索与实践了城镇化和城市发展的各种模式。本章撷取了北京新兴产业功能区、天津华明镇、四川成都和辽宁抚顺等区域的经济发展和城镇化进程进行分析总结。北京立足世界城市建设，重构产业体系和城市功能，持续推进都市区建设。天津华明镇是农村城市化的典型代表，探索了农村城市化的“华明模式”。四川成都是国内城乡一体化发展先行区域，其经验值得其他地区借鉴。辽宁抚顺则是旧城改造和再城市化的典型城市。

7.1 北京：世界城市目标下的高端产业功能区建设

作为新中国的首都，新中国成立六十多年来，北京的城市发展持续推进。经过新中国成立六十多年来特别是改革开放三十多年来的城市建设和发展，北京的经济、文化及其他各项社会事业都取得了长足发展。进入 21 世纪，北京在“科技北京、人文北京、绿色北京”的引领下成功举办 2008 年奥运会，各方面实力和影响力大幅提升。为满足我们国家未来发展对于具有世界级影响力和控制力的首都城市的需求，使北京市的国际地位与迅速提升的国家地位相匹配，2005 年 1 月国务院批复了《北京城市总体规划（2004—2020）》。该规划提出，北京城市未来分“三步走”，到 2050 年左右，建设成为经济、社会、生态全面协调可持续发展的城市，进入世界城市行列。2010 年，北京市十三届人民代表大会三次会议明确提出：北京已进入全面建设国际化现代大都市的新阶段，现阶段要立足当前，将建设世界城市作为着眼点。

一、北京近年来经济社会发展概况

进入新世纪以来，北京经济社会与城市发展等各方面都取得了长足发展。经济实力进一步增强，经济结构不断优化，居民收入和生活水平持续提高，财政收入大幅增长，教育科技、医疗卫生等社会事业全面进步，城市影响力和竞争力显著提升。

1. 经济与产业发展

（1）经济增长迅速，整体实力不断增强。地区生产总值从 2000 年末的 3161. 7 亿元增加到 2011 年末的 16251. 9 亿元，年均增长超过 16%，提前完成十年翻两番的经济发展目标。同期，人均地区生产总值从 24127 元/人增加到 81658 元/人，年均增长近 12%（见表 7 - 1）。按照当年美元价格计算，2010 年人均地区生产总值超过 10000 美元。根据世界银行的标准，北京已经进入高收入经济社会初期；根据钱纳里的标准，北京已经进入发达经济初级阶段。

表 7 - 1　2000—2011 年北京市地区生产总值

年份	2001	2002	2003	2004	2005	2006	2007	2008	2009	2010	2011
GDP（亿元）	3708. 0	4315. 0	5007. 2	6033. 2	6969. 5	8117. 8	9846. 8	11115. 0	12153. 0	14113. 6	16251. 9
人均 GDP（元/人）	26980	30730	34777	40916	45993	51722	60096	64491	66940	73856	81658

资料来源：《北京市统计年鉴（2012）》。

（2）经济结构不断优化，第三产业特别是生产性服务业不断壮大。自 1994 年第三产业在地区生产总值中的比重首次超过第二产业以来，第三产业的比重不断增加，截止到 2011 年末，第三产业占地区生产总值的比重已高达 76.1%。以金融业、租赁和商务服务业、信息传输和计算机服务、科学研究和技术服务等为代表的生产性服务业发展迅速。生产性服务业产值从 2000 年的 1196 亿元迅速增加到 2011 年的 8124.8 亿元，年均增长率达 19%。同期，生产性服务业在第三产业中的比重从不足 58.4% 增长到 63.8%，在地区生产总值中的比重从 37.8% 增加到 45.5%。其中，信息传输计算机服务和软件业、租赁和商务服务业、科学研究和技术服务业发展较快，交通运输、仓储和邮政业发展滞后，金融业和房地产业发展波动较大。

（3）新兴产业发展迅速，成为推动国民经济发展的主导力量。新兴产业的贡献率从 2006 年的不足 64% 增长到 2011 年的近 68%。生产性服务业和文化创意产业发展迅猛，生产性服务业增加值从 2004 年的 2261 亿元增加到 2011 年的 8124.8 亿元，年均增长率高达 20%；同期，文化创意产业增加值从 573 亿元增加到 1989.9 亿元，年均增长近 19.5%。现代服务业、信息服务业、高技术产业和信息产业快速发展，2004 年以来年均增长率分别为 17.6%、16%、15.9% 和 15.5%。各行业发展状况具体见表 7－2。

表 7－2　部分新兴产业增加值（2004—2011 年）

单位：亿元

年份	2004	2005	2006	2007	2008	2009	2010	2011
文化创意产业	573.0	674.1	823.2	1008.3	1346.4	1489.9	1697.7	1989.9
信息产业	867.3	1152.7	1344.5	1668.3	1759.8	1762.9	1989.2	2377.7
高技术产业	370.6	504.4	606.4	729.6	852.3	778.4	888.8	1043.2
现代制造业		602.7	679.7	779.3	836.2	895.2	1082.3	1234.9
现代服务业	2669.6	3206.8	3870.0	4933.1	5660.0	6264.7	7026.3	8311.3
生产性服务业	2261.0	2802.1	3409.4	4425.2	5355.3	5676.1	6705.0	8124.8
信息服务业		721.5	843.8	1047.0	1195.2	1267.6	1445.3	1760.2
物流业			368.0	383.5	423.4	427.7	493.7	562.5

资料来源：《北京市统计年鉴（2012）》。

（4）产业功能区集聚发展能力增强，企业发展态势分化明显。

近年来，北京积极培育高端产业新区，引导产业对外辐射发展，构建“六大高端产业功能区 - 四大高端产业新区 - 专业集聚区”的产业空间格局。六大高端产业功能区发展势头良好，经济实力和经济发展贡献率显著增加。通州高端商务服务区和丽泽金融区等四大高端产业新区发展快速，经济发展的带动作用开始显现。“六高”以全市7%的平原面积，20%的能耗，创造了四成以上的地区生产总值、收入、利润和税金，吸纳了三成以上的就业人数，成为高端产业、高效企业、高薪岗位的主要承载地，首都经济逐渐呈现出产业高端化、布局集聚化、企业总部化、业态融合化的“四化”特征。2010年以来，受国际金融危机导致国际需求下降的影响，“六高”呈现出“三升二平一降”的发展格局，即以出口导向、制造业为主的亦庄开发区、临空经济区下降或持平，而以创新导向、服务业为主的中关村、金融街、CBD在全市经济份额中上升，功能区分化发展态势明显。

2. 居民收入和生活水平

（1）居民收入水平持续提高。

2001年以来，居民收入水平不断提高。在岗职工的年均工资从2001年的19155元/人增加到2011年的75834元/人，年均增长近15.4%。同期，城镇居民人均可支配收入从11577.8元增加到32903元，年均增长约11.1%；农村居民人均纯收入从5274.3元增加到14736元，年均增长近11.1%（见表7-3）。

表7-3 2000—2011年北京市居民收入状况

单位：元

年份	在岗职工平均工资	城镇居民人均可支配收入	农村居民人均纯收入
2001	19155.00	11577.80	5274.30
2002	21852.00	12463.90	5880.11
2003	25312.00	13882.60	6496.30
2004	29674.00	15637.80	7172.10

续表

年份	在岗职工平均工资	城镇居民人均可支配收入	农村居民人均纯收入
2005	34191.00	17653.00	7860.00
2006	40117.00	19978.00	8620.00
2007	46507.00	21989.00	9559.00
2008	54913.00	24725.00	10747.00
2009	58140.00	26738.00	11986.00
2010	65683.00	29073.00	13262.00
2011	75834.00	32903.00	14736.00

资料来源：根据《北京市统计年鉴（2012）》整理。

（2）居民消费水平不断提高，居民生活状况明显改善。

全市居民人均消费水平从2000年的8820元增加到2011年的27760元，年均增长近11%。城镇居民家庭人均消费性支出从2000年的8493.5元增加到2011年的21984元，年均增长9%，恩格尔系数则从36.3下降到31.4，最低年份（2006年）低至30.8；城镇居民人均住房建筑面积从2002年的19.2平方米扩大到2011年的29.4平方米（见表7－4）。农村居民人均生活消费支出从2000年的3441.4元增加到2011年的11078元，年均增长11.2%，恩格尔系数则从36.7降至32.4，最低年份（2010年）低至30.9；同期农村居民人均住房面积从28.91平方米扩大到48.63平方米（见表7－4）。城乡居民家庭消费呈现出快速增长的趋势，在消费支出额方面有一定的差距，农村家庭消费呈现为小康型、实惠型特点，城镇家庭消费倾向富裕型、享受型。

表7－4　2000—2011年北京市居民家庭生活状况

年份	城镇居民			农村居民		
	人均消费性支出（元）	家庭恩格尔系数（%）	人均住房建筑面积（平方米）	人均生活消费性支出（元）	家庭恩格尔系数（%）	人均住房面积（平方米）
2001	8922.7	36.2		3871.5	34.9	31.01
2002	10285.8	33.8	19.2	4206.0	33.0	32.58

续表

年份	城镇居民			农村居民		
	人均消费性支出（元）	家庭恩格尔系数（%）	人均住房建筑面积（平方米）	人均生活消费性支出（元）	家庭恩格尔系数（%）	人均住房面积（平方米）
2003	11123.8	31.7	19.7	4655.3	31.7	33.95
2004	12200.4	32.2	21.5	4886.4	32.6	34.21
2005	13244.2	31.8	22.0	5515.0	32.8	36.94
2006	14825.0	30.8	23.7	6061.0	32.0	39.10
2007	15330.0	32.2	24.8	6828.0	32.1	39.54
2008	16460.0	33.8	26.9	7656.0	34.3	39.40
2009	17893.0	33.2	27.7	9141.0	32.4	39.42
2010	19934.0	32.1	28.9	10109.0	30.9	40.62
2011	21984.0	31.4	29.4	11078.0	32.4	48.63

资料来源：根据《北京市统计年鉴（2012）》整理。

但是，由于最近5年世界经济总体上处于低速增长甚至衰退的低迷状态，国内经济进入发展方式转型调整时期，投资拉动经济势头明显放缓，限车限房和中央“八项规定”等政策限制了一些“消费利器”，北京面临经济发展周期性回落和经济社会结构转型的双重压力与困难。基于北京的现实和对国内外经济社会发展趋势的把握，2010年，北京市发展和改革委员会制定了《北京市“十二五”时期现代产业建设发展规划》，充分发挥首都资源优势，推进产业融合发展，促进产业升级换代，实现首都经济平稳较快发展。

二、北京高端产业功能区建设与发展

根据《北京市“十二五”时期现代产业建设发展规划》，“十二五”时期北京将推进现有高端产业功能区功能提升，积极培育高端产业新区，引导产业对外辐射发展，构建“六大高端产业功能区－四大高端产业新区－专业集聚区”的产业空间格局。经过多年的发展，“六高四新”产业空间格局基本显现，区域协调性和聚集效应增强。六大高端产业功能区发展势头良好，经济实力和经济发展贡献率显著增加。2012 年，“六高”增加值占 GDP 比重达 43.5%。通州高端商务服务区和丽泽金融区等四大高端产业新区发展快速，经济发展的带动作用开始显现。

（一）高端产业功能区

六大高端产业功能区经济发展支撑作用不断增强。2012 年，“六高”实现增加值 7745.9 亿元，占 GDP 的比重达到 43.5%，比 2005 年提高 9.1 个百分点。2005 年以来，“六高”增加值年均增速为 18.4%，高于全市 4.1 个百分点，集聚发展能力不断增强。目前，“六高”以全市 7% 的平原面积，20% 的能耗，创造了四成以上的地区生产总值、收入、利润和税金，吸纳了三成以上的就业人数，成为高端产业、高效企业、高薪岗位的主要承载地。

特色差异发展态势日益强劲，功能区特色主导产业基本形成。2012 年，中关村示范区信息服务业和科技服务业比重超过 50%，比 2005 年提高 10.7 个百分点。金融街金融业比重为 80.3%，比 2005 年提高 8.7 个百分点。商务中心区商务服务业、国际金融产业、文化创意产业比重超过六成。经济技术开发区现代制造业和高技术产业比重达到七成。临空经济区交通运输业和现代制造业比重超过八成。奥林匹克中心区文化、体育产业比重提升。目前，功能区集聚了全市九成以上的高技术产业、八成左右的现代制造业、七成左右的金融业、五成以上的文化创意产业和生产性服务业。

体制改革先行先试作用明显。中关村建立了跨部门的工作联动机制，形成“一区多园”发展格局，并上升为国家自主创新示范区。金融街完成功能区内街道行政资源合并，成功运作金融街控股公司上市。CBD 创新政府投资模式和土地出让金使用方式，由传统工业区转型为现代商务区。开发区进一步探索整合市级审批权及财权，加强与大兴区行政资源整合。奥运功能区不断创新奥运遗产利用新模式，多渠道吸引社会主体参与。临空经济区在保税服务、外向型经济发展、文化贸易等方面开展了多方面探索。

1. 中关村国家自主创新示范区。2012 年，中关村示范区实现增加值 3600 亿元，同比增长 15.7%，占北京市地区生产总值的 20.2%，对北京市经济增长贡献率约 31.6%。对首都经济增长形成有力支撑。2012 年，中关村示范区实现总收入 2.4 万亿元，同比增长27.4%，是“十一五”末的1.55 倍。高新技术制造和服务日益成为中关村的主导产业，一大批高新技术企业面向全国乃至全球进行产业布局，对外辐射能力不断增强。2012 年示范区企业在京外设立分支机构 8301 家，较上年增加 2648 家。中关村科学城和未来科技城建设加快。按照目前的发展速度，到“十二五”期末，中关村能够实现规划目标。

2. 北京经济技术开发区。2012 年，北京经济技术开发区投产开业企业 3014 个，实现总收入 3848.2 亿元，比上年下降 7.1%；实现利润总额 275.1 亿元，下降 19%。与 GDP 快速增长不同，北京经济技术开发区发展不增反降。电子信息、生物医药、装备制造、汽车制造四大主导产业产值占北京市的比重分别达到43%、48%、25%、17%，产业发展更加均衡。建成全国第一条拥有自主知识产权的液晶显示生产线——京东方 8.5 代线，围绕该项目打造国内领先的绿色显示产业链。建设了中国云计算产业园，吸引百度等十余家企业入驻。开工建设奔驰汽车全球首个海外发动机厂和 MFA 工厂，汽车制造产业持续壮大。康宁玻璃、中芯国际二期、天坛生物、同仁堂健康药业、大族激光等一批重大项目进展顺利。新增世界 500 强企业投资项目 28 个，累计达 110 个。

3. 金融街。2012 年，全区实现金融业增加值 1071.4 亿元，比“十一五”末提高 30.8%，占全区 GDP 比重达到 41.6%。“十二五”以来，金融街累计引进金融机构 122 家，金融业法人机构数为 364 家，与“十一五”末相比增长62.5%，金融业资产规模达到62.4 万亿元，比“十一五”末增长 23.8%，金融业的主导地位不断增强。金融街项目资源置换取得积极进展。北京黄金交易市场顺利入驻金隅大厦；作为西城区保障性住房建设项目的槐房路地块与市政路桥集团达成合作意向；三里河北街 1 号和甲 1 号项目、TOP 百盈项目、万通新世界等项目与相关部门达成了搬迁安置的初步共识。

4. 商务中心区。2012 年，CBD 中心区 GDP 891 亿元（初步核算），是“十一五”期末的 1.3 倍，年均增长 14%。“十二五”以来，CBD 功能区围绕首都服务经济、总部经济、知识经济和绿色经济的发展要求，推进核心区建设和东扩工程，进一步巩固了以国际金融为龙头、高端商务为主导、文化传媒聚集发展的产业格局。国际高端要素进一步聚集，截至 2013 年 4 月，中心区企业数量达 33500 余家，其中跨国公司地区总部近 30 家（功能区 77 家），世界 500 强投资企业 138 家。楼宇经济快速发展，2012 年，中心区 89 座商务楼宇共聚集企业约 32030 家，纳税合计 244 亿元，占 CBD 中心区税收总额的 89%。行业发展势头良好。高端商业蓬勃发展，中心区内商业设施规模已超过 100 万平方米，包括百货公司、购物中心、商业街等多种物业类型，新光天地、国贸商城、银泰中心等项目集中了众多国际一、二线品牌。

5. 奥林匹克中心区。2011 年，奥运功能区完成财政收入 45 亿元，增速达到 16%，超额完成任务。2012 年功能区全年完成财政收入 53.7 亿元，同比增长 17.6%，增速高于全区 7.6 个百分点。“十二五”以来，奥运功能区综合运用各种产业、财税政策吸引高端人才及重点项目落户，强化重点资源对产业的支撑能力，目前已经基本形成以体育、文化、会展、旅游业为主导的高端产业格局。功能区内“一刻钟社区服务圈”建设扎实推进，综合实现日间托老（托残），老年人（残疾人）康复训练、文化休闲娱乐等功能；便民服务渠道持续拓宽，通过落实保障性住房工作，开办“四点半学堂”项目，建立信息资源共享平台等途径，深化便民服务内容。

6. 临空经济区。2013 年 1—4 月，临空经济区实现税收 108 亿元，同比增长 17.9%。四大高端产业实现新突破，临空型现代服务业和外向型高新技术产业快速发展，产业结构不断优化升级。通用航空等相关产业加速集聚；产业金融和新兴金融逐步凸显磁石效应；战略性新兴产业和地理信息产业不断实现新突破。北京激光显示产业园项目全面启动，四维远见、中测新图等在谈项目加速推进。京城大都、神通航空、汉宇航空等以公务飞行、航空器代管、出租飞行、通用航空包机飞行等航空企业相继入驻，新引进利氏兄弟拍卖公司等企业50多家。快件中心启动运营，14家快件企业签约进场，综合服务平台投入使用。正德人寿总部基地、国信银泰融资租赁、长久保险等项目相继落地。

（二）四大高端产业新区

四大高端产业新区建设进展顺利。园区开发特别是土地出让进展迅速，各新区基础设施建设相对迟缓，招商引资工作稳步推进。

1. 通州高端商务服务区。新一轮园区战略定位和概念性规划设计工作启动。一级开发稳步推进，地块上市准备有序。基础设施步伐加速，园区路网初步成型。完成潞苑南大街、大兴庄北一街、规划十七路四条道路建设，完成投资近2亿元。招商引资有了一定成绩。

2. 新首钢高端产业综合服务区。园区土地一级开发范围、土地开发建设模式等问题以及供地政策事宜，与市国土局进行对接；首钢老工业区西十筒仓改造项目一期工程被列为老工业区搬迁改造试点专项2013年中央预算内投资项目，给予中央预算内资金补助2600万元；开展了厂房改造客户的对接洽谈，就“驻京中外知名企业投资首钢行”活动进行前期准备。大力发展能源环保产业，医疗投资，文化产业等重点项目。以首钢医院为核心，全面整合存量医疗资产，通过“资本化运作、产业化发展、集团化运营、国际化接轨、差异化竞争”，打造首钢总公司医疗健康板块，实现首钢医疗资产的良性可持续发展。2012年承办了“第十二届世界漫画大会暨2011北京国际漫画周”、2012闪耀北京光影文化季暨首届首钢灯光节等一系列大型活动。开发相关衍生产品和内容，增加营业收入。

3. 丽泽金融商务区。完成丽泽城市设计导则和公共空间商业一体化设计方案编制工作，截至2013年6月，基本完成丽泽路南侧151公顷土地一级开发，投资近210亿元，已上市供应土地60公顷，总建筑规模154万平方米，出让总价约170亿元。截至2013年6月，累计入驻企业154家，注册资本金额超过726亿元。青海大厦、

“915”工程等4个项目正在进行主体结构施工，中华联合保险、国家金融信息大厦等项目也将于今年6、7月份陆续进场施工。引进企业154家，金融机构比例占到80%，包括中国证券金融公司等大型金融机构、建信股权基金等新兴金融机构、新华社金融信息交易所等金融要素市场、基金业协会等全国性金融行业协会以及中国铁物等大型央企总部等五类机构，其中亿元以上企业57家、10亿元以上企业15家。

4. 怀柔文化科技高端产业新区。完成区级《怀柔文化科技高端产业新区发展规划》的编制工作，对外联络线建成通车，供水厂、供水污水管线、环湖路一期、南华市场改造等项目加快建设，华北物资市场新建稳步推进。中科院科教产业园建设取得积极进展。目前，空间中心开工建设，中科合成油总部迁入怀柔，纳米材料绿色打印等项目建成投产，中航工业试验与检测项目正在进行内外部装修及设备安装调试，北京综合研究中心、纳米能源所初步完成选址。与市科委签约共建北京纳米科技产业园。截至2013年4月底，雁栖湖生态发展示范区建设已完成总工程量的60%；金雁饭店组团建设完成总工程量的30%。与国奥集团和中实集团达成合作意向，共同开发影视产业核心区，小马奔腾“数字王国”项目方案设计加紧进行。高端制造产业发展态势良好。福田重型机械项目顺利推进，福田戴姆勒汽车公司正式运营，奥瑞金公司成功上市。商贸金融产业加速集聚。广发证券、宏源证券等一批大型金融企业在怀柔设立子公司。龙山广场、时尚岛加快建设。

六大高端产业功能区发展势头良好，经济实力和经济发展贡献率显著增加。通州高端商务服务区和丽泽金融区等四大高端产业新区发展快速，经济发展的带动作用开始显现。

7.2 天津华明镇：世博会上的城市最佳实践区案例之一

作为新农村建设和城镇化建设的典范，天津市东丽区华明镇在

2010年上海世博会期间，以城市最佳实践区项目，向全球展示了其城镇化建设和经济发展的成果。

一、华明镇基本情况

华明镇，现为华明街道办事处，就行政建制来看，新中国成立以来经历了五次变革。20世纪50年代为荒草坨乡人民公社；1962年2月，建立东郊区荒草坨乡；1993年2月，更名为东丽区荒草坨乡；1994年11月，撤乡建立华明镇；2001年10月，相邻的赤土镇被撤销并入华明镇；2006年10月，撤镇建立华明街道办事处。

区域总面积156平方公里（其中可耕地面积49117亩），原辖14个行政村，2005年全镇总人口约4.6万。境内有“东丽湖旅游度假区”、“天津空港物流加工区”，其中，空港物流加工区和东南部分区域目前已被划入天津滨海新区。

华明镇交通区位优势明显。位于天津市东丽区中部，天津滨海新区和天津市中心城区之间，距天津市中心区10公里，距天津新港30公里，距天津国际机场5公里，距北京市四环线120公里。

二、华明镇城镇化发展的做法

（一）华明示范镇城镇化背景

作为我国北方工业经济中心天津的近郊，华明镇地理位置优越，经济发展迅速。一方面，改革开放以来，伴随天津非农产业的发展，华明镇的青壮劳动力与国内其他地区的农村劳动力一样，逐步从农业转移出去。截止到本世纪初，据不完全统计，华明镇的青壮劳动力几乎全部转移到非农产业。另一方面，随着市区的扩张和城市的发展，市区土地的稀缺性加剧，土地租金持续上涨，天津的城市发展日益受到资金和土地制约。另外，华明镇的原14个行政村，占地规模较大，建筑容积率低，土地利用率低，据相关部门测算，2005年该镇共有宅基地12071亩，原户均宅基地0.8亩；村内基础设施建设滞后，影响了农村现代化进程。华明镇尽管靠近市中心，交通畅通便捷，但昔日的它仍是一个典型的中国北方农村。在长期发展过程中，自然形成的村庄空间无序拓展。由于居住分散，建筑密度低，整个华明镇的产业空间布局杂乱分散，未能实现土地集约节约利用，就业岗位少，剩余劳动力无处安置。经济与人口的集约度很低，产业发展活力不足，农民生活水平提高缓慢，无法带动和促进华明镇农村城市化。华明镇的城镇化问题日益提上各级政府的重要议程。

2005 年，为改善农村生产和生活条件，优化用地结构和节约集约用地，国土资源部下发了《关于规范城镇建设用地增加与农村建设用地减少相挂钩试点工作的意见》（国土资发［2005］207 号）。天津市相关部门随之把华明示范镇作为天津市第一批试点单位（三镇两村）之一。

（二）华明示范镇城镇化的做法

华明示范镇从 2005 年开始规划，2006 年 6 月即开工建设。总体规划占地面积约 13.1 平方公里（其中示范镇居住区及商务区 5.618 平方公里；华明经济功能区 7.5 平方公里）。规划分区为 4 个功能区，即安置居住区、经济功能区、商务功能区和商品住宅区。

华明镇城镇化的做法可以概括为：依据城乡建设用地增减挂钩，以宅基地换房解决小城镇建设的土地和资金两大难题。城乡建设用地增减挂钩，是指依据土地利用规划，把拟用于整理复垦为耕地的农村建设用地地块（即拆旧地块）和拟用于城镇建设的地块（即建新地块）共同组成建新拆旧项目区，通过建新拆旧和土地整理复垦，最终确保整个项目区内建设用地总量不增加，耕地面积不减少、质量不降低，土地布局更加合理的目标。宅基地换房则是农民以其宅基地（包括村庄用地）按照相应标准换取建新地块中的住宅，以小城镇社区功能替代原村庄生产、生活辅助设施，即村庄变社区、平房换楼房。

1. 相关政策措施

（1）宅基地换房的基本原则有四：一是承包责任制不变；二是可耕种土地不减；三是尊重农民意愿；四是以宅基地换住房。

（2）区政府财政垫付资金近7亿元，用于农民搬迁补贴、房屋拆迁、土地复垦和完善社区配套设施，垫付资金从以后的土地出让金中返还。

（3）土地复耕：农民宅基地换房后，原来的土地承包责任制并未改变，土地仍然发包给本村村民，农民可以继续耕种自己的土地。但是基于当地的特点，土地多为盐碱地、排污区，不太适宜耕作，土地产出不高，农民种田意识不强烈。宅基地换房后，土地开始向大户流转，实行大户经营，用于经济作物种植。

（4）就业援助：农民住进城镇之后，开始逐渐转型为居民，因此，如何解决农民生活的后顾之忧是必须重点考虑的问题。华明镇宅基地换房之后解决农民就业问题的措施有三方面：一是面向全市企业推介、输送人才；二是在本区域企业安排物流、保安、保洁等就业岗位；三是设立新区居民培训学校，免费培训农民，开设驾驶、电焊、保洁等课程，提升农民工技能和素质，以适应城镇发展的需要。通过这些措施，华明镇提供了10万～20万个工作岗位，解决了农民养家糊口问题。

（5）社会保障政策：为了解决农民的后顾之忧，天津市政府为宅基地换房后的农民按城镇职工标准交纳了养老保险，每月40元/人，参保金由政府买单，目前参保率达85%以上。

（6）社区管理：华明示范镇居民实行社区化管理模式，行政机构设置为“三委”结构——村支部、村委会、农工商公司，原行政村委会保留，每个村委会规模为3000户，政府提供300～400平方米的办公用房。示范镇物业管理采取市场化运作，村民第一年物业费全免，第二年人均0.1元/平方米，每年递增0.05元，五年后每平方米不超过0.5元，政府补贴0.6～0.7元/平方米。社区专门成立综合执法大队，统一负责社区行政执法，维持治安，借鉴香港“一个警察管到底”的做法，实行“一支队伍管全部”。

2. 宅基地换房的具体做法和步骤

（1）房屋普查、建立档案：华明镇自2002年开始就已经开始房屋认定和人员身份认定工作。以镇为单位，由城建规划部门进行房屋普查和测量，建立房屋档案，获得准确的第一手资料。同时，由村民委员会成立工作小组，进行村民身份认定，确定村民数量。

（2）规划建设：华明镇“宅基地换房”项目从2005年开始规划，2006年4月开工建设，规划区内可容纳18万人居住。

选址：示范镇选址在空港物流加工区对面，高速公路与津汉公路相交处，区位优势明显。

住宅：整体区域分为居民住宅区和商务开发区。华明镇住宅顺应农民住房习惯，分布多为5层建筑，同时根据不同层次群众的需要，设计了带电梯的小高层。

社区：依照居民下楼不出300米的原则，设立了完善的公共服务设施，规划了社区服务中心、休闲广场以及便利店、医务室、托幼园等配套公共设施。

环保：园区绿化率达40%，住宅建设实施“三步节能法”，广泛推广使用太阳能和燃气能源，建设“中水（即废水再利用）处理设施”，体现了明显的节能环保特点。

（3）村民申请：通过前期的调查和测量，经多方征求意见后，由镇政府制定换房政策和标准。政策制定之后，由村、镇干部深入农村做好宣传工作，让农民充分了解政策内容，满意者提出搬迁、换房申请，当一个村90%以上的村民提交了申请之后，村委会和镇政府签订合同，整个过程涉及6份合同，做到不强求、不强制、不强拆，力求规范行政、依法办事。

（4）实施换房：按照天津华明镇以宅基地换房的政策内容，换房遵循两大标准：

A. 房屋有效面积：根据之前房屋普查的数据，村民的房屋分为主房和附房两种，其标准为：每一平方米主房可置换一平方米商品房，每二平方米附房可置换一平方米商品房。

B. 人均置换面积：华明镇的政策规定，换房按照30平方米/人的标准置换商品房，一户人家最多可换取 3～4 套房子。超出面积部分，给予货币补偿。

3. 建设成效

华明示范镇从 2006 年 6 月起步建设，按照统一规划，高标准建设现代化、有特色、适于产业聚集和生态宜居的示范镇。2006 年 11 月 15 日，约 156 万平方米建筑（含住宅及公建房屋）封顶。随后进行建筑内外装修及完善道路、绿化等配套设施，2007 年 8 月启动试点村（胡张庄）选房搬迁；9 月起东丽区举全区之力，帮助华明示范镇实施农民选房、置换、搬迁及对原村庄土地的整理复垦。目前，华明镇的教育、卫生、文化、体育设施完善，水、电、气和集中供热等基础设施齐全，农民生活品质得到大大提高，享受到城市化带来的成果。

通过宅基地换房，华明镇农民的家庭财产大幅增加：原来农民居住土坯房或者砖混房，估价在 2 万到 5 万元。到新的小城镇置换一套 80 多平方米住宅，价值超过了 40 万元，农民的住房资产增加了 10 倍左右。

华明镇的城镇化建设，改善了经济发展和居民生产生活环境。示范镇 2008 年建成以来，经济发展迅速。2008 年华明街道实现地区增加值 30.69 亿元；三级财政收入 1.52 亿元；本级财政收入 0.51 亿元；农民人均纯收入 11689 元，为当年全国平均水平（4761 元）的 2.45 倍，也超出了当年天津市平均水平（9670 元）21%。2011 年，华明街道实现生产总值增长到 47.67 亿元，比上年增长 25%；固定资产投入 71.96 亿元，比上年增长 21%；三级财政收入 5.23 亿元，比上年增长 63%；一般预算收入 1.75 亿元，比上年增长 50%；内资到位额 51.55 亿元，比上年增长 32%；外资到位额 3180 万美元，完成全年任务的 138%；外贸出口额 1600 万美元，完成全年任务的 80%；工业销售收入 85 亿元，比上年增长 54%；工业技改投入 3.7 亿元，比上年增长 61%；农民人均纯收入 16302 元，比上年增长 13%。

三、华明镇：城镇化推进与经济发展的经验

（一）显化宅基地价值，保障农民生活，实现城乡统筹发展

在保障国家基本耕地的前提下，宅基地是农民手中最重要的财富。因此，在城镇化进程中，要使农民生活有保障，就要显化宅基地的价值，从而达到城乡统筹发展的目标。华明镇实施的“以宅基地换房建设示范小城镇”让农民享受到城镇化带来的成果，给予农民生活保障，实现农民的安居乐业。以宅基地换房成功地实施了土地综合整治，破解了土地制约的瓶颈，节约了大量土地，达到了城乡统筹发展。

（二）经济集约化发展，土地节约集约利用

华明镇在建设城镇过程中，科学划分了居住、服务、产业等功能区，预留出经济功能区，宅基地进行复垦建设设立农业园区，实现了经济集约化发展。在“工业向园区集中、人口向城镇集中、土地向规模经营集中”的城镇化发展进程中，从根本上改变了乡镇企业布局分散和重复建设的问题，节约了建设用地，实现了土地的集约利用。

（三）设立“专项财政转移支付”，保障农民身份过渡

在土地综合整治中，土地作为农民生存的主要保障被逐渐淡化，由政府专项转移支付代替土地的作用，实质上起到了社会保障作用。农民在失去土地后，虽然形式上转变为城镇居民，但短期内仍缺乏脱离土地、在城镇谋生所需要的工作技能。华明镇所属的东丽区为此设立了养老保障金，根据年龄、性别按期发放一定的生活补贴。通过政府的专项转移支付来保障农民的基本生活水平。此外，土地综合整治、城镇建设都需要前期的资金投入，同样需要“专项财政转移支付”给予支持。

7.3 四川成都：城乡统筹发展的先行试验区

一、成都统筹城乡发展的探索

成都辖区面积12121平方公里，下辖9个区、4个县级市和6个县。截至2012年底，成都市建成区面积为405平方公里，城市人口（含常住人口）达到1173.35万人。成都地处四川盆地西部的岷江中游，境内地势平坦。2003年，成都的农业人口占本市总人口的比重为63%，中心城区以外的郊区县（市）占经济总量的60%。整体而言，成都市的城乡经济发展差距较大，城市化进程面临着巨大的经济压力和挑战。

2003年10月，党的十六届三中全会中提出了“科学发展观”的概念，并且提出了完善社会主义市场经济体制要贯彻“五个统筹”，即统筹城乡发展、统筹区域发展、统筹经济和社会发展、统筹人与自然和谐发展、统筹国内发展和对外开放。在这次三中全会后，成都于10月22日迅速召开了推进城乡一体化工作现场会，拉开了成都市城乡一体化历程的帷幕。同年底，成都市开始了新一轮的规划，根据城市圈层理论，成都市将全市划分为3个圈层：成都锦江区、武侯区、青羊区、金牛区以及成华区5个城区为中心城区；新都、青白江、龙泉驿、华阳、双流、温江、郫县等6个城区和郊县划分为近郊区；都江堰、邛崃、彭州、崇州、金堂、大邑、蒲江、新津8个县市划分为远郊区。近郊区与中心城区共同构成了主城区。

成都的城乡一体化从农村和城市角度着手，打开农村居民进城的通道。2003年，成都市出台了《成都市农村地区规划建设管理办法》，指导农村居民住宅建设。2004年2月，成都市又制定出台了《关于统筹城乡经济社会发展，推进城乡一体化的意见》，提出了统筹城乡经济社会发展、推进城乡一体化的指导思想、总体要求、主要任务和奋斗目标，统筹城乡发展的实践全面展开。同年，成都市放开了户籍制度并建立了转移人员的保险制度。2004 年初，成都在全国率先建立征地农转非人员社会保险制度，并且将 1991 年实行货币化安置以来已征地农民全部纳入社保范围。2004 年 5 月 1 日起，成都推行一元化户籍管理制度，取消农业和非农业户口的划分，统称为“居民户口”。2005 年 12 月，成都市委全委会提出把推进城乡一体化作为成都经济社会发展总体战略的建议，次年被纳入成都国民经济和社会发展“十一五”规划。在 2003—2007 年期间，成都的城乡居民收入比一直保持在 2.5～2.6 的范围之内，成都新建农民集中居住区和农村新型社区 2249.1 万平方米，城镇化率由 2002 年的 55.7% 提高到 2007 年的 63%。

2007 年 6 月，四川成都市经国家发展和改革委员会报请国务院同意，正式成为全国统筹城乡综合配套改革试验区，这是中国首次设立统筹城乡综合配套改革试验区。国家确立成都为全国统筹城乡综合配套改革试验区，为成都加快统筹城乡发展提供了重大的历史机遇。成都市委、市政府对此也给予了高度关注，坚持城乡统筹、“四位一体”科学发展总体战略，加快推进城乡一体化，促进城乡经济社会协调发展。成都市和各区（市）县成立组建了试验区建设工作机构，并且出台了《关于推进统筹城乡综合配套改革试验区建设的意见》、《关于深化城乡统筹开拓现代农业新局面的意见》等文件，组织编制了《成都市统筹城乡综合配套改革试验总体方案》。2007 年 7 月，成都市首次提出了“全域成都”的概念，据此初步规划出“一区、两带、六走廊”的“全域成都发展格局”。在城乡统筹发展试点中，成都市注重农民工和农民工的社会保障问题。早在 2007 年 1 月，成都出台了《成都市农民养老保险试行办法》，建立农村养老保险制度，截至 2007 年 10 月，参保的农民共有 43438 人，已有 13440 人开始享受养老保险待遇，领取养老金共计 4403.42 万元。除了解决农民的医保问题外，成都更是侧重于解决农民工的社会保障问题。2007 年，成都市连续出台三项补充政策：农民工可刷卡买药，住惠民医院有补贴，重点吸纳建筑业农民工参保等。在 2007 年 8 月，成都被列入全国 79 个启动城镇居民基本医疗保险试点城市。

2008年1月1日，实施《城乡规划法》，把城市和乡村建设看成是整体的系统工程。在探索城乡一体化的过程中，成都的行政审批项目和非行政许可审批项目明显变少，程序更加简化。在2002年，成都的行政审批项目为1166项，非行政许可审批项目为1006项，通过城乡一体化审批项目大幅减少，2008年成都行政审批项目减少到107项，非行政许可审批项目减少到210项，行政效率大为提升。成都行政效率的提升得益于城乡一体化过程中的撤并乡镇、精简分流乡镇干部人员以及党委书记公推直选。2009年，成都规划范围扩大到全市12390平方公里辖区范围，开启了城乡一体化的新篇章。

二、成都统筹城乡发展的措施

成都统筹城乡有着科学的“四位一体”（即经济建设、政治建设、文化建设和社会建设统筹推进），联动推进新型工业化、新型城镇化和农业现代化，改革以促进城乡公共服务均衡化为目的，积极探索新的管理机制。成都市在统筹城乡的过程中注重破除城乡二元结构，建立统一的城乡机制。成都市在试探阶段，采取了城乡一体化的规划、城乡一体化的产业联动、城乡一体化的要素市场、城乡一体化的基础设施、城乡一体化的公共服务，真正实现了城乡的一体化，破除了长期以来的城乡二元经济。

第一，成都市在城乡统筹过程中采取了城乡一体化的规划，从本质上解决城乡二元结构问题，促进了城乡统筹发展。在以往的地区规划中，普遍存在“重城市、轻农村”的制度安排现象，农村一直成为被遗忘的对象。在成都统筹城乡的试验中，对城镇体系、产业布局以及基础设施整体考虑，推动各种资源集约节约和优化配置，生产要素向农村倾斜。从2003年开始，成都市就提出“城乡一盘棋”和“全域成都”的概念，对成都市整体进行统一的规划，不再是对城乡分割的管理模式，形成了城乡一体的规划体系。同时对城乡实行统一的编制，撤销部分乡镇，提高行政管理效率。灾后，成都更是注重“用统筹城乡发展的思路和办法推进灾后重建”，将城市化与新农村建设相互衔接。在这种城乡统一的规划下，成都在灾区建立一批布局合理、配套齐全的小城镇农村新型社区，节约利用了土地，发展了当地的旅游业，实现了“就地城镇化”。

第二，成都市在城乡统筹过程中注重城乡一体化的产业联动发展。成都市紧紧围绕着“三次产业互动、城乡经济相融”，通过新型工业化、新型城镇化和农业现代化的“三化”联动发展推进成都的城乡一体化。成都市对本市的产业发展重新进行规划和布局，对产业结构提升有着更高的要求，提出要构建以现代服务业和总部经济为核心、以高新技术产业为先导、以现代制造业和现代农业为基础的现代产业体系。在发展地区产业体系过程中，注重集中优势发展地区经济，全市范围内安排资金和项目，实行产业集聚和集群发展，大大提升了地区产业效率。在注重第二产业发展的同时，成都市的服务业也有了大幅的发展，提出了通过第二产业结构的调整带动第三产业的协同发展，依靠增加物质消耗向科技进步和管理创新转变，服务业比重持续增加，三次产业比例关系调整为5.9:44.5:49.6。在产业获得发展的同时，通过产业的发展促进城镇化的发展，引导农民向城镇和农村新型社区集中，节约土地利用，促进“三化”联动发展。

第三，成都市在城乡统筹过程中推行城乡一体化的要素市场。在城乡产业一体化的同时，还推行要素市场的一体化，从根本上解决了城乡分割的问题。在土地要素方面，成都市提出以农村产权制度改革为核心的农村市场化改革，从2008年初开始，全面推行了以“还权赋能”的市、县、乡三级农村产权交易中心；在资本要素方面，成都市组建市县两级现代农业发展、小城镇建设和农业物流投资公司，成立5家村镇银行和12家小额贷款公司，通过构建现代的金融体系推进农业产业的发展。通过建立现代的金融制度，成都市推行农村产权抵押融资、农业担保和保险机制，解决了现代农业的融资问题，增强了农业和农民抗风险的能力。城乡统一市场的构建，促进了土地、劳动力、资本等要素在城乡自由流动，从而实现了资源的最优配置，加快了土地规模化经营和农业现代化进程。

第四，成都市在城乡统筹过程中建设城乡一体化的基础设施和公共服务。成都市率先在西部实现了县县通高速路、村村通水泥路，农村客运通村率达98%，构建了城乡一体的现代交通体系。在城乡建设中，重点推动市政公用设施向乡村覆盖，加快实施城乡水电气供应以及污水、生活垃圾处理一体化。在城乡一体化中，通过基础设施的建设拉近了城乡的空间距离，实现基础设施共享。在公共服务方面，建立和涵盖城乡的就业实名制管理体系和就业服务网络，初步形成了城乡一体的劳动力市场；在全国率先实现征地农民同城镇职工基本养老保险并轨制度，基本实现社会保险制度城乡全覆盖和相互衔接；实施了410所农村中小学、223个乡镇卫生院、2396个村卫生站标准化建设，推动城乡教师、医务人员互动交流，促进优质教育、卫生资源向农村倾斜；全面实施了广播电视“村村通”工程、信息网络“校校通”工程和乡镇文化活动中心建设，构建了覆盖城乡的文化设施网络。

三、成都统筹城乡发展的成就

2003年，成都市启动城乡统筹、“四位一体”发展战略时，更多地区还在开展新农村建设。在十六大召开后，地区领导和学术界对所谓的“城乡统筹”概念还没有深入的认识。而成都市当时也面临着同样的问题，但是成都通过自己的试探工作来阐述“城乡统筹”的概念。成都市的城乡统筹、“四位一体”科学发展总体战略可以概括为，以“三个集中”为核心、以市场化为动力、以规范化服务型政府建设和基层民主政治建设为保障。

从2002年到2009年，成都市地区生产总值由1663.2亿元增加到4502.6亿元；地方财政收入由181.9亿元增加到387.5亿元。在这期间，成都市先后荣获“国家环境保护模范城市”、“国家节水型城市”、“国家园林城市”、“全国文明城市”等荣誉称号，实现了又好又快的持续发展。在2009年，成都城乡统筹发展总体实现程度达71.7%，基本进入了城乡发展整体协调阶段。与2008年相比，成都城乡统筹发展总体提高了6.1个百分点，综合评价得分同比增长9.2%。在成都市的实践中，一直强调解决好“三农”问题。中国的经济问题，本质上就是农村问题。如果能够弄清楚中国的农村问题，中国经济社会中的主要问题也就迎刃而解了。在2002年成都市的城乡收入差距为2.66:1，2009年这一数据变为2.62:1。尽管这一数据只是细微地减少，但是在我国各地区城乡收入差距迅速扩大的年代，这一数据仍然是引人关注的，成都市是这一时期唯一呈现收入差距得到遏制并呈缩小趋势的特大中心城市。

成都的发展不只是简单地解决“三农”而解决“三农”问题方面，更是注重城乡一体化的发展。成都市以城市与农村作为一个统一体，以理顺城乡关系、统筹城乡发展、推进城乡一体化的大思路来解决“三农”问题。六年来，全市财政对“三农”的投入年年保持成倍以上的增长，实现了更广的覆盖面。农民集中居住区的水、电、气、道路、通信等基础设施和就业、社保、上学、医疗等公共服务全面到位，农民的生活条件和居住环境得到改善。成都市的统筹城乡打开了城乡共同发展的局面，城乡出现了共同繁荣的景象。

在成都的发展过程中还注重规模经济的作用，积极推进“三个集中”来整合经济要素。“三个集中”即推进工业向集中发展区集中为重点、推进土地向规模经营集中为重点、农民集中居住为重点。本质上而言，这三种集中将更好地利用规模，实现资源的优化配置。在推进工业集中发展方面，注重走新型工业化道路，将规模较小、布局分散的116个工业开发区调整合并为20个工业集中发展区，全市的工业集中度达到59.9%。在推进土地集中规模经营方面，注重走农业产业化道路，截至2006年底，共实施土地规模经营153.8万亩，实施规模经营的土地每亩增收600元，全市规模以上农业产业化龙头企业发展到580家，各类农业产业化经营主体联系带动农户123.5万户，占全市总农户数的59.2%；在农民集中居住方面，全市共规划建设600个农村新型社区，近27万农民住进了城镇和农村新型社区。

（一）农民收入水平全面提高

截止到2010年，成都市农民人均纯收入达到8205元，比2000年增加了5279元，增长了1.8倍，年均递增10.9%（见表7-5）。

表7-5 2000—2010年成都市农民人均纯收入发展情况表

单位：元

年份	2000	2001	2002	2003	2004	2005	2006	2007	2008	2009	2010	年平均增长（%）
农民人均纯收入	2926	3178	3377	3655	4072	4485	4905	5642	6481	7129	8205	10.9
#工资性纯收入	1006	1123	1244	1387	1582	1815	2080	2381	2752	3234	3776	14.2
家庭经营纯收入	1691	1788	1809	1893	2069	2145	2209	2519	2711	2764	2975	5.8
财产性纯收入	105	135	176	207	234	288	340	447	509	558	722	21.3
转移性收入	124	132	148	168	187	237	276	295	509	573	732	19.4

资料来源：成都市城乡统筹委提供。

十年间，农民人均工资性纯收入由1006元提高到3776元，增长2.8倍，年均增长14.2%；家庭经营纯收入由1691元提高到2975元，增长75.9%，年均增长5.8%；财产性纯收入由105元提高到722元，增长5.9倍，年均增长21.3%；转移性纯收入由124元提高到732元，增长4.9倍，年均增长19.4%。

（二）农民收入结构变化显著

十年来，成都市农民工资性收入、农民家庭经营收入、财产性收入和转移性收入占农民人均纯收入的比重由2000年的34.4:57.8:3.6:4.2变化到2010年的46.0:36.3:8.8:8.9。农民人均纯收入中工资性收入比重逐年增加，共计提高了11.6个百分点；农民家庭经营性收入的比重逐年下降，共计下降了21.5个百分点；财产性收入比重和转移性收入比重分别提高了5.2和4.7个百分点。工资性收入已逐步成为我市农民增收的主导（见表7-6）。

表7-6 2000—2010年成都市农民收入结构变化情况表

单位:%

年份	2000	2001	2002	2003	2004	2005	2006	2007	2008	2009	2010
农民人均纯收入	100	100	100	100	100	100	100	100	100	100	100
#工资性收入	34.4	35.3	36.8	37.9	38.9	40.5	42.4	42.2	42.5	45.4	46.0
家庭经营纯收入	57.8	56.3	53.6	51.8	50.8	47.8	45.0	44.6	41.8	38.8	36.3
财产性纯收入	3.6	4.2	5.2	5.7	5.7	6.4	6.9	7.9	7.9	7.8	8.8
转移性收入	4.2	4.2	4.4	4.6	4.6	5.3	5.6	5.2	7.9	8.0	8.9

资料来源：成都市城乡统筹委提供。

四、成都统筹城乡发展的启示

随着中国经济的发展，中国的城市化当前正处于一个快速上升的时期。在中国的城市化过程中，面临着严重的滞后的城市化，这与中国是一个人口大国有着直接的关系。中国的城市化仍然艰巨，因此不能简单地采用国外的模式。在中国城市化过程中，我们需要着力破除城乡二元结构。而成都在破解二元结构，统筹城乡方面为我们提供了富有价值的指导，尤其是在城乡一体化和破解“三农”难题方面为我们提供了很多实践经验。通过对成都统筹城乡的学习，对我国各地的统筹城乡发展具有重要启示。

首先，统筹城乡需要具有全局观，铺平“农民”向“市民”转化的道路。成都市的统筹城乡是一项系统的工程，采取了城乡一体化的规划、城乡一体化的产业联动、城乡一体化的要素市场、城乡一体化的基础设施、城乡一体化的公共服务，真正实现了城乡的一体化。成都市委把统筹城乡发展作为一项系统工程，着力统筹城乡规划、产业布局、基础设施建设、就业和社会保障以及各项社会事业发展。同时，通过大力推进行政管理体制改革和基层民主政治建设，为统筹城乡发展提供坚实的社会政治保障。在整个成都市的城乡一体化措施中，具有系统性，将城乡一体化真正地作为一项系统工程在做。在城镇化的发展过程中，如果只是简单地发展农村经济或者城市经济，会使我们面临很多新的问题，即便是农村人口转移至城市，也只是人口的城市化，而无法实现人的城市。农村居民进入城市后，如何获得与城市居民同等的报酬、社会保障、公共资源是各地城市化进程中需要面临的问题。而在一体化的基础设施以及公共服务的推动下，农民除了可以更加顺利地进入城市之外，还可以真正成为“市民”，实现“农民”的“市民化”。

其次，在统筹城乡的过程中，需要敢于改革，尊重市场规律，破除旧体制。成都市的统筹城乡中涉及很多制度性的内容，通过深化改革推动城乡统筹发展。成都市城乡一体化以“三个集中”为基本方法和核心路径，通过对资源的空间重整，激活城乡要素，突破城乡二元的旧格局。成都市的“三个集中”并没有太多的新意，但是利用了经济规律。在经济学的研究中，我们经常强调规模经济。但是，在产业或者地区的布局中，很多设计者并不懂经济规模，只是从社会等角度综合来考虑城市或产业的布局。随着地区经济竞争加剧，细微的规模经济或者范围经济显得尤为重要，迫切要求推行产业的调整。成都市在提出产业集中的过程中，更多地尊重市场规律。同样，在要素流动方面，推动了新型户籍制度，形成统一的劳动力市场，这就从最深层方面尊重市场的规模，破除了传统的体制。成都市的制度改革也为市场的运行提供了很多制度保障。在统筹城乡的过程中，成都市勇于打破常规，建立和完善城乡基本统一的社会保障制度、新型户籍管理制度、农村土地管理和使用制度、公共财政城乡合理分配制度，落实了一系列举措，迈出了坚实的步伐，由此推动成都城乡面貌的明显变化，实现了近五年来又好又快的发展。

再次，在统筹城乡的过程中，成都市做到了因地制宜。成都市的统筹城乡并没有特别强调将所有的农村吸收到城市，而是根据当地的特点，通过产城互动的模式和“新农村建设”的模式共同推进。成都市对所辖区域进行了圈层划分，分为中心城区、近郊及远郊各区（市）县。由于各区域有着各自的特点，因此成都市各个击破，从实际出发、因地制宜、突出特点、注重实效的原则，中心城区以主动融入大都市，推进农民向市民转变，全面实现城市化为重点，着重解决涉农区域人口和产业的非农化城市化问题；近郊区县及远郊区的县城和重点镇主要着力于更大范围推进“三个集中”，合理利用土地资源，优化产业布局；远郊各区（市）县的广大农村地区侧重实施农业产业化、农村环境治理和农村扶贫开发“三大工程”，提高农业产业化程度和农民生活水平，建设新型城郊农村。通过这种分类的方式，成都市避免了大量人口向中心城市集聚的问题，减少了“城市病”爆发的可能。整体而言，中心城区的整体功能得到了完善，通过扩散效应带动了周边郊区的发展；县域经济自成体系，具有承载本地农民就地转移的能力。

最后，成都市在推进城乡统筹发展过程中注重“人的城市化”，切实保障和维护了城乡居民的根本利益。在城市化的过程中，最难解决和各地政府最不愿触及的就是农村居民转移到城市后的社会保障和公共服务均等化的问题。成都市在统筹城乡的过程中，首先破解这一难题。成都市建立了城乡统一的户籍制度，为城郊农村居民办理社保和医保，出台实施《征地农转非人员社会保险办法》，让进城务工农民的子女享受义务教育，做好失地农民集中居住区就业工作，帮助他们转变生产生活方式，对农民集中居住区实行社区化管理，提供与城区居民同等的公共服务。在推进“三个集中”过程中，拆迁安置政策、聚居小区的规划选址和设计、集体经济改制方案、新型社区管理等涉及农民切身利益的事，都交由群众讨论，充分尊重他们的意愿，提高他们对转变生产方式和生活方式的认同度。在地震灾后重建中，充分尊重受灾群众意愿，把科学规划与群众意愿有机统一起来。新居点位的选择、居室的设计、村庄聚落的建筑形态都充分尊重当地民风民俗，在村落里规划了畅通的道路等基础设施和医院、小学、农贸市场、文化活动站等公共服务设施。可以说，成都市的城市化过程中，将社会利益和个人利益实现了统一，从而最大化地降低了负外部性。

当然，成都市的统筹城乡并非是完美的，未来还有很多方面需要改进。首先，成都市农业粗放型增长方式未得到改善，农村居民向城市转变没有能够通过农业生产效率的大幅提升而“推动”农村居民向城市转移。其次，成都市的市场创新等机制并未能够带动成都的统筹城乡。整体而言，成都市的激励机制还不够，这就造成了主要依靠工业经济的发展带动本地区的城市化，这种“产城互动”的模式有一定的可取性，但需要更多地发展服务业，而这就需要对一些创新的技术有着更多的激励。此外，尽管成都市在城乡一体化方面有所推进，但是无论是在科、教、文、卫等方面城乡都存在很大的差距，城乡的收入差距也是非常巨大的。国外发达国家的城乡收入差距一般维持在1.5:1至2:1，而成都距离这一指标还有很大的差距。在未来成都统筹城乡的发展过程中，需要更多地将信息化融入新型工业化、城市化和农业现代化中去，从而提高农业生产效率，真正地引导农民向市民转化。成都市也注意到相关的问题，并出台了《2013—2017年全市统筹城乡改革发展工作方案》。该方案指出，未来5年，成都将充分发挥规划的先导作用，推动城市基础设施向农村延伸、公共服务向农村覆盖、城市文明向农村辐射。

7.4 辽宁抚顺：棚户区改造推动再城市化

一、抚顺市基本状况

抚顺市位于辽宁省东部。东与吉林省接壤，南与本溪市为邻，西与沈阳市交界，北与铁岭地区相连，抚顺市区距省会沈阳市区仅45公里。抚顺是沈阳经济区副中心城市，全国十大工业城市之一，中国重要的工业基地之一，素有“煤都”之称。

抚顺煤炭储量丰富，并有着悠久的采掘历史。清朝时期，因为地近皇室“三陵”，统治者恐伤“龙脉”，严禁开采煤田。鸦片战争以后，清政府国力日衰，在内外交困的形势下，不得不取消开发抚顺煤田的禁令。20 世纪初，抚顺开始了近代以来的煤炭开采。1905 年，日本侵略军在抚顺设立“采炭所”，至 1912 年（民国元年），日产煤已达 5000 吨。随着日本侵略的扩张，抚顺的煤炭开采规模不断扩大。据有关资料统计，至 1930 年煤矿职工总计已达 3 万多人，是 1907 年的 29 倍，煤产量是 1907 年的 34 倍。1931 年“九一八”事变后，日本侵略者为了扩大侵略战争，对抚顺煤矿进一步扩大开采。

抚顺解放后，国家把抚顺作为重要的工业基地，加大了对抚顺的投入，仅 1953—1957 年（“一五”）的 5 年间，就向抚顺投资 9.2 亿元。当时，在全国 156 项重点工程中，抚顺就占了 8 项，如抚顺煤矿总体改造，铝厂铝镁车间改造，抚顺发电厂改造，以及大伙房水库建设等。这些重点工程的完成，为抚顺工业的发展奠定了基础，使抚顺由单一的煤炭工业城市，向综合性的重工业基地发展。在保证完成国家重点建设项目的同时，还发展了地方工业。进入 60 年代以后，随着大庆油田的开发，抚顺的石油加工业得到了迅猛的发展。1965 年全市石油加工量为 277.6 万吨，是 1957 年的 5.4 倍。

二、城市棚户区：抚顺城市发展的桎梏

1. 棚户区的形成：历史与原因

抚顺市棚户区历史最早可以追溯到 19 世纪末。随着民族工业的发展以及殖民经济开发，抚顺等地出现大量的劳工满足初级工业化的需求。大量煤、铁矿工被安置在矿山附近的简易平房里，形成了最早的成片工棚。日俄战争结束后，伴随日本“产业扩张政策”的实施，日本在辽宁建设大量矿井，简易工棚遍布抚顺等市。日伪时期，日本在辽宁疯狂掠夺当地资源，矿井数量迅速增长，为了解决矿工的日常居住条件，就在煤矿的周围形成了大片极其简易的工房，形成辽宁棚户区雏形。

新中国成立之初，中国处于恢复性建设时期，为支援国家建设，辽宁省进一步加大投资力度，扩大资源开采规模。在“先生产后生

活”思想的影响下，住宅建设费用严重不足，远不能满足住房需求，新增的矿区居民只能贴近主房搭建更为简易的棚舍。随着新中国工业迅速发展，辽宁矿区产业工人激增，矿区附近及周边地区陆续建起一大批过渡性的简易住房供产业工人居住。随着对煤炭业依赖程度的加深，大多数居民主要依托煤炭产业就业和生活。另外，20世纪五六十年代恰逢我国人口出生高峰，到七八十年代形成婚育高峰，棚户区的人口越来越多，矿区形成矿工居住房屋的聚集，且规模越来越大。

20世纪90年代中后期，资源枯竭和体制转型等导致矿区国企倒闭或退出，大量原国企职工下岗失业，棚户区整体状况开始恶化。随着市场经济和城市化的发展，中国城乡流动限制有所松动，大量农村人口涌入城市。由于生存条件限制，大量城市贫困居民无法负担高额房价，只能居住在房价相对便宜的棚户区，导致棚户区人口不断扩大，居民成分也更为复杂。在棚户区新增人口的压力下，居民不断扩大棚户区面积，让原本就已十分拥挤的棚户区情况更加恶化，生活条件和居住状况更为恶劣，形成了当时规模庞大、情况复杂的棚户区。

棚户区历史上属于国有或集体工矿类企业职工住区，住房由企业供给。在“先生产后生活”思想的指导下，职工住房需求没有得到足够重视，大量职工住在临时性工棚内。20世纪90年代中期，国企改革的浪潮席卷全国，企业大量倒闭，居住在棚户区的企业职工首当其冲，大量职工或者下岗失业，或者买断工龄提前退休，失去了住房供给和生活保障。房地产市场化改革初期，由于财政等原因，地方政府难以依靠自身力量满足广大居民的住房需求，将住房全部推向市场。面对高昂的房价，收入锐减的棚户区居民不具备自主购建房屋的能力，导致住房有效需求不足。另外，随着人口的自然增长，本来就已十分贫困的棚户区家庭又面临着人口增加的压力，导致棚户区居民生活更为艰难，逐渐形成了贫困、落后、混乱的棚户区。

工业化和城市化初期，地方政府没有做好环境规划，城市基础设施和公共服务设施严重滞后。为了便于生产生活，中国工矿业城市往往采取工业区与生活区混建的格局，“哪里有矿山，就在哪里兴建生活区；在哪里建厂，哪里就有生活区”。为了加快建设，各个工矿城市在矿区附近建造大量住房。这类住房选址时没有考虑周边环境、交通条件等因素，而是单纯依附于矿区和厂区，导致相当数量的棚户区位于不适宜长期居住的矿山地区。随着采掘的深入，地下逐渐因被掏空而沉陷，加剧了棚户区环境的恶化。以阜新为例，至2004年，阜新共有约100平方公里的沉陷区，沉陷区内受到不同程度破坏的民房达2.7万座，涉及居民2.9万户、7.8万人。除沉陷外，棚户区还面临着交通不便，基础设施落后，排水排污系统缺乏，环境脏乱的难题，大量的人口不停制造出无法及时运走的生活垃圾，致使棚户区的生存环境不断恶化，处于污染－恶化－再污染的恶性循环之中。

三、棚户区改造：抚顺再焕新颜

抚顺是因煤而兴的城市，在矿区及城市周边地区陆续建成了大批的简易矿工住宅，并逐年衍生成为大片的棚户区。抚顺的棚户区房屋破损严重，基础设施匮乏，居住环境恶劣，贫困居民众多，低保户占棚户区居民总量的29%，而且棚户区大都处于城市边缘，土地价值过低无法支持商业开发。从2005年开始，抚顺市积极贯彻辽宁省推进棚户区改造的决定，举全市之力进行棚户区改造，截至2011年，全市拆迁改造棚户区382.4万平方米，新建安置用房565.69万平方米，安置动迁居民110695户，364798人，人均住房建筑面积达到14.01平方米，人均住房建筑面积增加4.02平方米，基本完成了城市棚户区改造任务，居民的居住环境和城市面貌都发生了翻天覆地的变化。

“政府主导，直接开发”是抚顺市基于棚户区大都位于土地开发价值较低的城市边缘这一现实情况采取的改造模式。抚顺市在棚户区改造中避免房地产开发公司的参与，由政府相关职能部门直接进行棚户区改造的建设规划和户型设计，然后通过招投标选用报价较低资质较优建筑施工单位进行开工建设，并创造条件降低建筑成本，节约了资金并提高了开发效率。2005—2011 年抚顺市棚户区改造投资约 57 亿元，如果委托房地产开发商代建，按照 3% 的管理费的微利计算，也将发生 1.7 亿元的费用，而政府直接开发则可以节约这笔资金。在这一模式下，抚顺市还对所有涉及棚户区改造的建材和相关物资都统一招标采购，并加强材料采购管理来降低工程建设成本，同时加强建筑材料市场调控，为施工单位降低工程造价。政府直接开发的模式保证了抚顺市棚户区大规模改造的顺利完成。

“统筹兼顾，五个结合”是抚顺市棚户区改造的突出特点。抚顺在棚户区改造中坚持科学发展观，努力做到统筹兼顾、全面提升，根据自身的实际情况，提出了“五个结合”的指导思想：一是要与推进城市发展和经济转型相结合；二是与土地资源整合相结合；三是与促进就业和再就业相结合；四是与增强城市功能，提高城市核心竞争力相结合；五是与深入开展“八荣八耻”教育、提高居民素质、建设和谐社区相结合。按照这一思路，抚顺棚户区改造不仅有效改善了低收入群体的住房条件，还对经济、社会和城市的发展产生了积极的影响，拉动了城市经济增长，促进了产业转型，改善了城市环境，提高了居民文化素质。

四、抚顺棚改经验：以棚改促发展，以发展带棚改

首先，推动经济发展，积蓄棚改财力。抚顺市将经济发展与棚改紧密结合，通过经济发展推动棚改，特别是重视通过促进经济增长和发展转型来提高政府保障性住房的供给能力。一方面，辽宁省通过招商引资调整产业结构，加快产业集聚扩大税收和就业。另一方面，搞活微观主体推动国有和民营经济共同发展，提高企业效益和发展质量。另外，经济的快速发展增加了就业岗位，提高了职工的工资水平，解决了一批失业人员的就业问题，提高了居民的支付能力。

其次，强化服务扩大就业，提高棚户区居民收入和支付能力。辽宁省在棚改中高度重视扩大就业工作，积极地将棚改和就业支持结合起来，通过免费就业培训、提供公益性岗位、企业用工政策优惠、鼓励劳务输出、自主创业小额贷款支持等多种途径解决原棚户区居民中下岗失业人员的就业问题，提高居民的收入水平，从根本上长期解决棚户区问题。另外，辽宁省还加强对棚户区居民的补助救济力度，缩小收入分配差距，减少贫困。辽宁省充分利用救济补助的手段保证棚户区居民拆迁安置工作的推进，并借机调整收入分配差距，支持棚改。

再次，坚持以棚改促发展，保证棚改的良性循环。辽宁省充分重视棚改对经济发展的促进作用，特别是通过棚改投资拉动经济增长。辽宁省还将棚改与老工业基地振兴相结合，通过土地置换和产业空间的重新安排，推动产业向高端化和服务化发展，实现土地等要素资源的集约应用，促进产业的集约发展。

最后，改善城市营商环境，保证经济持续快速发展。辽宁省通过棚改促进基础设施和公共服务设施建设，通过政府推动转变政府职能和服务意识，提高行政效率和服务能力，改善城市营商环境，并以此增强城市招商引资的吸引力和企业经营效率，为棚改增强筹措资金能力，扩大棚改居民就业，提高居民就业水平，保证棚改的协调发展可持续。

总之，棚户区改造不能简单地理解为拆房建房，而要重视与城市、经济和社会的协调发展、相互促进，特别是要重视通过各种方式解决城市贫困问题，以更好地保障棚户区回迁居民住房负担的可持续性。

第八章　新型城镇化与经济发展的结论与政策建议

8.1　主要结论

城镇化率受居民消费结构、交易成本、农业生产的规模化程度以及耕地规模的影响，与工农业的技术水平以及单个企业的规模无关。提高农产品的交易成本会降低城镇化率。而提高居民消费结构中工业品的份额或工业品的交易成本则会提高均衡城镇化率。如果居民消费结构中工业品的份额较高，那么农业生产规模化程度越高或耕地规模越小则城镇化率越低，反之亦然。

如果居民消费结构中工业品的份额很高，那么人口总量的增加将有利于均衡实际福利水平，反之亦然。降低农产品和工业品的交易成本，提高工农业生产的技术水平和耕地规模的扩大都有利于提高居民的实际福利水平。如果人口总量足够大，那么提高农业生产的规模化程度、居民消费结构中工业品所占的比重以及限制企业的市场势力都有利于提高居民的福利水平。

城镇发展模式与整个经济空间的市场潜能有关，特别是城镇周边的市场潜能情况；如果（相对于工业品的交易成本而言）农业品的交易成本较高，居民消费结构中工业品的比重或企业的市场势力较小，城镇周边地区的市场潜能就会大于 1，那么城镇就会以内生扩张或者建设卫星城的方式实现发展；反之，如果居民消费结构中工业品的比重比较高、单个企业的规模比较大或者（相对于工业品的交易成本而言）农业品的交易成本比较低，中心城镇周边地区的市场潜能小于 1，城镇的发展和扩张需要借助外在力量。此时，如果居民消费结构中工业品的比重很高，那么中心城镇以外所有地区的市场潜能都小于 1，单城镇结构是稳定的；如果居民消费结构中工业品的比重较低，那么在距离中心城镇较远的地区就有可能内生形成新的城镇。

城乡体制的存在降低了城镇化率并且扩大了城乡差距，户籍歧视降低了农民工的福利水平，但提高了城镇居民的福利水平。

一国城市化与工业化的时序联动关系受该国对外贸易格局决定是个一般命题。在开放经济条件下，如果存在劳动力无限供给，先发国家可以通过利用本国廉价劳动力和外国商品市场，开始工业化，同时让城市化滞后于工业化，与此同时与后发国家保持贸易顺差关系，而随着产业规模的扩大，将出现劳动力的“刘易斯第一拐点”，滞后时出现“刘易斯第二拐点”，先进国家进入一元化的城市社会，城市化与工业化同步。而在先进国家从“刘易斯第一拐点”向“刘易斯第二拐点”转变的时期，后进国家将开始工业化的过程，后发国家利用本国廉价劳动力和外国商品市场，开始工业化，同时让城市化滞后于工业化，与此同时与先发国家保持贸易顺差关系，而随着产业规模的扩大，将出现劳动力的“刘易斯第一拐点”和“刘易斯第二拐点”，后进国家进入一元化的城市社会，最终实现进入城市化和工业化社会，城市化与工业化实现同步。当然，如果不具备劳动力无限供给和对外贸易顺差的条件，以上情况即不存在。

总之，在开放体系下，尽管城市化与工业化长期内是趋向同步的，但在不同的前提和背景条件下，在不同时期内，城市化滞后、超前或者同步于工业化具有客观性和合理性，两者不平衡关系逐渐扩大又逐渐缩小是一个自然历史过程，是自由市场力量作用下，经济发展的客观规律。除非由于政府等非市场因素的干预加剧或者扭曲了两者的关系，否则不应采取政府干预的措施，认为强制改变两者关系，使其平衡或者不平衡，或者加快和延缓两者关系的进程，而应创造健全的市场环境，交由市场去调节两者的关系实现最终的均衡。如果采取不当的干预措施，不但不能解决问题，很有可能将问题变得更加糟糕，并带来其他问题。

当先进国家工业化完成，城市化与工业化实现同步后，作为后进国家，在开放体系下，由于存在劳动力无限供给，中国一方面利用低成本的劳动力，另一方面利用国际市场，使工业化以前所未有的速度加速推进，这势必导致贸易顺差和城市化滞后并存，并使工业化与城市化的差距逐步扩大。但当工业规模达到足够大的程度，劳动力将出现短缺，“刘易斯第一拐点”将会到来，工资增加使得越来越多的农民工在城市生活成为可能，城市化与工业化的差距将逐步缩小，进一步发展使劳动力稀缺，使农民工工资提升到与工人同等的水平，在迎来“刘易斯第二拐点”后，城市化与工业化将自动同步，城市化和工业化的进一步发展，只有农业的生产效率提升才能释放更多农业劳动力进入非农部门，而当农业和非农产业效率及收益相等，城乡实现一体和城市化与工业化同步。

8.2 政策建议

基于传统城镇化的问题以及未来城镇化面临的时代特征和国情特点，本文认为，新型城镇化的基本模式应该是：以科学发展观为指导方针，坚持“全面、协调、可持续推进”的原则，以人口城镇化为核心内容，以信息化、农业产业化和新型工业化和经济全球化为动力，以“内涵增长”为发展方式，以“政府引导、市场运作”为机制保障，走可持续发展道路，建设城乡一体的城市中国。新型城镇化是体制变革的过程、是结构调整的过程、是城市转型的过程、是发展方式转变的过程。有城无业、有城无市、有城无人等现象都与新型城镇化相悖。

一、新型城镇化是城乡一体的城镇化

新型城镇化的核心内容是农民市民化，农民市民化的本质是进一步提高劳动者技能和素质，提高劳动生产率。农民市民化具体包含：

1. 让所有城市人口获得均等的公共服务，推进“以人为本”的城镇化。未来城镇化的重点和主线应当是保障1.6亿存量和未来增量农民工享受同城市户籍人口均等的公共服务。

2. 以优化国土空间利用为关键点，推进内涵增长的城镇化。空间城镇化主要有三个区域：老城区、新城镇和农村居民点。空间城镇化的新内容是：通过旧城改造，提高城市土地的利用率；通过减缓新城的蔓延和扩张，提升城市的容量；通过农村居民点撤并，减少农村建设用地规模。

3. 着力克服“城乡病”，推进健康可持续的城镇化。在城镇化率超过50%以后，进入“城市病”集中爆发期，城镇化也有可能导致农村的衰退，因此，防治“城市病”，确保城乡健康发展和城乡双赢是新型城镇化的重要内容。

二、新型城镇化是四化同步的城镇化

以新型工业化为总体背景，搭建“科技含量高、经济效益好、资源消耗低、环境污染少、劳动力密集”的产业体系，“内需为主、消费支撑”的需求体系，“人力资本与技术创新”越来越起主导作用的要素结构体系。在经济全球化和第三次工业革命即将到来之际，我国的新型城镇化需积极寻求新的动力源：

1. 基于信息化基础的科技含量高、经济效益好、资源消耗低、环境污染少、劳动力密集的新型工业化，与基于智能化基础的第三次工业革命，构成城镇化发展的需求拉动力。

2. 充分利用现代信息技术和信息系统的农业产供销及相关的管

理和服务现代化，即生产工具的机械化、生产技术的科学化、生产组织的产业化、劳动者素质的提高，构造城镇化的崭新供给推动力。

3. 新的源动力。信息化作为当今科技进步的集中体现，不仅间接影响着城镇化的供求推拉力，而且直接决定城镇化的规模、速度、形态与质量。以上“三化”不仅为新型城镇化提供了比以前更加强大的动力，而且决定了城镇化以人为本、创新驱动和可持续发展的新特征。

三、新型城镇化的发展模式

1. 坚持均衡发展的城镇化道路，兼顾空间的“公平效率”

聚集和自由流动能够确保资源的最佳配置以及分享规模经济与外部经济，从而提升经济效益，但是过度聚集将会导致拥挤的成本、“城市病”、区域差距扩大。推进新型城镇化，第一，在全国空间布局上，一方面，要发挥中国作为大国的规模优势，积极消除城市之间各种市场的分割障碍，促进全国统一大市场的形成，实现国内市场充分一体化；另一方面，要把握城镇化空间聚集的度，使城镇化聚集最大化规模经济和外部经济的效益，最小化规模不经济、外部经济的成本。第二，在城市规模和城市间发展关系方面，强调大城市、中等城市、小城市和小城镇协调和联合发展的城市集群化道路，改变单纯走中心城市带动小城镇发展的道路。让空间上接近的若干大城市、中等城市、小城市和小城镇紧密联系起来，以便相互补充、相互配合，使处在城市群或城市带的每个城镇都能享受到城市群的正外部经济。第三，在城乡关系方面要走城乡一体的道路，要把工业与农业、城市与乡村、城镇居民与农村居民作为一个整体，逐步打破二元结构。实现基础设施和公共服务的城乡一体化，加快基础设施和公共服务向农村延伸和衔接；加强城市向农村的反哺力度，通过转移支付实现对弱势农村和落后地区的支持。

2. 走产城互动的城镇化道路，确保经济的“持久繁荣”

第一，继续保持或扩大第二产业优势，尤其是提升第二产业的国际竞争力，不仅能够为产业工人提供就业机会，而且能够提高第二产业工人的收入水平。第二，大力发展就业吸纳能力高的生产性、消费性、分配性和社会性服务业，不仅能够促进经济发展，而且能够加快城镇化的步伐。第三，积极推进农业产业化，提高农业生产效率，增加农民收入。第四，制定实施城市居民收入增长计划，确保城市居民收入增长，在扩大就业机会的同时提高非农就业者迁移到城市的能力，从而推进城镇化和经济社会发展。

3. 走绿色发展的城镇化道路，确保生态的“自然优美”

未来城镇化不走先发展后治理的老路，也不走唯环境不发展的道路，要走低碳化、工业化与城镇化协调发展之路。第一，鼓励发展节能型环保产业，降低产业发展对能源、水资源、空气等生态资源的消耗和破坏。第二，支持探索循环经济模式，以更少资源生产更多经济价值。第三，要求鼓励发展工业园区，促进产业集群，既可以集中处理污染，又可以使各产业分享外部经济。第四，加强节能环保宣传，鼓励城市居民在日常生活中践行节能环保。第五，加强城市绿地资源建设，提高生态环境自我净化能力。第六，倡导绿色消费，减少消费污染。第七，重视调解资源占用与分配、环境污染方面的矛盾、冲突，促进城镇化与环境保护的良性互动。

4. 走包容增长的城镇化道路，确保社会的“公平正义”

推进新型城镇化，应统筹城镇化与社会发展的关系，在社会和谐中推进城镇化。第一，在政治方面，让更多的人获得参与决策和议事的机会，为不同社会阶层的人提供发展的机会和平台，让所有人分享城市发展进步的成果。第二，在社会方面，正确处理政府、企业和居民的关系，保护农民和城镇居民的合法权益，尊重居民的意愿和选择；正确处理当地居民和外来居民的关系，切实保护外来居民权益，让外来居民与当地居民和谐相处；正确处理不同收入阶层之间的关系，既鼓励人们创新、创业和创富，同时关心和保护弱势群体，实行向弱势群体倾斜的普惠福利，建立与完善配套的社会保障政策，缩小贫富差距。

5. 走创新驱动的城镇化道路，确保城市的“引领未来”

中国作为后发城镇化国家，应毫不犹豫地实施创新驱动战略。第一，实施创新要素驱动，推动经济增长，迎头赶上先发国家。为此，要将教育置于更加优先发展的位置上，继续加大教育投入，延长义务教育，扩大职业教育和成人教育，建立与未来城市中国经济社会发展相适应的多层次的教育体系。加大科技投入，培育创新的主体，构建创新的网络，搭建创新的平台，积极发展和城市体系相适应、与产业体系相匹配的分层次、有分工的科技创新体系。第二，实施制度和管理创新，保障新型城镇化可持续推进。第三，不仅要在技术上不断创新，而且在管理上尤其在发展方式上不断创新，力争后发先至，后来居上，进而引领世界潮流。

6. 走本土开放的城镇化道路，确保城市的“世界个性”

第一，利用全球，借力世界。要积极实施全方位开放战略，利用全球的要素、资源和市场，借鉴全球的发展经验，坚持世界的发展标准，顺应全球的发展趋势，构建一个充分国际化的城市国家。第二，立足本土，保持个性。每个地方的城镇，都有自己不同的基础、背景、环境和发展条件，每一个城镇都应该有自己的个性，要突出多样性。在城市功能上，大城市、经济中心城市应该发挥集聚功能，增强对区域的辐射能力，重点发展具有优势的技术密集型和资本密集型产业，大力发展生产性服务业，强化技术创新和制度创新，成为中国参与国际竞争的重要力量。中小城市则要在保持产业特色的同时，依托相对较低的投资成本和比较完善的产业发展环境，主动承接大城市的产业转移，为城市发展提供强有力的支撑和充足的动力，提升对周边区域的凝聚力和带动力，增强自身向大城市发展的能力。第三，在文化上，坚持国际化的多样性与当地化的主旋律相结合。一方面，要海纳百川，积极吸收外来优秀文化；另一方面，要注重保护和继承文化遗产，尊重当地居民的各种文化和生活特性，体现古今交融的文化魅力，实现当地文化与外来文化的多元并存和融合发展。

四、改革相关制度，保障新型城镇化持续健康发展

1. 深化土地制度改革

当前我国的农村土地制度存在着一系列的弊端，其根源是土地产权无法明晰，从而造成了土地无法自由流转从而使农业生产规模化程度不高，以及城市扩张征用农用地缺乏相应的法律约束。

深化土地制度改革，建立城乡一体的土地制度，农村土地所有权国有化，赋予农民交易土地使用权的权利，激活农民的土地资产，推进土地资产股权化、农民股东化、权益民主化，着重培育公正、公开、公平的农村土地产权流转市场，积极促进土地产权流转，并建立严格的土地产权保障制度。建立城乡一体、同权同价、自由竞争的土地使用、交易和收益分配等制度。

2. 深化户籍制度改革

作为特定历史时期由于资源紧缺而限制城乡人口流动的产物，当前我国的户籍制度已经超出了人口管理相关职能的范畴，成为我国特有的城乡二元体制的核心，其他诸如公共服务、就业等制度都是依附在户籍制度之下，与户籍制度相结合，因此户籍制度改革是我国城镇化的关键性问题，也是我国城镇化进程中必须解决的一个核心问题。目前，中小城市的落户限制已经逐步放开，户籍制度改革已经进入大城市的落户问题这个“深水区”。面对落户大城市的户籍制度改革，可以根据就业、投资、居住等状况，实行外来人口有选择的市民化制度；对于暂未市民化的居民，实行分享部分权益与义务的居住证制度。

3. 深化就业制度改革

在长期城乡隔离的二元经济结构下，我国农村已积蓄了庞大的农业剩余人口，经济相对落后的农村更是如此。要加快推进我国的城镇化进程，关键在于各级政府采取切实有效措施，促进就业增长，维护农民工在城市就业的各种合法权益。

进一步开放劳动力市场，对劳动者普遍放开所有的劳动行业，

只要是社会需要、国家允许开办的行业，都要向公众开放。同时，清理限制农村劳动力进入城市的地方性政策法规，不断消除城市就业市场上形形色色的歧视制度，建立城乡统一的就业培训制度，保障公民平等的就业权利。

随着经济发展水平的提高和新兴产业的兴起，社会对劳动力的素质要求越来越高，缺乏转岗就业技能的农村劳动力转移就业领域将越来越窄，转移就业难度将越来越大，加强农村劳动力转移培训的任务非常艰巨而紧迫。因此，政府应当建立农民工培训制度，并通过立法进行一部分强制性培训，为农村劳动力接受职业教育培训提供政策和法律支持。同时还要加大对职业培训的投入，以不断提升进城农民工的技能和素质。

4. 完善社会保障制度

只有将进城的农民工纳入社会保障体系，加强农民工的社会资本建设，有效化解农村人口在城镇化过程中所面临的各种市场风险，才能够为农村剩余劳动力转移提供真正的社会保障。对农民工来说，这一制度不仅保证其一旦出现职业伤害事故可以得到相应的赔偿，而且由于建立起了针对城市农民工的工伤赔偿机制，用工单位将会更加注意用工过程中的安全保护措施，其结果将有可能大大减少农民工的受伤害事故。而政府要做的则主要在于设计特定制度，并将之强制推行。第一，积极推进社会保障制度改革，突破城市社会保障不管进城农民的误区，建立覆盖城市所有居民的统一的社会保障体系，改变社会保障城乡分割的二元格局。第二，进一步扩大社会保障的宽度和广度，建立全国统筹的养老保险、失业保险、医疗保险、工伤保险和生育保险等社会保险制度。第三，建立以最低生活保障为基础、专项救助为支撑、慈善帮扶为补充的新型社会救助体系。第四，建立具有地方特色的统筹就业、养老、医疗等方面的大社保制度框架和政策体系。

总之，当前城乡分割的制度确实在一定程度加剧城市化滞后工业化的程度，改革现行的户籍等制度，城乡区域要素充分自由流动，让自由市场发挥配置生产要素的基础性作用。但是必需清醒认识的是：城市化与工业化之间并不存在平衡联动即为合理的价值判断，制度也不是城市化滞后于工业化的唯一原因。如果仅仅将城市化滞后于工业化归结为制度因素（包括户籍制度导致的城乡分割），矫枉过正，采取提供社会保障等行政干预措施，将农民吸引到城市里去，而不是由市场选择那些有技能且能长期就业的居民逐渐迁居到来，不仅这些家庭难以维持未来的生计，政府也难以支撑不断扩大的公共服务、社会保障和基础设施的供给，中国也许会面临落入城市化陷阱的风险。因此，政府需要：第一，通过改革创造制度环境，让市场发挥促进城市化和工业化健康发展的环境。第二，要充分认识到城市化和工业化平衡联动需要时间逐步实现，不可操之过急。第三，促进城市化，实现城市化与工业化同步，关键是通过强化教育，促进创新，加快经济转型，促进城市经济规模化和多样化发展，让产业发展和就业及收入增加，来带动和加快城市化发展，最终实现城市化与工业化同步，城乡经济的一体化和一元化。第四，对于户籍制度改革两者必居其一，必须以就业为基准，要么将户籍制度与社保制度分离，要么以就业和社保相衔接。

参考文献

著作：

[美] 布赖恩·贝利．顾朝林等译．比较城市化．北京：商务印书馆，2010 年。

[美] 诺克斯．顾朝林等译．城市化．北京：科学出版社，2009 年。

[美] 刘易斯·芒福德．宋俊岭，倪文彦译．城市发展史：起源、演变和前景．北京：中国建筑工业出版社，2005 年。

[美] 埃德温·S. 米尔斯．郝寿义等译．区域和城市经济学手册：城市经济学（第 2 卷）．北京：经济科学出版社，2003 年。

[英] 保罗·切希尔．安虎森等译．区域和城市经济学手册：应用城市经济学（第 3 卷）．北京：经济科学出版社，2003 年。

[美] 约翰·弗农·亨德森，[比] 雅克—弗朗索瓦·蒂斯．郝寿义等译．区域和城市经济学手册：城市经济学（第 4 卷）．北京：经济科学出版社，2012 年。

[英] 保罗·贝尔琴，戴维·艾萨克，吉恩·陈．刘书瀚等译．全球视角中的城市经济．长春：吉林人民出版社，2011 年。

阿瑟·刘易斯．劳动无限供给下的经济增长．发展经济学经典论著选，中国经济出版社 1998 年版。

[美] 汤姆．斯托尼尔．吴建民，刘钟仁译．信息财富——简论后工业经济．北京：中国对外翻译出版公司，1987 年。

库兹涅茨．现代经济增长．北京：经济学院出版社，1989 年。

世界银行．胡光宇等译．2009 年世界发展报告：重塑世界经济地理．北京：清华大学出版社，2009 年。

高珮义．中外城市化比较研究（增订版）．天津：南开大学出版社，2004 年。

万广华，蔡昉等．中国的城市化道路与发展战略：理论探讨和实证分析．北京：经济科学出版社，2012 年。

顾朝林，于涛方，李王鸣等著．中国城市化格局、过程、机理．北京：科学出版社，2008 年。

许学强．中国城市化理论与实践．北京：科学出版社，2012 年。

郑秉文．拉丁美洲城市化：经验与教训．北京：当代世界出版社，2011 年。

周干峙．论城市化．北京：中国建筑工业出版社，2011 年。

徐和平．经济发展中的大国城市化模式比较研究．北京：人民出版社，2011 年。

李郇，徐现祥．城市化、区域一体化与经济增长．北京：科学出版社，2011 年。

丁成日．城市经济与城市政策．北京：商务印书馆，2008 年。

H. 钱纳里等．工业化与经济增长的比较研究．上海三联出版社，1995 年。

H. 钱纳里等．发展的形式：1950—1970. 经济科学出版社，1988 年。

H. 钱纳里等．发展的格局．中国财政经济出版社，1989 年。

斯坦利 · L. 恩格尔曼等．剑桥美国经济史（第 2 卷）：漫长的 19 世纪，中国人民大学出版社，2008 年。

上海发展研究基金会．新型城市化：抉择和路径．上海：格致出版社、上海人民出版社，2013 年。

周其仁．城乡中国（上）．北京：中信出版社，2013 年。

［美］杰里米 · 里夫金著．张体伟，孙豫宁译．第三次工业革命：新经济模式如何改变世界．北京：中信出版社，2012 年。

李树棕．中国城市化与小城镇发展．北京：中国财政经济出版社，2002 年。

John Friedmann. 2005. *China's Urban Transition.* Minmeapolis：University of Minnesota Press.

John R. Logan. 2008. *Urban China in transition.* Malden: Blackwell Publishing Ltd.

UN-HABITAT, 2012. *State of the World's Cities* 2010/2011—*Bridging The Urban Divide.* Malta: Gutenberg Press Ltd.

国务院发展研究中心课题组. 中国城镇化：前景、战略与政策. 中国发展出版社，2010 年。

牛文元. 中国新型城市化. 科学出版社，2010 年。

仇保兴. 应对机遇与挑战：中国城镇化战略研究主要问题与对策. 中国建筑工业出版社，2009 年。

中国发展研究基金会. 中国发展报告 2010：促进人的发展的中国新型城镇化战略. 中国发展出版社，2010 年。

报纸及期刊论文：

蔡俊豪，陈兴渝. "城市化"本质含义的再认识 [J]. 城市发展研究，1999 (5): 24 - 27.

顾朝林，吴莉娅. 中国城市化研究主要成果综述 [J]. 城市问题，2008 (12): 4 - 14.

杨贵庆. 21 世纪：中国的城市世纪——对 Peter Hall 爵士关于中国城市化和中欧城市发展比较的采访及其思考 [J]. 城市规划汇刊，2004 年第 6 期：3 - 6 页。

陈波翀，郝寿义，杨兴宪. 中国城市化快速发展的动力机制. 地理学报，2004 年，第 6 期。

陈明星，陆大道，查良松. 中国城市化与经济发展水平关系的国际比较，地理研究，2009 年第 2 期。

邓宇鹏. 中国的隐性超城市化. 当代财经，1999 年第 06 期。

郭克莎. 工业化与城市化关系的经济学分析. 中国社会科学，2002 年，第 2 期。

顾朝林，吴莉娅. 中国城市化问题研究综述（I，II）. 城市与区域规划研究，2008 年第 3、4 期。

李文. 城市化滞后的经济后果分析. 中国社会科学，2001 年第 4 期。

栾谨崇，栾永胜，于学花. 我国城市化滞后的原因及政策选择. 经济研究，2004（10）。

陆铭，向宽虎，陈钊．中国的城市化和城市体系调整：基于文献的评论．世界经济，2011 年第 6 期。

施建刚，王哲．中国城市化与经济发展水平关系研究．中国人口科学，2012 年第 2 期。

万广华，朱翠萍．中国城市化面临的问题与思考：文献综述．世界经济文汇，2010 年第 2、3 期。

王小鲁．城市化与经济增长．经济社会体制比较，2002 年第 1 期。

文贯中．结构性失衡、内需不振、过时的土地制度和走出困局之路．南开经济研究，2010 年第 2 期。

赵红军，尹伯成．交易效率、工业化与城市化——一个理解中国经济内生发展的理论模型与经验证据，经济学季刊，2006 年第 5 卷第 4 期。

Au, C. C. andHenderson. J. V, 2006b, How Migration RestrictionsLimitAgglomerationand Productivity in China, Journalof DevelopmentEconomics3, 1 – 45.

Bernard, A. B. , S. J. Redding and P. K. Schott , *Comparative Advantage and Heterogeneous Firms*, Review of Economic Studies, 2007, 74 (1), 31 – 66.

Chen, Y and Chen, A (eds) 2002: *An analysis of urbanization in China.* XiamenUniversity Press: China.

Chan, KW. 1992: *Economic growth strategy and urbanization policy in China*, 1949 – 1982. International Journal of Urban and Regional Research 16 (2): 275 – 305.

Gene Hsin Chang and Josef C. Brada, *The paradox of China's growing under-urbanization*, Economic Systems 30 (2006) 24 – 40.

Henderson J. V, *Urbanization in China: Policy Issues and Options*, China Economic Research and Advisory Programe, 2009.

Henderson J V. *The urbanization process and economic growth: The so-what question.* Journal of Economic Growth, 2003, 8 (1) : 47 – 71.

Lewis W A. 1954: *Economic Development with Unlimited Supplies of Labour*, The ManchesterSchool. 22 (2) . : 139 – 191.

Li Zhang Simon Xiaobin Zhao, *Reinterpretation of China's under-urbanization: a systemic perspective.* Habitat International 27 (2003): 459 – 483.

Kan Wing Chan, *Economic Growth Strategy and Urbanization Policies in China, 1949 - 1982*, *International Journal of Urban and Regional Research.* Volume 16, Issue 2, pages 275 - 305, June 1992.

Masahisa Fujita, Paul Krugman, *When is the economy monocentric: von Thünen and Chamberlin unified*, *Regional Science and Urban Economics*, Volume 25, Issue 4, August 1995.

Samuelson P A. 1952: *The Transfer Problem and Transport Costs: The Terms of Trade When Impediments are Absent.* The Economic Journal. 62 (246): 278 - 304.

国家新型城镇化规划（2014—2020 年）[N]. 人民日报 2014 年 3 月 17 日，第 1、9～12 版。

薛凤旋，杨春. 外资：发展中国家城市化的新动力——珠江三角洲个案研究 [J]. 地理学报，1997 (3): 3 - 16.

陈明星，叶超，周义. 城市化速度曲线及其政策启示——对诺瑟姆曲线的讨论与发展 [J]. 地理研究，2011，08: 1499 - 1507.

刘亚臣，周健. 基于“诺瑟姆曲线”的我国城市化进程分析 [J]. 沈阳建筑大学学报（社会科学版），2009，01: 37 - 40.

王建军，吴志强. 1950 年后世界主要国家城镇化发展——轨迹分析与类型分组 [J]. 城市规划学刊，2007，06: 47 - 53.

赵润田. 欠发达地区城镇化规律及对策研究 [J]. 东岳论丛，2012，11: 172 - 176.

王晓玲. 世界大城市化规律及发展趋势 [J]. 城市发展研究，2013，05: 105 - 110.

王桂新. 城市化基本理论与中国城市化的问题及对策 [J]. 人口研究，2013，06: 43 - 51.

余秀艳. 城市化与城乡收入差距关系——倒“U”型规律及其对中国的适用性分析 [J]. 社会科学家，2013，10: 52 - 55.

朱道才，陆林. 城市化问题的争议与诠释 [J]. 学术界，2009，03: 57 - 63.

张岩，张人广. 非均衡发展是城市化的普遍规律 [J]. 城市发展研究，2009，10: 127 - 130.

孟祥林，张悦想，申淑芳. 城市发展进程中的“逆城市化”趋势及其经济学分析［J］．经济经纬，2004，01：64 －67.

萧灼基．城市化规律的新探索多元化发展的新思路［J］．经济科学，2004，04：125 －128.

高珮义．世界城市化的一般规律与中国的城市化［J］．中国社会科学，1990，05：127 －139.

张鸿雁，高红．中美城市化与城乡关系发展基本规律比较——中美城市化比较的社会学视角［J］．江海学刊，1998，02：39 －44.

陈玉光．城市化规律与我国城镇化战略策略选择及制度创新［J］．江淮论坛，2010，06：17 －22，122.

刘彦随．温州沿海地区城镇化带型发展的机制与规律［J］．地理研究，1999，04：413 －419.

陈玉光．城镇化的根本规律：产业拉动规律［J］．实事求是，2007，06：37 －38.

肖万春．我国城镇化发展必须遵循的一般规律［J］．中国党政干部论坛，2003，08：37 －38.

杨锐．农村城镇化的国际比较及其发展规律研究［J］．世界农业，2014，03：52 －55，100.

［美］舒尔茨（Theodore W. Schultz）著，梁小民译．改造传统农业．北京：商务印书馆，1987 年。

陈彦光．城市化 Logistic 过程的阶段划分及其空间解释——对 Northam 曲线的修正与发展．经济地理，2005，25（6）：817 －822.

Northam R. M. *Urban Geography*. New York：J. Wiley Sons，1975.

Kipnis B. A. *The Impact of Factory Size on Urban Growth and Development*. Economic Geography，1977，53（3）：295 －302.

Zhao Xiaobin. *Urban Perfomance and the Control of Urban Size in China*. Urban Studies，1995，32（4）：813 －846.

Konrád. Gy. And Szelényi，I. 1977. *Social Conflicts of Underurbanisation. In Harloe，M.（ed.）Captive Cities-Studies in the Political Economy of Cities and Regions*. London，John Wiley and Sons. 157 －174.

王春艳．美国城市化的历史、特征与启示［J］．城市问题，2007 年第 6 期。

学位论文：

何文．我国城乡结构与城镇化研究——基于新经济地理学视角．南开大学博士论文，2013 年。

附录

附表 1 -1 1961—2012 年部分国家城镇化率

年份	中国	美国	日本	英国	法国	巴西	阿根廷	墨西哥	韩国	印尼	印度
1961	16.6	70.4	64.2	78.3	62.9	47.1	74.2	51.6	28.6	14.8	18.1
1962	17.0	70.7	65.1	78.2	64.0	48.1	74.7	52.4	29.6	15.1	18.3
1963	17.3	71.1	66.0	78.1	65.0	49.1	75.3	53.3	30.5	15.3	18.4
1964	17.7	71.5	66.9	77.9	66.0	50.1	75.8	54.1	31.4	15.5	18.6
1965	18.1	71.9	67.9	77.8	67.1	51.0	76.4	54.9	32.4	15.8	18.8
1966	17.9	72.2	68.7	77.7	67.9	52.0	76.9	55.7	34.0	16.0	19.0
1967	17.8	72.6	69.5	77.5	68.7	53.0	77.4	56.6	35.7	16.3	19.2
1968	17.7	72.9	70.3	77.4	69.5	54.0	77.9	57.4	37.4	16.6	19.4
1969	17.5	73.3	71.1	77.3	70.3	54.9	78.4	58.2	39.0	16.8	19.6
1970	17.4	73.6	71.9	77.1	71.1	55.9	78.9	59.0	40.7	17.1	19.8
1971	17.4	73.6	72.6	77.2	71.4	56.9	79.3	59.8	42.2	17.5	20.1
1972	17.4	73.6	73.4	77.3	71.8	57.9	79.7	60.5	43.6	18.0	20.4
1973	17.4	73.6	74.2	77.5	72.2	58.8	80.1	61.3	45.1	18.4	20.7
1974	17.4	73.6	74.9	77.6	72.6	59.8	80.6	62.0	46.6	18.9	21.0
1975	17.4	73.7	75.7	77.7	72.9	60.8	81.0	62.8	48.0	19.3	21.3
1976	17.8	73.7	75.8	77.8	73.0	61.7	81.4	63.5	49.8	19.9	21.7
1977	18.2	73.7	75.9	78.0	73.1	62.7	81.7	64.2	51.5	20.4	22.0
1978	18.6	73.7	76.0	78.2	73.1	63.6	82.1	64.9	53.2	21.0	22.4
1979	19.0	73.7	76.1	78.3	73.2	64.5	82.5	65.6	55.0	21.5	22.7
1980	19.4	73.7	76.2	78.5	73.3	65.5	82.9	66.3	56.7	22.1	23.1
1981	20.1	73.9	76.3	78.5	73.4	66.3	83.3	66.9	58.4	22.9	23.3
1982	20.8	74.0	76.4	78.4	73.4	67.2	83.7	67.4	60.0	23.7	23.6
1983	21.5	74.2	76.5	78.4	73.5	68.1	84.2	67.9	61.6	24.5	23.8
1984	22.2	74.3	76.6	78.4	73.6	69.0	84.6	68.4	63.2	25.3	24.1
1985	22.9	74.5	76.7	78.4	73.7	69.9	85.0	69.0	64.9	26.1	24.3
1986	23.6	74.7	76.8	78.3	73.7	70.7	85.4	69.4	66.7	27.0	24.6

续表

年份	中国	美国	日本	英国	法国	巴西	阿根廷	墨西哥	韩国	印尼	印度
1987	24.3	74.8	77.0	78.3	73.8	71.5	85.8	69.9	68.5	27.9	24.8
1988	25.0	75.0	77.1	78.2	73.9	72.3	86.2	70.4	70.3	28.8	25.1
1989	25.7	75.1	77.2	78.2	74.0	73.1	86.6	70.9	72.1	29.7	25.3
1990	26.4	75.3	77.3	78.1	74.1	73.9	87.0	71.4	73.8	30.6	25.5
1991	27.3	75.7	77.5	78.2	74.2	74.7	87.3	71.8	74.7	31.6	25.8
1992	28.2	76.1	77.6	78.2	74.4	75.4	87.7	72.2	75.6	32.6	26.0
1993	29.2	76.5	77.7	78.3	74.6	76.1	88.0	72.6	76.5	33.6	26.2
1994	30.1	76.9	77.9	78.3	74.7	76.9	88.3	73.0	77.4	34.6	26.4
1995	31.0	77.3	78.0	78.4	74.9	77.6	88.7	73.4	78.2	35.6	26.6
1996	31.9	77.6	78.1	78.4	75.3	78.3	88.9	73.6	78.5	36.8	26.8
1997	32.9	78.0	78.3	78.5	75.7	79.0	89.2	73.9	78.8	38.1	27.0
1998	33.9	78.4	78.4	78.5	76.1	79.8	89.5	74.2	79.1	39.4	27.2
1999	34.9	78.7	78.5	78.6	76.5	80.5	89.8	74.5	79.3	40.7	27.5
2000	35.9	79.1	78.6	78.7	76.9	81.2	90.1	74.7	79.6	42.0	27.7
2001	37.2	79.4	80.1	78.7	77.8	81.5	90.4	75.0	80.0	42.8	28.0
2002	38.5	79.7	81.6	78.8	78.8	81.8	90.6	75.4	80.3	43.6	28.3
2003	39.9	80.1	83.0	78.9	79.7	82.2	90.9	75.7	80.7	44.4	28.6
2004	41.2	80.4	84.5	78.9	80.6	82.5	91.1	76.0	81.0	45.2	28.9
2005	42.5	80.7	86.0	79.0	81.6	82.8	91.4	76.3	81.3	45.9	29.2
2006	43.9	81.0	86.9	79.1	82.3	83.1	91.6	76.6	81.7	46.7	29.6
2007	45.2	81.3	87.8	79.2	83.0	83.4	91.8	76.9	82.0	47.5	29.9
2008	46.5	81.6	88.7	79.3	83.8	83.7	92.0	77.2	82.3	48.3	30.3
2009	47.9	81.9	89.6	79.4	84.5	84.0	92.2	77.5	82.6	49.1	30.6
2010	49.2	82.1	90.5	79.5	85.2	84.3	92.3	77.8	82.9	49.9	30.9
2011	50.5	82.4	91.1	79.6	85.7	84.6	92.5	78.1	83.2	50.7	31.3
2012	51.8	82.6	91.7	79.8	86.3	84.9	92.6	78.4	83.5	51.4	31.7

数据来源：作者根据世界银行数据库整理制作。

附表1-2 1961—2012年部分国家与地区货物和服务贸易进出口额占GDP的比重

年份	中国	欧盟	日本	美国	巴西	韩国	中等收入国家	高收入国家	世界
1961		38.3	20.2	9.3	14.6	20.2		25.2	25.3
1962		37.9	18.7	9.3	9.1	21.4		24.9	24.8
1963		38.3	18.9	9.3	18.1	20.3		25.1	25.2
1964		38.8	19.2	9.6	12.1	19.0		25.3	25.2
1965		38.6	19.7	9.6	13.3	24.2		25.7	25.4
1966		39.0	19.6	10.0	12.8	30.1		26.2	26.1
1967		38.3	19.1	10.1	11.5	32.9		26.1	25.8
1968		40.1	19.1	10.5	12.6	37.6		27.7	27.3
1969		41.8	19.5	10.5	13.2	38.1		28.6	28.0
1970	5.3	41.7	20.0	10.7	14.5	37.4	19.6	29.4	27.7
1971	5.8	41.4	20.3	10.7	14.6	40.6	20.0	29.4	27.8
1972	6.6	41.3	18.5	11.3	16.1	43.6	20.8	29.4	27.9
1973	8.1	44.4	19.7	13.1	17.8	60.5	22.9	32.5	30.8
1974	10.2	52.3	27.5	16.4	21.9	64.6	27.6	38.0	36.1
1975	9.2	47.7	25.1	15.5	19.0	62.3	26.3	35.5	33.8
1976	9.3	50.6	25.9	16.0	16.5	62.0	26.1	37.0	35.0
1977	9.0	51.0	24.1	16.4	15.2	61.6	26.2	37.2	35.2
1978	13.7	49.5	20.1	16.9	14.5	60.6	26.9	36.4	34.8
1979	18.0	52.0	23.6	18.3	16.3	60.2	29.9	38.8	37.2
1980	21.7	53.4	27.8	20.1	20.4	72.0	32.9	41.5	40.0
1981	24.6	55.3	28.1	19.4	19.2	73.9	33.6	41.9	40.4
1982	21.0	55.2	27.8	17.5	15.9	69.0	31.4	40.5	38.9
1983	19.3	55.3	25.6	16.6	20.4	67.0	30.9	39.8	38.2
1984	20.8	58.6	26.8	17.5	21.5	67.0	31.5	41.7	39.9
1985	22.5	58.9	24.9	16.6	19.3	63.4	31.5	41.1	39.4
1986	22.5	52.5	18.3	16.9	15.2	66.2	30.2	37.8	36.4

续表

年份	中国	欧盟	日本	美国	巴西	韩国	中等收入国家	高收入国家	世界
1987	28.9	52.0	17.4	17.9	15.7	69.5	33.4	38.1	37.2
1988	31.0	52.5	17.4	19.0	16.6	65.7	35.9	38.8	38.3
1989	29.2	55.1	19.0	19.4	14.4	59.5	37.1	40.0	39.5
1990	29.2	54.5	19.7	19.8	15.2	57.0	38.2	40.1	39.8
1991	31.7	54.2	18.2	19.7	16.6	55.3	39.1	39.6	39.5
1992	36.1	53.6	17.4	19.9	19.3	54.3	41.9	40.6	40.8
1993	42.0	53.2	15.9	20.0	19.6	52.7	42.5	39.7	40.2
1994	41.2	55.5	16.0	21.0	18.7	54.0	43.9	40.8	41.4
1995	38.8	58.7	16.7	22.4	16.0	58.7	46.0	43.2	43.7
1996	38.1	59.5	18.9	22.6	14.9	59.2	46.8	43.7	44.2
1997	39.0	62.9	20.4	23.3	15.8	65.4	48.1	45.6	46.0
1998	36.4	63.8	19.7	22.8	15.9	79.5	48.2	46.1	46.4
1999	37.7	64.7	18.8	23.2	20.2	71.4	48.3	46.5	46.8
2000	44.2	72.1	20.3	25.0	21.7	74.3	53.4	50.9	51.3
2001	43.1	71.6	20.3	22.8	25.7	69.2	52.7	49.6	50.1
2002	47.7	69.2	21.2	22.2	26.7	64.8	54.4	48.4	49.5
2003	56.9	67.8	22.1	22.5	27.1	68.5	57.5	48.5	50.1
2004	65.4	70.3	24.5	24.3	29.0	77.6	62.5	51.1	53.1
2005	68.6	73.3	27.2	25.5	26.6	75.8	64.2	53.3	55.2
2006	70.6	78.2	31.1	26.8	25.8	78.0	65.7	56.3	58.0
2007	68.0	79.0	33.8	27.9	25.2	82.3	65.0	57.5	58.9
2008	62.2	81.0	35.2	29.9	27.1	107.2	65.5	60.1	61.0
2009	49.0	71.8	25.0	24.7	22.1	95.8	55.3	52.1	52.6
2010	55.0	79.5	29.1	28.1	22.8	102.0	59.5	57.2	57.6
2011	54.6	84.8	31.2	30.7	24.5	110.1	62.7	60.9	61.2
2012	51.8	84.4	31.3	30.4	26.5	109.9	60.3	60.5	60.5

数据来源：作者根据世界银行数据库整理制作。

附录

4. A 消费者均衡问题的求解过程

简化表述，把消费者的效用函数表示为：

$$U = \mu \ln C_M + (1-\mu)\ln C_A,\ C_M = \left[\sum_{i=1}^{n}(c_i)^{1-1/\sigma}\right]^{\frac{\sigma}{\sigma-1}} \quad (4. A. 1)$$

用 Y 表示消费者的收入，那么预算约束就是：$P_A C_A + P_M C_M = Y$。这是一个很简单的 C－D 效用问题，可以得到：$P_M C_M = \mu Y$ 和 $P_A C_A = (1-\mu)Y$ (4. A. 2)

然后，在消费者对于工业品的支出 $P_M C_M = \sum_{i=1}^{n} p_i c_i$ 的预算约束下使子效用 C_M 最大化。建立拉格朗日方程 $L = \left[\sum_{i=1}^{n}(c_i)^{1-1/\sigma}\right]^{\frac{\sigma}{\sigma-1}} + \lambda\left(\mu Y - \sum_{i=1}^{n} p_i c_i\right)$ (4. A. 3)

对 c_i 求导，并令该导数为 0，可以得到 $\left[\sum_{i=1}^{n}(c_i)_{1-1/\sigma}\right]^{1/(\sigma-1)} c_i^{-1/\sigma} = \lambda p_i$ (4. A. 4)

对式（4. A. 4）两边都进行 $-\sigma$ 次方得到：

$$\left[\sum_{i=1}^{n}(c_i)_{1-1/\sigma}\right]^{-\sigma/(\sigma-1)} c_i = \lambda^{-\sigma} p_i^{-\sigma} \quad (4. A. 5)$$

把式（4. A. 5）所代表的 n 个式子两边同乘以 p_i（i 从 1 到 n），并把 n 个式子相加可以得到：$\left[\sum_{i=1}^{n}(c_i)_{1-1/\sigma}\right]^{-\sigma/(\sigma-1)} \mu Y = \lambda^{-\sigma} \sum_{i=1}^{n}(p_i)_{1-\sigma}$

(4. A. 6)

将式（4. A. 6）和式（4. A. 5）两式相除，并将 i 换作 j 可得到：

$$c_j = \mu Y \frac{p_j^{-\sigma}}{\sum_{i=1}^{n}(p_i)^{1-\sigma}} \quad (4. A. 7)$$

将式（4. A. 7）代入 C_M，化简后可以得到 $C_M\left(\sum_{i=1}^{n}(p_i)_{1-\sigma}\right)^{1/(1-\sigma)} = \mu Y$ (4. A. 8)

将式（4. A. 8）代入式（4. A. 2），可以得到 $\sum_{i=1}^{n}(p_i)_{1-\sigma} = P_M^{1-\sigma}$

(4. A. 9)

将式（4. A. 9）代入式（4. A. 7），可以得到 $c_j = \mu Y \frac{p_j^{-\sigma}}{P_M^{1-\sigma}}$

（4. A. 10）

将式（4. A. 2）代入式（4. A. 1）的消费者效用函数中，可以得到消费者的实际福利水平（间接效用）：

$$V = \mu\ln\mu + (1-\mu)\ln(1-\mu) + \ln Y - \mu\ln P_M - (1-\mu)\ln P_A$$

（4. A. 11）

分别用 w_M、w 替换 Y，并在与区位有关的变量后面相应加上（0）、（r），那么式（4. A. 2）、（4. A. 9）和（4. A. 10）就是式（4. 4）和（4. 4′），式（4. A. 11）就是式（4. 5）和（4. 5′）

4. B　工业品价格的求解过程

根据式（4. 4）、（4. 6）、（4. 7），可以得到

$$x_M = \mu\left[w_M(0)L_0 + 2\int_0^f w(r)L(r)dr\right]\frac{p^{-\sigma}(0)}{(P_M(0))^{1-\sigma}} \qquad (4. B. 1)$$

如果忽略单个产品的价格 $p(0)$ 对价格指数 $P_M(0)$ 的影响，那么 $P_M(0)$ 和 $\mu\left[w_M(0)L_0 + 2\int_0^f w(r)L(r)dr\right]$ 就是常数。从而企业产品的价格和产量之间的关系可以写成：$x_M = kp^{-\sigma}(0)$，$k = \frac{\mu\left[w_M(0)L_0 + 2\int_0^f w(r)L(r)dr\right]}{(P_M(0))^{1-\sigma}}$。

而企业的利润可以写成：$\pi = kp^{1-\sigma}(0) - w_M(0)a_M kp^{-\sigma}(0)$ （4. B. 2）

对 $p(0)$ 求导，并令导数等于 0，可得：$p(0) = \frac{w_M(0)a_M}{1-\frac{1}{\sigma}}$。